— 48

# LES VILLES
# NOUVELLES

**L'ADMINISTRATION NOUVELLE**
*Collection dirigée par Lucien MEHL et Jean DRIOL*

**Yves BRISSY** 4

Docteur en droit
chargé d'études à la SAREF
chargé d'enseignement à l'ESCP

# LES VILLES NOUVELLES

**Le rôle de l'État et des collectivités locales**

**Préface de M. Roland DRAGO**

*Professeur à l'Université de droit de Paris (Université Paris-II)*

**EDITIONS BERGER-LEVRAULT**
**5 rue Auguste-Comte—75006 PARIS**
**1974**

© *Berger-Levrault*, Paris, 1973

ISBN-2-7013-0005-3

# COLLECTION
# L'ADMINISTRATION NOUVELLE

*publiée sous la direction*
*de Lucien MEHL, conseiller d'État,*
*et de Jean DRIOL, conseiller référendaire à la Cour des comptes*

*Tandis que la tâche des services publics traditionnels s'accroît en volume et en complexité, l'État, le département, la commune assument de plus en plus des missions de développement économique et de progrès social auxquelles participent en nombre accru des établissements publics, des entreprises nationales et des organismes d'intérêt général. Ainsi l'administration, entendue au sens large, doit faire face à des obligations nouvelles qui exigent d'elle le sens de l'avenir, le souci de la prévision, la volonté de création, l'esprit d'entreprise. Elle s'efforce, par suite, de réviser ses méthodes, de moderniser ses moyens et convie son personnel à cet effort de rénovation.*

*La présente collection tend à mettre en lumière cette transformation des objectifs, des activités, des structures et de l'esprit de nos institutions administratives.*

*Principalement destinée aux fonctionnaires des administrations centrales et des services régionaux, départementaux et communaux, aux membres des juridictions administratives et, plus généralement, aux praticiens des disciplines administratives, elle intéressera également les chefs d'entreprise et leurs conseils, les professeurs et les étudiants des facultés de droit et de sciences économiques et des instituts d'études politiques, les candidats aux emplois publics.*

*La collection, qui comprend déjà soixante-dix ouvrages parus, est divisée en séries correspondant aux diverses branches de l'administration publique ou de la science administrative.*

*Il est fait appel pour la rédaction des ouvrages à des personnalités qui, en raison de leurs fonctions, ont une connaissance directe de la matière traitée et sont donc à même d'en présenter, avec un rappel des notions générales et des principes, un exposé précis et vivant où sont abordés les problèmes concrets et les applications pratiques. Les développements de l'auteur sont complétés, s'il y a lieu, par la présentation, en annexe, des textes législatifs et réglementaires (notamment lorsqu'ils n'ont pas fait l'objet d'une codification) et des instructions administratives.*

*En publiant cette collection, nous espérons aider, pour notre part, à une meilleure compréhension du rôle et de l'action de l'État, des collectivités locales et des établissements ou organismes qui en dépendent et contribuer ainsi à l'amélioration des rapports entre l'administration et l'entreprise, entre la puissance publique et les citoyens.*

## Histoire

**L'administration vue par les siens... et par d'autres (2ᵉ édition),**
par P. SOUDET, maître des requêtes au Conseil d'État

**L'État et l'essor industriel,**
par R. CATHERINE et P. GOUSSET, administrateurs civils au ministère de l'Industrie

**Témoins de l'administration. De Saint-Just à Marx,**
par G. THUILLIER, auditeur à la Cour des comptes

**Les institutions régionales de 1789 à nos jours,**
par M. BOURJOL, maître-assistant à la Faculté de droit de Paris

## Urbanisme et aménagement du territoire

**Structures administratives et urbanisation : la SCET,**
par F. d'ARCY, assistant à la Faculté de droit de Paris

**Les problèmes fonciers et leur solution,**
par R. ARRAGO, inspecteur principal des impôts

**Schémas et plans d'urbanisme (3ᵉ édition),**
par P. ROSSILLION, chef du service juridique à l'Agence foncière et technique de la région parisienne et Mᵐᵉ M. GILBERT

**Programme et prospective dans la construction,**
par Y. CAZAUX, préfet et P. DUFAU, architecte

**Permis de démolir et renouvellement du patrimoine immobilier**
par J. E. CORNU, docteur en droit

**Primes et zones industrielles,**
par B. JALON, docteur en droit

**Les stations de sports d'hiver,**
par H. PERRIN, administrateur civil au ministère de l'Intérieur

**Les parcs d'activités industrielles. Études et réalisation des zones industrielles,**
par Y. GUENIOT, administrateur civil.

**Les lotissements,**
par M. BESSON, docteur en droit

**Les zones à urbaniser par priorité (les ZUP)**
par J. JAMOIS, directeur de la SAREF

**Les villes nouvelles,**
par Y. BRISSY, chargé d'études à la SAREF

## Fiscalité

**Les impôts sur les revenus,**
par P. BELTRAME, maître assistant à la Faculté de droit d'Aix-Marseille

**L'impôt et les groupes de sociétés,**
par B. JADAUD, maître assistant à la Faculté de droit de Caen

**La commission départementale des impôts,**
par D. NOUVELLET docteur en droit

**La taxe sur la valeur ajoutée,**
par Jean-Jacques PHILIPPE, administrateur civ

**Droit fiscal international,**
par F. TIXIER et J. KEROGUES

## Sciences et techniques administratives

**Organisation et méthodes dans l'administration publique (3ᵉ édition),**
par H. L. BARATIN, chargé du bureau O. et M. au ministère des Finances et Mᵐᵉ M. J. GUEDON

**Éléments de science administrative,**
par Lucien MEHL, conseiller d'État

**L'administration, phénomène humain,**
par A. de PERETTI, ingénieur en chef des manufactures de l'État, directeur des études à l'INAS

## Économie générale

L'État et le financement des investissements privés,
par J. DONY, A. GIOVANINETTI et B. TIBI, administrateurs civils

Les aides financières publiques aux entreprises privées en droit français et européen,
par D. H. SCHEUING, assistant à la Faculté de droit de Tübingen

Le régime économique de l'alcool,
par P. MIOT, inspecteur des Finances

Les entreprises publiques locales,
par M. PRIEUR, chargé de cours à la Faculté de droit de Strasbourg

Électricité, service public (en deux tomes),
par E. BORDIER et S. DEGLAIRE, administrateurs civils au ministère de l'Industrie

Le charbon et l'énergie en France,
par P. NOVEL, ingénieur civil des Mines

Le gaz, industrie en expansion,
par A. GUINOT et M. IZAURE, administrateurs civils au ministère du Développement industrie

Aspects économiques du tourisme,
par P. DEFERT et R. BARETJE

Le tourisme et l'action de l'État (2e édition),
par L. M. JOCARD avec J. LEBREC, administrateurs civils au ministère des Travaux publics

La prévision (2e édition),
par J. WOLFF, professeur des Facultés de droit

Le commerce extérieur de la France,
par G. HATTON, conseiller commercial à la Délégation française près la CEE

Villes et planification,
par A. LEFEBVRE, secrétaire général de la ville et du district de Nancy

Le tabac en France et dans le monde,
par M.-R. ISRAEL, ingénieur en chef des manufactures de l'État

La liberté du commerce et de l'industrie,
par Mme F. DREYFUS, docteur en droit, assistante à l'Université de Paris

La prévision macroéconomique,
par P. Y. BERNARD et Y. COSSÉ, économistes

## Éducation nationale

Les constructions scolaires et universitaires,
par S. DUHAMEL, administrateur civil et P. SEGAUD, sous-directeur au ministère de l'Éducation nationale

Orientation scolaire et professionnelle,
par I. CHIAVERINI et P. DASTÉ

Gestion des établissements scolaires du second degré (2e édition),
par J. MINOT, directeur de l'INAS

## Travail et sécurité sociale

Le droit de la grève et les services publics,
par G. BELORGEY, administrateur civil au ministère de l'Intérieur

Le fonctionnaire. Droits et garanties,
par M. PIQUEMAL, professeur à la Faculté de droit de Dijon

L'administration et les syndicats,
par M. BAZEX, assistant à la Faculté de droit de Rouen

Les rémunérations dans la fonction publique,
par P. ROBERT-DUVILLIERS et J.-M. PAUTI

## Finances

Les caisses d'épargne,
par Jean-Pierre THIOLON, administrateur civil, docteur en droit

La Cour des comptes et les institutions associées (2e édition),
par J. MAGNET, conseiller référendaire à la Cour des comptes

La Caisse nationale des marchés de l'État,
par G. de COMBRET

Les comptables publics,
par J. MAGNET, conseiller référendaire à la Cour des comptes

Le financement du logement,
par M. DRESCH, administrateur civil

Les sociétés de développement régional,
par P. POPLU

Le budget de programmes,
par Ph. KESSLER et F. TIXIER

## Santé publique

L'hôpital public (3e édition),
par P. COMET et R. PIGANIOL, administrateurs civils au ministère de la Santé publique

L'administration de l'hôpital (3e édition),
par P. LACHÈZE-PASQUET, directeur d'hôpital

Les prix de journée (3e édition),
par P. COUDURIER, maître des requêtes au Conseil d'État

La responsabilité des services publics hospitaliers,
par J. MONTADOR, docteur en médecine, docteur en droit

Le statut de l'hospitalisé,
par J. L. DE FORGES, assistant à la Faculté de droit de Nancy II

## Économie agricole et droit rural

Le droit du travail en agriculture,
par R. MALÉZIEUX et R. MENASSEYRE, professeurs à l'Institut des Hautes études de droit rural

Législation et politique forestières,
par F. MEYER, ingénieur en chef du Génie rural, des eaux et des forêts

## Administration générale

Le maire de la commune rurale (3e édition),
par Ch. SCHMITT, préfet, et M. DROUHARD

Droit des servitudes administratives,
par M. PIQUEMAL, maître assistant à la Faculté de droit de Paris

Les marchés des collectivités locales (3e édition),
par F. FABRE, conseiller référendaire à la Cour des comptes

Région et administration régionale,
par M. BOURJOL, maître assistant à la Faculté de droit de Paris

L'arrondissement devant la réforme administrative,
par P. AVRIL, docteur en droit

Le personnel communal,
par P. BOURDON, maître assistant à la Faculté de droit d'Aix-Marseille

# Préface

On demeure confondu lorsqu'on songe aux législations du passé qui ont laissé se développer au hasard l'urbanisme des grandes agglomérations. Les effets de cette carence sont visibles partout. Il avait fallu attendre la loi du 14 mars 1919 pour que des projets d'aménagement et d'extension des villes fussent mis en place. Mais les procédures étaient si complexes que cette planification urbaine allait seulement être réalisée à la veille de la guerre de 1939.

Les choses ont bien changé et la maîtrise de l'urbanisme est peut-être aujourd'hui la fonction principale des administrations. La politique des villes nouvelles est un des aspects les plus originaux de cette planification. Inspirée des précédents suédois et britanniques, elle a été prévue par le Ve Plan, notamment pour la région parisienne. Éviter les migrations quotidiennes, lier l'emploi à l'habitat, planifier totalement l'urbanisme, utiliser des terrains peu chers, aménager les équipements collectifs et les voies d'accès, lancer des expériences d'esthétique urbaine, tels sont les objectifs de cette politique dont on commence à voir les résultats tangibles aux abords des grandes cités.

La réalisation de ces projets exigeait la mise en place de mécanismes administratifs nouveaux et c'est à l'étude de ces mécanismes qu'est consacré le livre de M. Yves Brissy. Deux qualités principales de l'ouvrage doivent être soulignées : d'abord la sûreté et la clarté de l'information dans un domaine où l'imbrication des institutions est extrême, ensuite la liberté de jugement pour analyser les rapports complexes entre les divers acteurs, ministères, administrations locales, élus locaux, promoteurs, financiers. C'est une belle étude de science administrative qui nous est ainsi présentée, notamment dans la première partie de l'ouvrage. La seconde partie, en effet, aborde une question qui deviendra plus classique et à propos de laquelle les aspects juridiques prédomineront : il s'agit de l'application de la loi du 11 juillet 1970 et des différentes solutions qu'elle permet.

La particularité du système français des villes nouvelles est que la stratégie et les institutions d'aménagement ont précédé la mise en place des supports administratifs. Certes le régime des villes nouvelles faisait partie du projet général de réforme de l'administration communale déposé devant le Parlement en 1968. Mais la caducité du projet, à la suite de la dissolution, a entraîné un retard de deux ans.

Pendant cinq ans à peu près, la réalisation des villes nouvelles a été faite avec des moyens administratifs et financiers qui n'étaient pas tous adaptés au but recherché. M. Brissy a su analyser avec beaucoup de sûreté et de finesse l'emploi de ces divers moyens et nous donne

*le sentiment de la cohérence là où il y avait souvent improvisation.*
*Le rôle du Groupe central des villes nouvelles et, à travers lui, du ministère*
*de l'Équipement donne lieu à des recherches passionnantes sur les*
*rapports entre administrations. A ce titre, le livre est une excellente*
*illustration des « administrations parallèles » et son apport à la science*
*administrative pourra servir de modèle.*

*Un livre très actuel, une analyse de science administrative, l'examen*
*d'un problème concret, tous ces éléments doivent faire de l'ouvrage*
*de M. Brissy un des plus complets et des plus vivants parmi ceux qui*
*ont été consacrés aux mécanismes administratifs de l'aménagement*
*urbain.*

Roland DRAGO
professeur à l'Université de Droit,
d'économie et de sciences sociales de Paris

# Introduction

Au cours d'une visite des villes nouvelles de la région parisienne, M. Doublet faisait remarquer que, « si les villes nouvelles ne sont plus unanimement contestées, elles sont encore trop largement ignorées par le grand public ».

Pourtant l'accélération de la croissance urbaine, et particulièrement celle de la région parisienne devrait montrer l'importance de la tentative d'organiser le développement urbain par la construction de villes nouvelles.

## Section I

## LA CROISSANCE URBAINE EN FRANCE

*Urbanisation*, ce terme nouveau correspond à la prise de conscience d'un des phénomènes les plus importants de notre époque : l'accroissement du rythme du développement urbain.

La croissance démographique s'est doublée d'une croissance particulière de la population urbaine. Celle-ci constituait 24 % de la population française totale en 1846, 53 % en 1946, 70 % en 1968. Elle doubla entre 1954 et 1968, passant de 17 millions à près de 35 millions d'habitants. La population urbaine continuera de s'accroître dans les années à venir pour atteindre probablement 80 % vers 1985. Ainsi, en un peu plus d'un siècle les proportions se seront inversées ; la population urbaine sera passée du quart aux trois quarts de la population totale. Si l'évolution de la population totale en France se poursuit jusqu'à la fin du siècle comme au cours des quatorze années passées, la population urbaine en l'an 2000 sera sensiblement le double de ce qu'elle est actuellement.

Cette évolution est universelle, et se borne en définitive à nous faire rejoindre les taux d'urbanisation déjà atteints par les autres pays industrialisés : 64 % États-Unis, 71 % Allemagne, 81 % Grande-Bretagne.

Ce qui est spécifique au développement urbain français, c'est *le poids de la région parisienne*, qui entraîne un déséquilibre entre Paris et la province. Le développement anarchique de Paris au cours du XIXe siècle et au début du XXe siècle a laissé des traces qui seront longues à effacer. Aussi n'est-il pas étonnant que la croissance actuelle de Paris continue de susciter bien des craintes et des inquiétudes.

L'histoire de la croissance de la ville de Paris est celle des enceintes successives qui avaient pour objectif de la limiter. Le boulevard périphérique a remplacé les fortifications, mais il n'assure plus que la liaison avec des banlieues de plus en plus étendues.

Ces banlieues sont le résultat d'un phénomène d'urbanisation très rapide et qui n'a pu être maîtrisé jusqu'à maintenant. Si la population française n'a progressé que de 14 % de 1851 à 1939, celle de la région parisienne a triplé durant la même période, bien que le mouvement naturel des décès et des naissances s'y soit traduit par un solde négatif. En effet, les deux départements de la Seine et de la Seine-et-Oise contenaient 21 % de la population urbaine française en 1851, mais 30 % en 1936 (1).

Du rapprochement entre le dépeuplement du reste de la France et l'accroissement de Paris, on a parfois conclu que les campagnes s'étaient dépeuplées au profit quasi exclusif de la région parisienne. Les communes rurales de la France entière comptaient en effet environ 7 millions d'habitants de moins en 1936 qu'en 1851, puisqu'elles passaient de 26,6 à moins de 20 millions d'habitants.

Si le phénomène d'urbanisation s'est accéléré de 1946 à 1962, il « joue moins au bénéfice de la région de Paris (+ 27 % : de 6,6 millions à 8,4 millions) qu'à celui des autres agglomérations françaises (+ 37 % : de 15,4 à 21,1 millions) (2) »

La population de la région parisienne était de 7 317 000 habitants en 1954, de 8 470 000 habitants en 1962, de 9 251 000 habitants en 1968. L'accroissement annuel moyen qui était de 147 000 habitants pour la période de 1954-1962, est tombé à 128 000 habitants entre 1962 et 1968.

Si la croissance de la région parisienne paraît se ralentir de façon relative, les prévisions de population restent inquiétantes pour l'organisation de cette région. En effet, la Commission nationale d'aménagement du territoire (CNAT) prévoit que la population de la région parisienne passera de 8,4 à 11,6 millions d'habitants de 1962 à 1985, pour atteindre le chiffre de 14 millions environ aux alentours de l'année 2000 (3).

En définitive, comme le déclare le préfet de la région parisienne, celle-ci

va continuer de croître d'ici la fin du siècle. Face à cette évidence et au plan d'action quotidienne, la question de savoir si la population sera de 12, 14 ou 16 millions d'habitants prend en définitive un caractère relativement secondaire. Ce qui est établi et indiscuté, c'est que l'effectif des parisiens, au sens large, croîtra dans les trente années qui viennent d'un certain nombre de millions d'habitants (4).

---

(1) Cf. avant-projet de *Programme duodécennal pour la région de Paris*, 1963.
(2) Cf. *Schéma directeur d'aménagement et d'urbanisme de la région de Paris*, Doc. fr., t. I, p. 12.
(3) Rapport de la CNAT, 1964, p. 48.
(4) M. DOUBLET, *Préface* in *Techn. et Arch.*, n° 5, p. 5.

Or un ministre de Louis XV avait déjà cru pouvoir déclarer en 1724 qu'au « point de grandeur où Paris est parvenu, on ne saurait y tolérer aucun nouvel accroissement sans l'exposer à la ruine ».

L'accroissement des grandes agglomérations provoque un certain nombre de déséquilibres qui deviennent de plus en plus contraignants en région parisienne. Celle-ci traverse une véritable crise de croissance. En effet l'excédent d'emplois dans Paris, dû particulièrement au développement du secteur tertiaire, par rapport à la population résidente continue à s'accroître. Il pourrait atteindre 700 000 emplois en 1975 contre 650 000 en 1968 et il provoque une distorsion croissante entre la localisation des emplois et celle de l'habitat. Cette distorsion crée une augmentation des migrations alternantes et suscite des difficultés de transport et de circulation.

On constate un développement de l'usage de l'automobile et le trafic journalier moyen aux portes de Paris est passé de 550 000 à 740 000 véhicules de 1962 à 1968 (1); tandis que la vitesse de circulation dans Paris passait de 18 à 13 km/h.

D'autre part cet accroissement se traduit sur le plan urbanistique par le développement radio-concentrique de l'agglomération. Ce développement signifie la densification d'une banlieue sous-équipée. C'est-à-dire l'occupation des terrains disponibles et la disparition des espaces qui devraient être réservés à l'implantation des équipements comme celle des espaces verts.

Enfin les habitants de ces « nouveaux quartiers » se trouvent plongés dans un isolement total; les logements se sont implantés de façon anarchique sans que suivent les éléments de l'existence quotidienne, les commerces, les équipements sociaux et de loisirs qui font la vie urbaine. Il faut ajouter à ces inconvénients, que ces ensembles d'habitations périphériques requièrent des « investissements de communications qui sans pallier la longueur des trajets, ni même répondre aux besoins de masse des transports modernes, coûtent en définitive presque aussi cher à la Nation que les solutions « chères » des centres-villes. (2) »

En définitive une croissance trop rapide conduit à ce que

la mégapole moderne cesse de fonctionner comme une véritable ville, centre de vie hautement civilisée, et inflige toujours plus de frustration à des habitants toujours plus nombreux, et plus de congestion, de bruit, de transport, et moins de contacts avec la nature (3).

---

(1) Chiffres du « rapport général » du « Groupe de travail urbanisation pour la préparation du VIᵉ Plan ».
(2) *Les Échos, Un véritable urbanisme, op. cit.*, p. 6.
(3) J. GOTTMANN, *Essais sur l'aménagement de l'espace habité*, Moncton, 397 p.

## Section II

## LES POLITIQUES DE CONTROLE DE LA CROISSANCE URBAINE (1)

La volonté de maîtriser le développement urbain n'est pas nouvelle. Mais, si les autorités tentent d'organiser la croissance urbaine, en province elles butent sur une question fondamentale : faut-il freiner ou organiser la croissance de la région parisienne?

La réponse à cette question varie selon les options politiques qui sont prises dans le temps.

### 1. La tentative de freiner la croissance de la région parisienne

Cette stratégie remonte à la troisième République comme en témoignent les discussions des parlementaires concernant la loi Prost, première loi d'aménagement de la région parisienne : « Il convient de ne pas favoriser et même d'enrayer cet afflux de la province vers Paris, car il porte une grave atteinte à nos campagnes qui se dépeuplent, à nos petites cités qui se vident, à la vie provinciale qui risque de s'anémier. (2) »

Malgré l'existence d'un « Comité supérieur de l'aménagement et de l'organisation générale de la région parisienne » créé par un décret du 24 mars 1928, il faudra attendre 1943 pour qu'une loi crée les premières structures administratives pour l'aménagement de la région parisienne : le « Service d'aménagement de la région parisienne » (SARP) et le « Comité d'aménagement de la région parisienne » (CARP) (3). En 1955, un Commissariat à la construction et à l'urbanisme est créé avec compétence sur l'ensemble de l'agglomération.

Par décret du 5 juillet 1958 la mission de ce commissariat devint l'établissement d'un plan d'aménagement. Ce plan devait être le « Plan d'aménagement et d'organisation générale de la région parisienne » (PADOG) approuvé par décret du 6 août 1960.

Mais, étant donné « qu'aucun équipement collectif normal ne pouvait être réalisé tant que des structures administratives adaptées à la

---

(1) J. LOJKINE, *La politique urbaine dans la région parisienne, 1945-1972*, Moncton 1972, 281 p.

(2) Sénat, *Déb.*, 23 mars 1932, p. 431.

(3) J. VAUJOUR, *Le plus grand Paris*, PUF, 1970, p. 19.

réalité démographique n'étaient pas mises en place (1) », le gouvernement créait par un décret du 2 février 1960 un « Comité interministériel permanent pour la région de Paris ». Ce comité saisit le Parlement d'un projet de loi « relative » à l'organisation de la région de Paris, qui deviendra la loi du 2 août 1961, créant le « District de la région parisienne ».

En mettant en place de telles structures, les pouvoirs publics ont essayé de pratiquer une politique de freinage du développement de la région parisienne, à l'aide d'un urbanisme réglementaire, très restrictif jusqu'en 1965.

Ce freinage allait s'affirmer, dès la publication en 1934 du plan d'aménagement élaboré par le « Comité supérieur de l'aménagement et de l'organisation de la région parisienne », et surtout avec le PADOG approuvé le 6 août 1960 (2).

Ce plan au 1/50 000 repose sur quatre principes de base : la rénovation d'une grande partie de Paris, la restructuration de la banlieue parisienne par la création de plusieurs véritables noyaux urbains, le maintien de l'urbanisation dans ses limites actuelles, enfin une préférence non nettement exprimée pour la structure radioconcentrique avec les tracés du boulevard périphérique, et de la rocade interurbaine de Seine-et-Oise. On peut dire qu'en dehors de l'opération de la Défense, qui allait dans le sens d'une évolution spontanée, le PADOG, comme le plan d'avant-guerre, ne fut pratiquement pas appliqué.

Ainsi, dans un teste analysant ce projet d'aménagement régional, le Commissaire à la construction note :

> La stabilisation de l'agglomération ne pouvait être obtenue par le moyen de textes législatifs autoritaires mettant fin à l'afflux des provinciaux à Paris...
> A vrai dire, le plan de 1956 arrivait déjà trop tard. Une position restrictive et négative était possible dans les années qui ont immédiatement suivi la guerre... Mais dans les années 1950, l'acuité du problème du logement dans la région parisienne a atteint un degré insupportable.

En conséquence, en cinq ans, plus de 20 000 logements ont été construits par dérogation en dehors de cette zone réglementaire, et les promoteurs ont été conduits à localiser de grands ensembles d'habitations sur les rares espaces libres de banlieues mal desservies par les moyens de transport.

Même si cette « politique de freinage du développement parisien a eu des résultats indéniables dans un laps de temps relativement bref » (3), en particulier pour protéger de vastes espaces d'une urba-

_____

(1) *Ibid.*
(2) Décret n° 60-857 du 6 août 1960.
(3) M. DOUBLET, *Le phénomène urbain en région parisienne*, Rev. *Promotion*, n° 88, p. 7.

nisation anarchique qui aurait compromis l'avenir, il n'en reste pas moins que le résultat a été un bourrage des centres existants de la région, « puis une rupture des périmètres dans le désordre, accompagnée de dérogations anarchiques, d'injustice, parfois même de corruption (1) ».

## 2. La tentative d'organiser la croissance de la région parisienne

« Plus la région parisienne va affirmer son expansion économique, note M. Lojkine, plus son autorité administrative va se renforcer (2). »

En effet, le Commissariat à la construction et à l'urbanisme a cédé la place au délégué général du district, puis au préfet de région.

Le District de la région parisienne a été créé par une loi du 2 août 1961.

C'est un établissement public, doté de l'autonomie financière, qui associe les départements et les 1 305 communes de la région parisienne.

L'objet de cette association est triple, puisqu'il concerne

> *des tâches d'études*, concernant l'aménagement et l'équipement de tout ou partie de la région, ou concernant l'organisation de certains services publics intéressant la région;
> *l'octroi d'aides financières* à des collectivités, établissements publics ou sociétés d'économie mixte en vue de la réalisation d'opérations d'intérêt régional;
> *l'exécution après conventions* passées avec des collectivités locales, de toutes les opérations précédentes; ou même *la gestion de services publics* (3).

Pour accomplir sa mission, il dispose de recettes comprenant notamment depuis 1968, le quart de la part locale des taxes sur les salaires et le quart de la part locale de la taxe additionnelle aux droits d'enregistrement sur les mutations à titre onéreux.

Le conseil d'administration du district est chargé de prendre des décisions dont l'application est confiée à un « délégué général » qui doit jouer un rôle de coordination et d'arbitrage aussi bien à « l'échelon interdépartemental qu'à l'échelon interministériel (4) ».

Le décret du 10 avril 1966 « relatif à l'organisation des services de l'État dans la région parisienne (5) » crée un préfet de région, qui a pour mission de mettre en œuvre la politique du gouvernement concer-

---

(1) J. RIBOUD, *L'urbanisation*, RPP, suppl. n° 827, décembre 1971, p. 45.
(2) J. LOJKINE, *op. cit.*, p. 144.
(3) Loi n° 61-845 du 2 août 1961, décret n° 61-1187 du 31 octobre 1961, décret n° 61-1190 du 31 octobre 1961.
(4) Décret n° 61-1187 du 31 octobre 1961.
(5) Décret n° 66-614 du 10 août 1966, *J. O.* du 19 août 1966; décret n° 67-845 du 30 septembre 1967, *J. O.* du 1er octobre 1967.

nant le développement économique et l'aménagement du territoire de sa circonscription.

La loi du 2 août 1961, qui a créé le District de la région parisienne, lui assigne comme premier objectif « l'étude des problèmes qui ressortent à l'aménagement et à l'équipement de tout ou partie de la région ».

*Le schéma directeur d'aménagement et d'urbanisme de la région parisienne* (SDAURP) a été préparé au cours des années 1963 et 1964 sous l'autorité du Délégué général du district de la région de Paris, par « l'Institut d'aménagement et d'urbanisme de la région parisienne », organisme d'étude mis à sa disposition. Ce schéma fut pris en considération à l'issue d'un conseil restreint réuni le 26 novembre 1964 sous la présidence du chef de l'État. Il fut rendu public le 22 juin 1965.

Le SDAURP part du constat de la croissance inéluctable de la région parisienne, et avec plus de réalisme que le PADOG, il considère qu'il ne faut pas fermer les yeux devant cette croissance mais au contraire, l'organiser et la prévoir.

Paris, 14 millions d'habitants aux environs de l'an 2000, ce n'est certes pas le souhait des responsables de l'aménagement de la région parisienne; mais prévoir une région de Paris pour 14 millions d'habitants, c'est très certainement leur devoir; sinon, comme hier et avant-hier, ces responsables risquent d'être toujours dépassés par les faits (1).

Pour éviter les inconvénients de l'urbanisation en tache d'huile, le schéma directeur définit deux axes tangentiels de développement préférentiel, qui sont la vallée de la Seine en amont et en aval, et la vallée de la Marne. Sur ces deux axes, il prévoit la création de « centres urbains nouveaux », dénommés « villes nouvelles dans les zones d'extension » et « centres urbains renforcés » dans les banlieues actuelles (2). Le schéma directeur prévoit que cinq de ces villes nouvelles jalonneraient l'axe méridional : Tigery-Lieusaint, Évry, Trappes-sud-est, Trappes-nord-ouest, Mantes-sud; tandis que l'axe nord relierait trois villes nouvelles : Noisy-le-Grand-Champ-Noisiel, Beauchamp, Cergy-Pontoise.

A la suite d'un certain nombre d'avis et d'études, le schéma directeur « révisé » en 1969 ne retient plus que cinq villes nouvelles : Melun-Sénart, Évry, Saint-Quentin-en-Yvelines, au sud, Marne-la-Vallée et Cergy-Pontoise au nord.

Le schéma directeur a non seulement pour volonté de restructurer la banlieue parisienne, mais il tend à exprimer le choix qu'à « l'échelle internationale et nationale, la région de Paris apparaît comme la chance de la France face à la compétititon internationale (3) ».

---

(1) SDAURP, *Doc. fr.*, t. I, p. 20.
(2) SDAURP, *ibid.*, p. 74.
(3) Préfecture RP, propositions de modif. du SDAURP, janvier 1969.

## 3. La tentative d'organiser l'équilibre Paris—province

Parallèlement au renforcement des structures administratives de la région parisienne compétentes en matière d'urbanisme, on assiste depuis 1963 à la mise en place progressive en province de structures chargées d'aménager le territoire et de concevoir le développement urbain (1).

En matière d'aménagement du territoire, il faut rappeler la création de trois structures essentielles. La Commission nationale d'aménagement du territoire (CNAT) a été instituée pour assurer les liaisons nécessaires entre le plan de développement économique et les actions d'aménagement du territoire. La Délégation à l'aménagement du territoire et à l'action régionale (DATAR) est chargée d'assurer la conception et la définition de la politique d'aménagement, et de renforcer les moyens de mise en œuvre de cette politique. Les préfets de région (2) et les Commissions de développement économique régional (CODER) (3) permettent de préciser les conditions du développement économique régional, et d'en assurer la mise en œuvre grâce à la déconcentration progressive qui est faite des investissements publics.

Cependant, le schéma directeur d'aménagement et d'urbanisme de la région de Paris ne pouvait rester isolé sans rompre l'équilibre nécessaire entre la capitale et la province.

En effet, pour la DATAR, la région de Paris

> ne doit plus être un phénomène exceptionnel dans l'aménagement du territoire... La majeure partie des fonctions qui sont aujourd'hui encore le monopole rarement contesté de la capitale seront partagées par les plus grandes agglomérations françaises (4).

Aussi, le 24 février 1966, un Comité interministériel d'aménagement du territoire approuvait la création « d'organismes d'études d'aménagement d'aires métropolitaines » (OREAM). Cette décision intervenait après qu'eut déjà été mise en place à titre expérimental, l'organisation d'études Basse-Seine et qu'aient été définis les principes d'une organisation analogue pour l'aire métropolitaine Marseille—Aix—Berre—Fos. L'institution de tels organismes était alors confirmée et étendue aux aires métropolitaines de : Lille—Roubaix—Tourcoing, Lyon—Saint-Étienne, Nantes—Saint-Nazaire, Nancy—Metz—Thionville, Vallées de l'Oise et de l'Aisne.

---

(1) Décrets du 14 février 1963.
(2) Décrets du 14 mars 1964.
(3) Maintenant remplacées par les nouvelles assemblées régionales instituées en 1973.
(4) J. MONOD et G. WEIL, *Paris et la France*, Table ronde (245), juin 1968, p. 46.

Les OREAM sont des échelons déconcentrés d'études puisqu'ils sont placés sous l'autorité du préfet de région, et animés par le service régional de l'équipement. Ils établissent les schémas directeurs qui définissent le cadre général d'aménagement des différentes zones de l'aire urbaine et effectuent les études d'urbanisme. Ainsi, avant leur création, la mission d'études pour l'aménagement de la basse vallée de la Seine a rendu publique ses propositions de schéma directeur à la fin de 1967 sous forme d'un « Livre blanc » qui préconisait la création d'une ville nouvelle au Vaudreuil. Le comité interministériel d'aménagement du territoire le prit en considération le 27 juillet 1967 et arrêta la décision de principe de créer cette ville nouvelle du Vaudreuil.

De même, les études de l'OREAM Lyon—Saint-Étienne ont permis au Comité interministériel d'aménagement du territoire, le 22 février 1968, de décider d'engager les études préalables à la ville nouvelle de L'Isle-d'Abeau. Et les études des OREAM de Marseille—Aix—Fos d'une part, et de Lille—Roubaix—Tourcoing de l'autre ont débouché sur la création des villes nouvelles de l'étang de Berre et de Villeneuve-d'Ascq.

## 4. Deux stratégies en conflit?

Il peut sembler, en effet, qu'il y ait un certain conflit, sinon une contradiction entre la politique suivie en région parisienne et les objectifs d'aménagement du territoire.

Alors que la DATAR propose de « limiter la croissance de la région parisienne au profit de la décentralisation en province (1) », le district et la préfecture de la région parisienne insistent au contraire sur la nécessité d'une « croissance raisonnée de la région parisienne (2) ».

Dans son livre sur la *politique urbaine dans la région parisienne*, M. Lojkine conclut que

> les divergences, les oscillations exprimées par l'appareil d'État sur la place de la région parisienne dans le développement économique national sont avant tout idéologiques; si elles reflètent bien la contradiction entre les impératifs territoriaux des grands groupes industriels et financiers et ceux d'un développement harmonieux de l'ensemble des régions, elles les reflètent passivement, sans pouvoir les traduire par des interventions économiques réelles qui modifieraient le poids, sans cesse plus écrasant de la région parisienne (3).

---

(1) J. Monod, *Le monde*, 25 mai 1971.
(2) M. Doublet, *Le Figaro*, 30 mai 1973, p. 32.
(3) J. Lojkine, *op. cit.*, p. 146.

## Section III

## UN DES MOYENS DE METTRE EN ŒUVRE CES POLITIQUES : LES VILLES NOUVELLES

Entre les deux guerres, l'application de la loi Loucheur de 1925 permit la croissance des banlieues sous forme de lotissements localisés de façon spontanée et souvent incohérente. Les « grands ensembles » construits après la seconde guerre mondiale correspondaient à un changement d'échelle, car leur objectif était de parer au plus pressé, c'est-à-dire de loger des millions de Français sinistrés. Cependant, l'insuffisance qualitative des grands ensembles devait amener les pouvoirs publics vers 1958 à inciter la naissance de réelles opérations d'urbanisme, sous la forme des zones à urbaniser en priorité (1). « La procédure des « Z.U.P. » a été instituée pour remédier aux défauts des premiers grands ensembles réalisés, et notamment à l'absence d'équipements publics (2). » Mais cette réglementation n'avait qu'une portée très limitée et ne permettait pas de résoudre les problèmes nés de l'émiettement communal, et de l'absence de précisions quant aux responsabilités respectives des différents services intéressés dans les administrations. Aussi, dans certains cas « l'histoire des ZUP a-t-elle pu paraître comme une suite de réunions de coordination, qui paraissaient plus réunions d'information et dont les conclusions n'ont pas été exécutées (3) ».

Toutes ces considérations devaient conduire les responsables de l'étude du schéma directeur de la région parisienne à proposer un nouveau modèle d'urbanisation en s'inspirant des expériences étrangères : les villes nouvelles.

## 1. L'expérience britannique des villes nouvelles

Le concept de « ville nouvelle » recouvre des réalités fort différentes dans le monde : « Il n'y a pas beaucoup de points communs entre Brasilia et Tapiola, entre les new communities américaines et les nouveaux quartiers de la banlieue de Stockholm, entre les *new towns* anglaises et les villes nouvelles hongroises (4). » Lorsqu'on exa-

---

(1) Décret n° 58-1464 du 31 décembre 1958, *J. O.* du 4 janvier 1959.
(2) J. JAMOIS, *Les ZUP*, Berger-Levrault (collection *L'Administration nouvelle*), 1968, p. 213.
(3) M. LEIVANDOWSKI, *Note relative aux ZUP*, Inspection des Finances, octobre 1964.
(4) *Cf.* P. MERLIN, *Les villes nouvelles*, pp. 10 à 70, PUF, 1969.

mine les expériences de villes nouvelles, ce qui frappe, c'est la diversité des objectifs et des principes qui ont présidé à leur conception.

La recherche de catégories d'analyse pour les villes nouvelles françaises se fera plus facilement si l'on a recours à une comparaison rapide avec les villes nouvelles britanniques. Ceci pour deux raisons. La première, c'est que l'expérience britannique a été et reste un cadre de référence par rapport auquel se définissent les bâtisseurs de villes nouvelles françaises. La seconde, c'est que cette expérience a donné naissance à trois générations de villes nouvelles, ce qui représente, d'une certaine façon une évolution intéressante du point de vue de l'analyse.

La *première génération* des villes nouvelles anglaises apparaît comme une tentative de desserrement de la capitale londonienne et d'absorption de la croissance démographique. Les villes nouvelles des environs de Londres ont été construites en application d'un plan préparé par Sir Patrick Abercrombie, en 1944, pour le « Grand Londres (1) » et avaient pour objectif d'accueillir 383 000 habitants.

Les caractères généraux des villes nouvelles de cette première génération ont été définis par une « commission royale », présidée par Lord Reith, chargée d'étudier « les problèmes généraux posés par l'établissement, l'aménagement, l'organisation et l'administration des villes nouvelles (2) ». Les conclusions de ce rapport devaient guider le gouvernement travailliste dans la préparation du projet de la loi sur les villes nouvelles, votée le 1er août 1946 (3).

Le rapport Reith proposait que les villes nouvelles de 20 000 à 60 000 habitants soient essentiellement localisées autour de grandes agglomérations très denses et à une distance qui ne fût pas inférieure à 40 km en région de Londres et à 20 km environ dans les autres régions. De fait, des quatorze villes nouvelles lancées entre 1946 et 1950, huit sont situées en région londonienne, deux près de Birmingham, deux auprès de Liverpool, une près de Cardiff et la dernière, étant une exception, est située loin de toute grande ville.

Le bilan de cette première génération est positif, si l'on considère qu'en vingt ans ces villes nouvelles ont accueilli plus de 500 000 habitants supplémentaires; mais négatif, si l'on considère « qu'au lieu de participer à la diminution de la population du Grand Londres, les villes nouvelles n'ont accueilli qu'un peu plus du sixième de son augmentation en vingt-deux ans (4) ».

En 1950, prend naissance ce qu'il est convenu d'appeler la *seconde génération* des villes nouvelles anglaises. Cette génération reprend la préoccupation démographique, avec le souci de mettre l'accent sur le rôle économique des villes nouvelles. A titre d'exemple, la ville de

(1) P. ABERCROMBIE, *Greater London Plan*, 1944, Londres, 1945, 221 p.
(2) New Towns Committee.
(3) New Towns Act.
(4) P. MERLIN, *Les villes nouvelles*, p. 12.

Skelmersdale, tout en étant une ville satellite de Liverpool, est conçue comme un moyen de transformer l'économie de cette région en régression. De même, c'est dans une *Development Area*, comprise entre Edimbourg et Glasgow, que furent localisées les villes nouvelles de Livingston et d'Irvine. Et si la ville de Washington doit recevoir l'excédent de population de la zone de Newcastle, elle est conçue comme un centre de croissance économique. En définitive, les villes nouvelles de la seconde génération s'inscrivent dans le cadre d'une perspective de reconversion économique régionale.

La *troisième génération* des villes nouvelles part des conclusions de deux rapports sur la nécessité d'un aménagement total de la région sud-est de l'Angleterre. Ces rapports sont : *L'étude du sud-est* parue en 1964 et la *Stratégie pour le sud-est* proposée en 1967 (1).

Ces villes, situées de 80 à 130 km de Londres, ont véritablement un rôle d'aménagement régional.

> Il ne s'agit plus de concentrer des populations nouvelles de 70 000 à 80 000 habitants sur des territoires vierges, mais de faire un apport de population d'environ 100 % à une ville existante et de taille assez importante (2).

Le premier exemple a été la décision prise en 1968 de faire Peterborough, dont la population actuelle de 81 000 personnes doit recevoir 70 000 habitants nouveaux originaires de Londres d'ici 1981. Il existe des propositions analogues pour les villes de Northampton et Ipswich, qui comptent chacune environ 120 000 personnes et pourraient recevoir 70 000 Londoniens d'ici 1981.

Pour résumer cette évolution, les villes nouvelles anglaises sont parties du besoin de desserrer la population des grandes villes (première génération des villes nouvelles), pour jouer ensuite un rôle de catalyseur à l'intérieur d'une zone économiquement faible (deuxième génération des villes nouvelles) et enfin être un moyen d'aménagement total du territoire et d'urbanisation sur une base régionale (troisième génération des villes nouvelles).

## 2. Les villes nouvelles françaises

Il n'est pas possible de parler d'un objectif commun et d'un programme unique pour les villes nouvelles françaises.

Les cinq villes nouvelles de la région parisienne constituent un

---

(1) *South East Study*, Economic Affairs Department, février 1964, London, 144 p., *A Strategy for the South East*, A first report by the South East Economic Planning Council, London 1967.
(2) IAURP, *Urbanisme en région de Londres et aménagement du territoire*, vol. 8, p. 23.

plan d'ensemble d'organisation de cette région et « procèdent d'un certain nombre de constatations, dont la première est la nécessité d'accueillir de nouveaux habitants et de mieux installer les habitants actuels (1) ».. Elles s'inspirent donc dans une certaine mesure de la première génération des villes nouvelles anglaises, tout en changeant d'échelle, car elles prévoient d'accueillir une population beaucoup plus importante que ne l'ont fait ces dernières.

Tout en respectant cet objectif commun qui leur a été imparti, les villes nouvelles de la région parisienne possèdent cependant des options urbanistiques qui leur sont propres, et leur confèrent une certaine originalité (2).

Il n'en est pas de même en province où les quatre projets correspondent à des objectifs différents et individualisés, même s'ils s'inscrivent dans la politique globale de décentralisation mise en œuvre par la DATAR. Nous retrouvons par là même le problème de la concurrence existante entre Paris et la province, et donc entre les villes nouvelles de la région parisienne et celles de province. M. Delouvrier posait lui-même le problème de cette concurrence dans un article :

> Quant à Mantes-sud, le désir de voir réussir le Vaudreuil a amené sa disparition du schéma. Où en sommes-nous aujourd'hui ? La région de Mantes se développe énormément sans structuration urbaine véritable ; le Vaudreuil va à peine sortir de terre... Les rapports entre les deux villes ne devraient pas être posés en termes de rivalité, car, en fait, il ne pouvait y avoir de concurrence entre elles, à partir du moment, où avec la DATAR, il avait été décidé de tout faire pour favoriser la création d'emplois nouveaux au Vaudreuil (3).

Par là même, les villes nouvelles de province connaissent beaucoup plus de difficultés à s'imposer que celles de la région parisienne, car

---

(1) M. DOUBLET, *op. cit.*, p. 19.
(2) — *Cergy-Pontoise*. V. le *Schéma des structures de la ville nouvelle*, et M. HIRSCH, *Cergy-Pontoise, MTP bât.*, 8 mars 1969.
— *Évry*, V. cahiers de l'IAURP, vol. 15, mai 1969, *Évry, centre urbain nouveau et ville nouvelle ;* MTP bât., 22 avril, p. 67 ; 10 février 1968, p. 51 ; 18 octobre 1969, p. 177 ; 2 mai 1970, p. 45 ; 15 août 1970, p. 39 ; 5 décembre 1970, p. 41, et cahier IAURP, vol. 31, avril 1973, *Évry 1 concours d'aménagement urbain.*
— *Saint-Quentin-en-Yvelines*, V. M. GOLDBERG, *La ville nouvelle de Saint-Quentin-en-Yvelines* in *MTP bât.*, 27 mars 1971, *Trappes* in *Tech. et arch.*, *op. cit.*, p. 83.
— *Marne-la-Vallée*, V. cahiers de l'IAURP, vol. 21, *La ville nouvelle de la vallée de la Marne*, 1970.
— *Melun-Sénart*, V. *La ville nouvelle de Melun-Sénart* in *Tech. et arch.*, nº sp., *op. cit.*, p. 103 ; P. POINT, *Une ville nouvelle greffée sur une ville existante : Melun-Sénart* in *Bul. PCM*, mars 1971, p. 77.
Voir également *Les villes nouvelles*, publication de la Documentation française, 1973.
(3) M. DELOUVRIER, *MTP bât.*, 12 mai 1973.

elles représentent un moyen de développer une politique régionale et pas seulement comme en région parisienne, de l'organiser. Elles semblent s'inspirer, à l'exception du Vaudreuil, de la « deuxième génération » des villes nouvelles britanniques, ayant pour tâche d'absorber la croissance démographique d'une métropole, tout en ayant un rôle de transformation des structures économiques locales.

Ainsi la « ville nouvelle de l'étang de Berre » est

> commandée par le développement de l'aire métropolitaine marseillaise dont la population, qui est actuellement d'un million et demi d'habitants, doit atteindre les trois millions à la fin du siècle. Conséquence de la création sur la façade méditerranéenne d'un pôle économique à vocation européenne, il faudra donc d'ici à trente ans créer un « deuxième Marseille (1) ».

La ville nouvelle de l'Isle-d'Abeau est un élément du schéma d'aménagement de la métropole lyonnaise. Son objectif est de construire des zones d'habitation liées aux 20 000 emplois induits par l'implantation de l'aéroport de Satolas (2).

La création d'une ville nouvelle à l'est de Lille, Villeneuve-d'Ascq, trouve sa principale justification dans la nécessité d'intégrer un campus universitaire à un ensemble urbain. Si cette ville est faite pour accueillir environ 40 000 étudiants, « pourront s'ajouter des activités de pointe susceptibles de développer la recherche fondamentale et la recherche appliquée. Cette ville nouvelle doit donc être un moteur pour le renouvellement de l'économie régionale (3) ».

Seule, la ville du Vaudreuil paraît répondre à la troisième génération des villes nouvelles. En effet, cette ville s'insère dans un ensemble, la Basse-Seine, qui bénéficie actuellement d'une politique globale d'aménagement et de développement et possède un schéma d'aménagement dans lequel la ville nouvelle est conçue comme

> un pôle relais de déconcentration de la région parisienne pour les activités industrielles et tertiaires et un pôle de décongestion de l'agglomération rouennaise, favorisant un axe d'urbanisation Rouen-Louviers-Évreux (4).

---

(1) *Les échos : Villes nouvelles, innover pour mieux vivre*, suppl. n° 11, 101, p. 79; *cf.* aussi : J. GIRARDET, *L'opération étang de Berre*, in *MTP bât.*, n° 22, 29 mai 1971.

(2) *L'Isle-d'Abeau*, *MTP bât.*, 25 avril 1970, n° 17, pp. 44 à 46; *MTP bât*, 22 avril 1972, pp. 17 à 23.

(3) *Les échos, Villeneuve-d'Ascq*, in *Villes nouvelles, sup.* au n° 11, 101; *cf.* aussi : J.-C. RALITE, *La ville nouvelle de Lille-est*, in *MTP bât.*, 16 septembre 1969, n° 36, pp. 22-29.

(4) J.-P. LACAZE, *La ville nouvelle du Vaudreuil*, in *MTP bât.*, 21 février 1970, pp. 18-27; cahiers IAURP. *Le Vaudreuil, une méthode d'étude et de réalisation*, vol. 30, 108 p.

A ce propos, il faut signaler que le 30 juillet 1970, le Comité interministériel d'aménagement du territoire a arrêté des directives générales proposées par le groupe interministériel d'aménagement du Bassin parisien, qui se rapprochent énormément des solutions adoptées pour « le sud-est » anglais. Ainsi, sur le plan de l'urbanisation, il est prévu que

> les villes des zones d'appui et les centres régionaux constituent, au sein de chaque région, les principaux pôles de développement et les points forts d'une armature urbaine au service de la population. Elles doivent représenter en raison des possibilités de développement qu'elles offrent, du niveau de leurs services et du cadre de vie, une alternative intéressante à une installation à Paris. L'aménagement de ces villes doit être conçu en se référant en général à l'objectif minimum d'une prolongation du taux de croissance de leur population entre 1962 et 1968, avec l'éventualité d'un doublement du nombre d'habitants de 1968 à 1985 (1).

Cet objectif ressemble fort à celui des *expansed towns* de la troisième génération des villes nouvelles anglaises.

Un promoteur a écrit récemment que

> l'adoption du concept de « ville nouvelle » est, sur le plan de la théorie du développement urbain, le plus grand fait de l'après-guerre. Pour la première fois, on s'écarte du processus traditionnel. Pour la première fois, on réagit véritablement contre le bourrage et le bourgeonnement. Pour la première fois, on propose de remplacer un processus naturel par un autre, volontaire, qui consiste à créer un espace urbain nouveau, conçu rationnellement et comprenant toutes les installations nécessaires à la vie des habitants (2).

L'adoption du concept de ville nouvelle en France nous amène à essayer de définir les villes nouvelles et à en examiner les caractères principaux.

Pour répondre à la question : *qu'est-ce qu'une ville nouvelle?* reprenons la définition donnée par l'article 1 de la loi du 10 juillet 1970 :

> Les agglomérations nouvelles sont destinées à constituer des centres équilibrés grâce aux possibilités d'emploi et de logement, ainsi qu'aux équipements publics et privés qui y seront offerts. Leur programme de construction doit porter sur 10 000 logements au moins (3).

---

(1) *Bassin parisien. La politique définie pour son aménagement entre en application* in *Région parisienne-Bassin parisien*. Éd. du Conatef, n° 1, janvier 1971, p. 9.
(2) J. RIBOUD, *op. cit.*, p. 45.
(3) Loi n° 70-610 du 10 juillet 1970, *J. O.* du 12 juillet 1970.

Comme le montre cette définition, la « ville nouvelle » se définit par ses caractéristiques urbanistiques.

Le premier caractère d'une ville nouvelle, c'est qu'elle conduit à un changement d'échelle dans l'espace et dans le temps de l'action publique. Le territoire moyen couvert par chaque ville nouvelle dépasse 10 000 hectares, c'est-à-dire la surface de Paris, alors que Sarcelles ou une grande ZUP de la région parisienne « fait » quelques centaines d'hectares. D'autre part, on passe de 10 000 logements sur une période de six à dix ans pour les ZUP à 150 000 logements sur trente à quarante ans pour une ville nouvelle.

Le second caractère est complémentaire, c'est qu'une ville nouvelle a une assise territoriale diversifiée. Les ZUP étaient implantées dans un tissu déjà urbanisé, sur le territoire d'une ou deux communes. Ainsi le « nouveau Créteil » est une opération de 13 000 logements, essentiellement appuyée sur une seule commune qui dépasse 25 000 habitants. Alors qu'une « ville nouvelle » est implantée dans une zone rurale et s'étend sur un très grand nombre de communes.

Le troisième caractère d'une ville nouvelle est la création d'un « cœur de ville ». Le nouveau centre urbain doit comporter un grand nombre d'équipements publics et privés, comme les équipements d'accueil de la population et de loisirs, création d'un centre commercial d'importance régionale, un pôle d'activités tertiaires et des équipements de services publics. Ce centre urbain doit évidemment desservir la population nouvelle, mais il a aussi une vocation régionale, celle de restructurer les banlieues en créant un nouveau pôle d'animation pour ces zones déjà urbanisées mais sous équipées.

La dernière caractéristique d'une ville nouvelle, c'est de tenter un équilibre « emploi-habitat », afin de mettre un terme aux migrations quotidiennes caractéristiques de l'urbanisation actuelle. L'objectif de chaque ville nouvelle est d'assurer un taux d'emploi par rapport à la population active résidante de 80 %; et, à cette fin, chaque ville nouvelle réserve quelque 1 000 hectares de terrains pour les implantations industrielles et prévoit, environ, 400 000 m² de planchers de bureaux. En définitive,

> l'idée fondamentale est de superposer progressivement au monocentrisme actuel les éléments d'un certain polycentrisme de nature à aboutir à une situation plus équilibrée. L'objectif se définit par antithèse à la banlieue actuelle. Ce que l'on cherche à faire est pratiquement le contraire de ce qui s'est spontanément réalisé jusqu'ici, c'est-à-dire une agglomération caractérisée par une implantation exagérément divergente de l'habitat et des emplois (1).

---

(1) M. DOUBLET, *Les villes nouvelles dans l'agglomération parisienne de demain*, n° sp. *Tech. et Arch.*, novembre 1970, p. 36.

## 3. Le processus de création des villes nouvelles

L'inadéquation entre les cadres d'analyse juridique et la pratique administrative est particulièrement nette en ce qui concerne les fonctions assumées par l'administration au niveau local ou national dans la création des villes nouvelles.

Pour P. Grémion :

> « L'importance sociale des problèmes traités et des choix faits ou à faire, est inversement proportionnelle aux obligations et sanctions juridiques auxquelles sont soumis les acteurs administratifs (1) ».

et il conclut que l'action de l'administration s'oriente dans le domaine de l'urbanisme vers la création de « mécanismes non juridiques, mais qui n'en constituent cependant pas moins l'enjeu essentiel de nouvelles institutions définies par les pouvoirs publics ».

D'autre part la création de nouvelles notions comme : la « participation », la « consultation » montre une stratégie des administrations pour nouer avec leur environnement un système de relations sociales fondé sur des bases différentes des obligations juridiques traditionnelles. Il est difficile pour un juriste d'analyser un tel système de relations, car s'il reprend ces notions, il s'écarte du droit, s'il les ignore, il manque l'essentiel de l'action administrative d'aujourd'hui (2).

Lorsqu'il se penche sur un processus de décision, le juriste ne peut appréhender qu'un certain nombre de moments privilégiés, ceux où sont passés les actes réglementaires, qui définissent des droits et des obligations. Mais, pour un certain nombre de décisions, ce sont les éléments antérieurs ou postérieurs à l'acte juridique qui sont essentiels, non seulement pour comprendre la logique de la décision, mais aussi pour saisir l'impact de l'action de l'administration. Le droit, de par sa nature normative ne peut que difficilement saisir ces phénomènes et sa capacité d'analyse pertinente est alors directement liée aux progrès de la science administrative. La participation « des individus et des groupes sociaux à l'évolution du cadre de vie urbain semble constituer un objet d'étude pour la science administrative davantage que pour le droit (3) ».

Pour le professeur Drago :

> La science administrative est une science sociale qui s'applique à l'administration, elle aboutit à une meilleure compréhension du phénomène administratif et permet de retrouver sa signification

---

(1) P. GRÉMION, *Introduction à une étude du système politico-administratif local*, Lab. soc. urb., 1970.

(2) Voir Y. PRATS, *Réflexions sur la participation des administrés à l'aménagement urbain, AJDA*, février 1973, p. 59.

(3) *Ibid.*

initiale... Comme la science politique, la science administrative n'est pas une science normative, elle aboutit à montrer l'administration telle qu'elle est. Par là même, elle vise aussi, en découvrant les défauts de l'administration, à y remédier (1).

S'il est intéressant d'examiner les mécanismes juridiques qui ont été mis en place pour permettre la création des villes nouvelles afin de répondre à la question : comment les villes nouvelles sont-elles faites? il nous est apparu plus important de rechercher le ou les centres de décision qui s'occupent des « villes nouvelles » et de répondre à la question : qui fait les villes nouvelles?

Cette préocupation nous amènera du reste à répondre à la première question, en examinant certains des mécanismes juridiques qui ont été mis en place.

Le District de la région parisienne a joué un rôle important pour lancer l'idée de « villes nouvelles », mais cette idée n'a pu s'imposer au sein de l'administration et se réaliser sur le terrain que grâce à « l'organisation d'une administration spécialisée pour la création des villes nouvelles » (première partie).

Pendant la phase de démarrage des opérations, les collectivités locales ont été écartées de la décision¹ les principes démocratiques comme la nécessité de réaliser des équipements de super-structure commandent que les collectivités locales soient associées aux décisions qui mettent en jeu leur avenir, comme celui de la ville nouvelle. C'est pourquoi il nous a paru nécessaire de rechercher comment est mis en place « le support des collectivités locales pour la prise en charge des villes nouvelles » (seconde partie).

---

(1) R. DRAGO, *Science administrative*, cours Droit 1971, 4e année.

Première partie

# Organisation d'une administration spécialisée pour la création des villes nouvelles

Cette administration spécialisée agit à deux niveaux :

— au niveau local : vers la création d'un organisme aménageur administratif (titre I);

— au niveau central : la création d'une administration centrale des villes nouvelles : le groupe central des villes nouvelles (titre II).

# TITRE I

# Vers la création d'un organisme aménageur administratif

# 1

# Le statut des MEAVN

Le statut des MEAVN (missions d'études et d'aménagement des villes nouvelles) s'inspire du modèle d'administration de mission, mais leur fonctionnement les amène à se transformer en gestionnaires.

## Section I

## LE STATUT S'INSPIRE DU MODÈLE D'ADMINISTRATION DE MISSION

### 1. Le modèle d' « administration de mission »

C'est à M. Pisani (1) que l'on doit la terminologie devenue aujourd'hui classique « d'administration de mission ». Il constatait que ni les services administratifs de l'État, ni les collectivités locales ne s'étaient montrés capables d'accomplir un certain nombre d'actions nécessaires à une politique d'aménagement du territoire, et il en concluait qu'il fallait établir une distinction entre deux types d'administration, l'administration de gestion et l'administration de mission.

Pour la clarté des futurs développements ayant trait aux missions d'études mises en place dans les villes nouvelles, il convient de rappeler brièvement les caractéristiques et les limites du modèle « d'administration de mission ».

### A. PRINCIPALES CARACTÉRISTIQUES DE CE MODÈLE

Le premier élément qui caractérise l'administration de mission concerne la structure même de ce type d'administration. Elle est en effet composée d'une soixantaine de personnes pour le « Commissariat au Plan », une trentaine à la « Délégation à l'aménagement du territoire », une dizaine pour la « Mission du Languedoc-Roussillon. » Elle s'apparente donc beaucoup plus à un cabinet ministériel qu'à une administration traditionnelle, d'autant plus qu'il n'y a pas à proprement parler de services administratifs de la mission, mais plus

---

(1) E. PISANI, *Administration de gestion, administration de mission*, in *Revue française de science politique*, avril-juin 1956.

exactement un « chef de file », assisté par une équipe de « chargés de mission ».

Le deuxième élément caractérisant ce type d'administration a trait à ses méthodes d'action. Elles sont essentiellement des méthodes d'animation et de coordination.

On retrouve en effet « les caractéristiques que les spécialistes de l'administration des entreprises attribuent à l'administration de commando : tâche orientée, durée limitée, souplesse dans l'action pouvoir de commandement, intégration, multidisciplinarité (1) ». La mission n'est pas une administration ordinaire, elle n'est pas soumise aux filières hiérarchiques normales, mais elle est dans l'administration et elle doit agir par les filières hiérarchiques normales. En fait,

> son rôle est de concevoir ce qui doit être fait, de prendre les décisions nécessaires, ou de les faire prendre par le gouvernement, et à cet égard elle a le monopole de la conception, mais ensuite de faire faire plus que de faire elle-même. De faire faire par qui? d'abord par toutes les administrations normales d'État, mais aussi par les collectivités locales qui sont, pour l'occasion, groupées dans chacun des départements intéressés en une société d'économie mixte départementale (2).

En définitive, il paraît possible d'adopter cette définition :

> L'administration de mission est une administration temporaire interministérielle, intégrée dans les administrations ministérielles, disposant de quasi-pouvoirs de décision et d'une grande souplesse dans son action pour remplir la mission qui lui a été confiée et constitue sa raison d'être (3).

## B. LES LIMITES DU MODÈLE D'ADMINISTRATION DE MISSION

Les critiques généralement faites à ce type d'administration sont variées. La distinction de M. Pisani repose sur l'idée qu'il existerait des tâches qui relèveraient de la gestion, et d'autres de la mission. D'une part, l'absence de distinction nette dans la pratique administrative entre les tâches de mission et celles de gestion provoque des risques permanents de conflits avec les administrations classiques. D'ailleurs cette distinction est plus difficile à faire dans le domaine de l'urbanisme, qui par nature comprend des tâches très variées et

---

(1) Ch. AUTEXIER, M. HEPPENHEIMER, *Essai de définition de l'administration de mission*, in *Bull. Inst. intern. d'adm. publ.*, n° 18, 1971, p. 87.
(2) P. RACINE, *La coordination administrative en matière économique et sociale*, cahier n° 2, 1967, éd. Cujas.
(3) Ch. AUTEXIER, *op. cit.*

complexes. La seule solution paraît être de réunir la réalisation d'un certain nombre d'opérations localisables dans l'espace et dans le temps, comme cela fut fait dans le cas des missions d'études des villes nouvelles.

D'autre part la volonté de l'administration de mission n'a de chance de se concrétiser que si la mission peut convaincre les services de l'administration traditionnelle. Or parfois, « les services ne partagent pas l'élan de l'administration missionnaire » et il arrive très souvent que

> les services de l'administration traditionnelle qui avaient fait patte de velours pendant un temps, ressortent leurs griffes et arrivent à reconquérir leurs attributions classiques (1).

Pour M. R. Drago « un autre inconvénient, le plus grave, est que l'administration de mission participe du mouvement vers les démembrements » de l'administration (2).

Ces démembrements de l'administration classique entraînent en effet un certain nombre de conséquences malsaines.

Tout d'abord, cela entraîne une décomposition progressive du droit administratif, et *a posteriori* une désagrégation organisationnelle de l'appareil administratif (3).

D'autre part les organismes hybrides ainsi créés, qui ont pour objectif de réaliser un lien plus étroit entre l'État et la société civile, ne réussissent souvent qu'à renforcer la concentration et à démembrer l'organisation du système administratif (4). Ces organisations, tout en promouvant un remodelage institutionnel, ouvrent la voie à de nombreuses contradictions entre les instances administratives et la société locale (5).

Enfin, pour M. Crozier,

> le vaste domaine des tâches et fonctions nouvelles offre donc à la fois le spectacle d'un émiettement et d'une décomposition de l'administration traditionnelle, et l'exemple de nouveaux modes d'animation qui permettent de le contrôler. La tendance négative domine dans la plupart des départements ministériels récents. La tendance au renouvellement s'affirme dans les activités de synthèse constituées en marge de l'administration traditionnelle ou même dans la para-administration (6).

---

(1) Ch. DEBBASCH, *Manuel de science administrative*, Dalloz, 1971, p. 334.
(2) R. DRAGO, *Cours de science administrative*, licence 4e année, 1971, p. 68.
(3) Y. WEBER, *L'administration consultative*, LGDJ, 1968.
(4) G. MIGNOT, P. D'ORSAY, *La machine administrative*, Éd. du Seuil, 1968.
(5) J.-C. DANSEREAU, *La société locale face à une institution nouvelle d'aménagement du territoire*, in *Sociologie du travail*, n° septembre-octobre 1966.
(6) M. CROZIER, *Crise et renouveau dans l'administration française*, in *Sociologie du travail*, 1966, n° 3.

Comme tout modèle, le modèle « d'administration de mission » est théorique, car en fait « au sommet des administrations de mission, au bout d'un certain temps, l'esprit de mission s'émousse pour laisser place à la gestion (1) ». Nous verrons en examinant le fonctionnement des MEAVN que cette assertion s'est vérifiée dans le cas des villes nouvelles.

## 2. Le statut des MEAVN

Les MEAVN sont nées en région parisienne. En effet, négligeant l'absence de consensus politique sur le schéma directeur proposé, la préfecture de région allait créer les premiers organismes d'études et d'aménagement des villes nouvelles. Il est intéressant, avant d'étudier l'évolution prise par ces organismes, d'en rappeler l'origine, le rôle et la nature juridique.

### A. CRÉATION DES MISSIONS

A Évry, une première solution d'organisme aménageur avait été envisagée en 1965 (2). Cette solution était de constituer une équipe de techniciens à la tête de laquelle un sous-préfet aurait été recruté et mis à la disposition du maire d'Évry. Cette équipe aurait été chargée d'étudier à quel moment devait intervenir la création d'une société d'économie mixte ou d'un établissement public chargé de la construction du cœur de ville.

A la fin de 1965, un projet plus cohérent et homogène vit le jour. « Ce projet, notamment soutenu par M. Delouvrier et par la direction de l'Aménagement foncier et de l'urbanisme (DAFU) préconisait la mise en place simultanée et dans les plus brefs délais d'un organisme aménageur et d'un « organisme représentant la nouvelle collectivité locale (3) ». La DAFU et le délégué général au district proposèrent de demander « la création immédiate » d'un établissement public à Évry et à Cergy-Pontoise, et « d'appuyer les efforts du ministère de l'Intérieur pour faire adopter, lors de la prochaine session parlementaire, le projet de loi sur les ensembles urbains ».

Mais le ministère des Finances se révéla résolument hostile à la création d'une nouvelle catégorie de collectivités territoriales propres aux villes nouvelles. Il faisait valoir qu'au début tout au moins, les villes nouvelles auront à poursuivre les études et à entreprendre les acquisitions foncières. Or pour ces tâches, il existait l'Institut d'amé-

---

(1) Ch. DEBBASCH, *Manuel, op. cit.*
(2) Cl. LAVIOLLE, *La ville nouvelle d'Évry*, mémoire, 1970, p. 52.
(3) Cl. LAVIOLLE, mémoire, *op. cit.*, p. 52.

nagement et d'urbanisme de la région parisienne (IAURP) et l'Agence foncière et technique de la région parisienne (AFTRP). Cependant, pour ne pas trop dissocier les études de l'aménagement, le ministère des Finances proposa :

> la constitution d'une équipe sous forme de mission s'inspirant de l'expérience du Languedoc-Roussillon. Elle pourrait être créée par une décision du Premier ministre et placée sous l'autorité directe du délégué général. Elle animerait et coordonnerait les études et les acquisitions foncières et préfigurerait l'organisme d'aménagement (2).

M. Delouvrier devait se rallier à cette solution, la faire sienne, et la proposer au Premier ministre. Le processus de création des villes nouvelles était dès lors amorcé.

M. Pompidou, alors Premier ministre, précisait les conditions de démarrage des opérations dans une « directive » du 4 avril 1966 (1).

Après avoir rappelé l'objectif des villes nouvelles, cette directive annonçait :

> Pour ce qui concerne la région parisienne, et compte tenu de l'état d'avancement des projets, il est dès aujourd'hui nécessaire de préciser les responsabilités, d'assurer la coordination des études et des acquisitions foncières de préparer les premières opérations d'aménagement.
>
> J'ai donc décidé de prendre les dispositions suivantes : pour chacune des villes nouvelles qu'il aura été décidé de créer, un directeur responsable de l'aménagement sera désigné par mes soins, sur proposition du délégué général du district de la région de Paris, et sur le rapport du ministre de l'Équipement...

En ce qui concerne la ville nouvelle de Cergy-Pontoise, M. Delouvrier avait pris contact avec M. Hirsch qui reçut le 18 juillet 1966 une lettre du Premier ministre le désignant comme directeur responsable. M. Lalande à Évry en septembre 1966, et M. Goldberg à Trappes au début de janvier 1968, allaient être nommés de la même façon.

M. Couve de Murville devait dans une directive du 24 octobre 1968 étendre ce mécanisme aux villes nouvelles de province :

> Des missions d'études et d'aménagement vont être mises en place dans des *conditions analogues* à celles de la région parisienne, à l'initiative et sous la responsabilité du ministre de l'Équipement et du logement... Je désignerai les responsables des missions d'études et d'aménagement du Vaudreuil, de Lille-est, puis de Lyon, l'Isle-d'Abeau.

---

(1) *Ibid.*, p. 53.

(2) Directive du 4 avril 1966 « concernant l'aménagement des villes nouvelles dans la région parisienne »; citée dans *L'expérience française des villes nouvelles*, FNSP, 1970, p. 63.

C'est ainsi que MM. Lacaze et Ralite étaient nommés respectivement chefs des missions du Vaudreuil et de Lille-est en 1968. M. Rossi était nommé chef de mission à l'Isle-d'Abeau en 1969 (1) et M. Girardet à l'étang de Berre en 1970. Tandis qu'en région parisienne, MM. Carle et Point étaient nommés respectivement directeurs des missions de Marne-la-Vallée et de Melun-Sénart en mai et juin 1969 par lettre du Premier ministre.

La mise en place des villes nouvelles se faisait donc de façon tout à fait empirique, puisque seule une lettre du Premier ministre en région parisienne, ou du ministre de l'Équipement en province nommant un directeur ou un chef de mission d'études permettait la création du premier organisme d'études et d'aménagement : le MEAVN.

On peut se poser la question : pourquoi la création de ces « missions » ne s'est-elle pas faite de façon plus officielle que par la publication d'une lettre? La raison en est double (2). Tout d'abord certaines divergences politiques s'étaient manifestées lors de la « prise en considération » en comité interministériel d'aménagement du territoire d'études d'aménagement : schéma directeur en région parisienne ou livres blancs des OREAM en province, comportant comme option d'aménagement la création d'une ville nouvelle.

En second lieu, cette notion de villes nouvelles n'apparaissait que techniquement dans le schéma directeur de la région parisienne. Or celui-ci, n'étant lui-même que la révision du « PADOG », la notion même de ville nouvelle perdait beaucoup de son importance, juridiquement parlant.

La composition des équipes de chaque mission s'est faite, elle aussi, de façon informelle. Le Premier ministre avait prévu en région parisienne (3) que « les agents nécessaires à l'exécution de ces tâches, lorsqu'ils appartiennent à la fonction publique, sont mis à sa disposition par les ministères intéressés, sur demande du délégué général au district de la région de Paris ». Mais en fait, chaque directeur a eu toute liberté pour choisir ses collaborateurs.

Les missions ainsi constituées ont été, aussitôt que possible, envoyées sur place dans des locaux provisoires, de manière à assurer le maximum de contacts avec les réalités locales et les responsables locaux.

## B. RÔLE DES MEAVN

Installées sur place avec une mission générale d'études, les MEAVN ont vu leur rôle précisé par trois « directives » successives.

---

(1) M. Rossi était remplacé à L'Isle-d'Abeau par M. Morel en 1971. M. Damiani, directeur de la DDE, a remplacé M. Girardet comme directeur de la MIAFEB qui remplace la mission d'études et d'aménagement de Fos—Étang de Berre.
(2) M. RIBAULT, *Les mécanismes administratifs de la politique d'urbanisme dans la région parisienne*, thèse, Paris, 1970.
(3) *Directive* du 4 avril 1966, *op. cit.*

Aux termes de la directive du Premier ministre datant de 1966 :
le directeur et son équipe ont

> pour mission préalablement à la constitution de l'organisme d'aménagement de la ville nouvelle : de poursuivre les études d'urbanisme, d'aménagement et d'équipement nécessaire, d'animer et de coordonner les opérations d'acquisitions foncières ainsi que les premiers travaux d'aménagement, d'élaborer le bilan programme prévisionnel et l'échéancier de réalisation de la ville nouvelle (1).

Pour la directive prise à la suite de la création des villes nouvelles de province le 24 octobre 1968 :

> il s'agit d'abord de mener des études préparatoires et de procéder à des acquisitions foncières. A cet effet des missions d'études et d'aménagement vont être mises en place dans des conditions analogues à celles de la région parisienne, à l'initiative et sous la responsabilité du ministre de l'Équipement et du logement (2).

Enfin, le 8 juillet 1969, M. Chalandon, dans une directive générale sur les villes nouvelles, précisait le rôle qu'il entendait donner aux missions (3).

Celles-ci doivent procéder à des études d'urbanisme, d'équipement et des études économiques et financières; mener une politique foncière; conduire les études opérationnelles.

Sur le plan urbanistique il s'agit d'étudier : « les fonctions essentielles de la ville nouvelle et sa localisation », la capacité d'accueil se rapportant aux logements et aux emplois, la vocation des terrains situés « sous l'influence directe du centre », et les équipements collectifs nécessaires à une structuration indispensable de la ville nouvelle.

Sur le plan économique et financier, les études doivent déboucher sur l'établissement d'un plan de financement prévisionnel de l'opération, afin d'évaluer le « degré de compétitivité de la ville nouvelle » à l'égard d'une urbanisation classique et d'estimer la compatibilité entre les charges publiques qu'une telle opération entraîne et les ressources que les collectivités sont susceptibles de lui consacrer.

Sur le plan opérationnel, cette directive souligne que « les MEAVN ne doivent pas seulement faire œuvre d'urbanistes et de financiers, mais aussi de commerçants » — c'est-à-dire qu'il est recommandé de classer les sols entre diverses affectations après avoir procédé à une étude de marché et d'associer très rapidement les constructeurs publics et privés aux travaux « afin de choisir les partis rentables ».

---

(1) *Directive* du 4 avril 1966, *op. cit.*
(2) *Directive* du Premier ministre, M. Couve de Murville, 24 octobre 1968.
(3) MEL, *Directive générale*, n° 2, du 8 juillet 1969.

Aux termes de cette dernière directive, les missions n'ont donc plus seulement une fonction d'études, mais il leur faut anticiper sur les réalisations, ce qui leur donne une fonction d'aménageur.

Il est de coutume de dire qu'un « organe crée la fonction »; en ce qui concerne les MEAVN, c'est plutôt la fonction qui petit à petit va renforcer un organisme qu'il convient d'analyser.

## C. UN ORGANISME SANS EXISTENCE JURIDIQUE

A M. Claudius-Petit qui lui faisait remarquer que les villes nouvelles n'avaient pas les moyens juridiques indispensables à leur développement, M. P. Delouvrier répondait :

> Nous y avons paré, par une assez bonne entente entre les hommes, c'est-à-dire entre les maires ruraux et les missions d'aménagement. Les autres moyens nous seront progressivement donnés (1).

### a) L'organisation interne des MEAVN

Pour M. J.-E. Roullier,

> Dès le départ a été écartée la tentation de constituer des services communs, puissants et centralisés, et de n'installer sur place que des échelons légers, à l'image de ce qui se produit bien souvent dans les opérations d'aménagement urbain. Au contraire, tout l'effort a été concentré sur la mise en place des missions, et la réunion à leur niveau des moyens de travail et d'études convenables (2).

Comme nous l'avons noté en examinant leur création, les MEAVN sont nées d'une lettre du Premier ministre ou du ministre de l'Équipement nommant un directeur et c'est ce dernier qui s'est constitué une équipe en choisissant des collaborateurs. Ceux-ci, en région parisienne, sont rattachés à l'IAURP ou à l'AFTRP, tandis qu'en province, ils sont attachés à la direction de l'Équipement.

Les effectifs vont de dix à soixante personnes, selon l'état d'avancement des villes nouvelles.

En général, le recrutement a assez bien suivi le caractère pluridisciplinaire et évolutif demandé par le ministre de l'Équipement :

> On réalisera l'amalgame d'éléments d'origine privée et de ceux relevant du secteur public. Ceux de formation administrative seront tout aussi nécessaires que ceux de formation technique. Enfin on n'oubliera pas que les aspects économiques, financiers et commerciaux des problèmes à résoudre sont aussi importants que leurs

---

(1) P. DELOUVRIER, in 8ᵉ journée d'étude du CNEIL, REDI, 4 décembre 1968, p. 18.

(2) J. E. ROULLIER, Réflexions sur les villes nouvelles, bull. PCM, mars 1971.

aspects urbanistiques, architecturaux, technologiques. Si dans la phase initiale des démographes, des sociologues, entre autres, aideront à déterminer les options, à un stade ultérieur ils feront place, notamment, aux architectes et aux ingénieurs. Par contre, en permanence, la fonction « études financières » et la fonction « études de marché » seront aux mains d'experts (1).

D'autre part, il faut noter la diversité d'origine des directeurs. Sur les cinq villes nouvelles de la région parisienne, deux sont dirigées par un ingénieur des ponts et chaussées, une par un inspecteur général de la construction, une par un inspecteur des finances, une par un administrateur civil au ministère de l'Économie et des finances (2).

Sur les quatre villes nouvelles de province, trois sont dirigées par un ingénieur des Ponts et Chaussées, et une par un administrateur civil (3).

L'organigramme est pratiquement identique d'une mission à l'autre, malgré quelques différences de dénomination, et se décompose en général en quatre « divisions »; la première chargée de « l'administration », la seconde de la « programmation », la troisième des « infrastructures », la quatrième de « l'urbanisme ». Cette dernière se divise souvent en deux sections : l'une s'occupant de l'urbanisme de conception, l'autre de l'urbanisme opérationnel.

Les méthodes de travail à l'intérieur de la MEAVN sont à l'image de la souplesse de cet organisme. En effet :

> Pour le directeur de la mission, seul le résultat compte, chacun restant libre d'organiser son travail comme il l'entend. Les moyens à mettre en œuvre pour obtenir les résultats escomptés sont généralement laissés à l'appréciation de chacun, dans la mesure où ceux-ci n'exigent pas des crédits trop considérables (4).

Mais surtout

> contrairement à ce qui se passe dans les administrations traditionnelles où il existe une certaine tendance à fuir les responsabilités et les nouvelles attributions, dans l'administration de mission, on constate un net désir de « monopoliser » les fonctions (5).

---

(1) MEL, Directive n° 2, *op. cit.*

(2) Évry, M. Lalande, inspecteur général de l'Équipement; Cergy-Pontoise, M. Hirsch, ingénieur en chef des Ponts et chaussées; Saint-Quentin-en-Yvelines, M. Goldberg, ingénieur en chef des Ponts et chaussées; Marne-la-Vallée, M. Carle, inspecteur des Finances; Melun-Sénart, M. Point, administrateur civil.

(3) Lille-Est, M. Ralite, ingénieur des Ponts et chaussées; L'Isle-d'Abeau, M. Morel, administrateur civil; Le Vaudreuil, M. Lacaze, ingénieur en chef des Ponts et chaussées; Fos, M. Damiani, ingénieur des Ponts et chaussées.

(4) A. BONNET, *La ville nouvelle de L'Isle-d'Abeau*, Mémoire, Paris, 1970, p. 39.

(5) M. BONNET, *op. cit.*, p. 32.

### b) *Les MEAVN n'ont aucune existence juridique*

Elles n'ont pas de personnalité morale, et donc ni budget, ni personnel propre. Le budget de fonctionnement de la mission est géré par l'Agence foncière en région parisienne, et par le service régional de l'Équipement en province.

Pour parer à l'absence d'autonomie financière, un chapitre 65-01, spécialement consacré à « l'aide aux villes nouvelles » a été ouvert au budget des charges communes du ministère des Finances en 1966. Ce chapitre a été doté de 32,5 millions de francs d'autorisation de programme pour l'exercice 1968, et de 35 millions pour 1969. Pour M. J.-E. Roullier, de 1966 à 1971, 110 millions de francs ont été affectés à l'installation, au fonctionnement et aux études des missions. Ces crédits doivent passer en région parisienne par l'intermédiaire de l'IAURP et de l'AFTRP. Le premier gère le budget des études générales, le second est l'organisme de support pour tout ce qui concerne les réalisations. Ces deux organismes, déjà pourvoyeurs du personnel des missions (1) couvrent de plus, à part égale, les frais de fonctionnement des missions. En province, les crédits passent par le service régional de l'Équipement.

Compte tenu du rôle limité des MEAVN et de leur absence de moyens juridiques pour agir, c'est un système complexe qui va se mettre en place pour commencer les opérations « villes nouvelles ». Ce système est complexe puisqu'en région parisienne, les missions d'études doivent collaborer avec l'AFTRP et en province avec le service régional de l'Équipement. D'autre part cette organisation devait être provisoire, or ce provisoire dure toujours en partie. En effet, si les premiers établissements publics sont venus relayer. Dès avril 1969, les MEAVN, les délais d'installation de ces établissements et des agents comptables requis ont retardé d'au moins un an l'effectivité d'un tel transfert. D'autre part la création d'un établissement public ne supprime pas toujours pour autant la « mission d'aménagement ». En effet, comme le dit M. Goldberg à propos de Saint-Quentin-en-Yvelines (2) :

> A vrai dire, cet établissement public ne se substituera pas totalement à la mission d'études ; les études entreprises intéressent en effet un vaste territoire, allongé d'ouest en est sur 16 km, depuis Maurepas et la haute vallée de la Mauldre dans les Yvelines jusqu'à Palaiseau dans l'Essonne. L'établissement public sera l'organisme aménageur de la ville nouvelle dans les Yvelines, la mission continuant pour la

---

(1) Exemple : à Cergy-Pontoise en octobre 1969, sur 49 personnes, 18 étaient rattachées à l'AFTRP et 31 à l'IAURP.

(2) M. GOLDBERG, *La ville nouvelle de Saint-Quentin-en-Yvelines*, MTP bât., 27 mars 1971, p. 16.

partie comprise en Essonne à jouer auprès du directeur départemental de l'Équipement son rôle d'urbaniste afin d'assurer l'unité de conception qu'appelle l'unité géographique.

Actuellement, dans toutes les villes nouvelles ont été créés des établissements publics, sauf à Melun-Sénart où l'établissement public est en cours de création [1].

## Section II

# LE FONCTIONNEMENT DES MEAVN TEND A LES TRANSFORMER EN « ADMINISTRATION DE GESTION »

Si la mission et le statut des MEAVN s'inspirent, à beaucoup d'égard, du modèle des « administrations de mission »; le fonctionnement du système de relations, qu'elles ont créées avec les collectivités locales et les administrations, tend à les écarter de ce modèle.

## 1. Le fonctionnement du système de relations des MEAVN

### A. RELATIONS DES MEAVN AVEC LES COLLECTIVITÉS LOCALES

Pour élaborer les documents fixant les objectifs de chaque ville nouvelle, les MEAVN ont été envoyées sur « le terrain », de manière à prendre contact avec les réalités locales en s'assurant la collaboration des responsables locaux. Malheureusement cette déconcentration de l'administration n'a pas fait disparaître les tendances technocratiques, comme nous allons le voir à propos des modalités d'élaboration des documents d'urbanisme et elle a paradoxalement, semble-t-il, abouti en fait à un affaiblissement des collectivités locales.

a) *Le manque de participation des collectivités locales aux documents d'urbanisme proposant la création d'une ville nouvelle et fixant ses grandes lignes*

Lors de la discussion de la loi Boscher au Sénat, le secrétaire d'État chargé des collectivités locales soutint que les décisions de création avaient été « parfaitement concertées », après avoir cité les prescrip-

_____

[1] L'établissement public de Melun-Sénart a été créé par le décret n° 73-968 du 15 octobre 1973 (*J.O.* 17 octobre 1973).

tions de la loi d'orientation foncière relatives à l'élaboration conjointe par l'État et les collectivités locales des nouveaux documents d'urbanisme (1). Pour M<sup>lle</sup> Heymann,

> c'était là introduire une certaine confusion : d'une part les décisions ont été prises avant que fût publié le décret d'application de la loi d'orientation foncière relatif aux schémas directeurs, d'autre part le principe de création d'une ville nouvelle a toujours été arrêté par le gouvernement après que des études eurent été réalisées sous sa seule autorité, tout au plus déconcentrée au profit des préfets de région (2).

Cette remarque est d'autant plus justifiée pour les villes nouvelles de la région parisienne que les études les concernant, soit le schéma directeur de la région, soit les schémas de structure ont été faites avant que ne soient mises en place les procédures plus démocratiques de la loi d'orientation foncière (SDAU).

### 1° En région parisienne, les collectivités locales n'ont pratiquement pas été associées à l'élaboration des documents d'urbanisme

Nous avons vu précédemment que le SDAURP fut examiné par le Comité interministériel d'aménagement du territoire, le 26 novembre 1964 et que le conseil d'administration du district, le CCES et le CARP ne furent consultés qu'en mars 1966.

Le schéma directeur de la région parisienne n'est pas un plan d'urbanisme au sens juridique du terme, ce n'est que le point de départ dans l'espace de plans d'urbanisme de détail ou de *schémas de structures* qui, par la suite, sont élaborés en tenant compte de ses orientations générales (3).

La procédure des « schémas de structures » prévoyait que le préfet de région arrêtait la liste des communes ou ensemble de communes concernées. Les urbanistes chargés d'élaborer le document étaient choisis par le ministre de la Construction et rémunérés par l'État. C'est seulement le projet de schéma qui était soumis par le préfet à la délibération des conseils municipaux ou aux organes délibérants des établissements groupant lesdites communes (4). D'autre part, si les assemblées et organismes visés ci-dessus « n'avaient pas fait connaître leur avis dans un délai de trois mois... ils étaient réputés avoir consenti ...(5) ».

---

(1) *J. O.* déb. Sénat, 14 mai 1970, p. 4021.
(2) A. HEYMANN, *Les villes nouvelles*, *AJDA*, n° 9, septembre 1971, p. 447.
(3) SDAURP, *Doc. fr.*, 1965, t. I, p. 28.
(4) Décret n° 59-1089 du 21 septembre 1959, al. 18, *J. O.*, 23 septembre 1959.
(5) *Ibid.*

Faisant suite à cette consultation des collectivités locales, la procédure prévoyait la transmission du projet de schéma de structures au conseil d'administration du district. A cet effet, celui-ci a pris l'habitude de constituer une section d'étude spécialisée, avec la participation de tous les maires des communes intéressées (1). Sur rapport de cette « section d'étude », le conseil d'administration prenait alors un premier « avis de base » sur le schéma de structures considéré. Cet avis de base entraînait à son tour la saisine du Comité consultatif économique et social (CCES), lequel se penchait plus particulièrement sur les hypothèses d'activités et d'emploi, de transports et de loisirs qui ont été formulées dans le document en cause. C'est après avis du comité consultatif que le conseil d'administration du district prenait alors un « avis définitif » sur le schéma de structures qui lui était soumis pour approbation.

Les consultations terminées, le préfet de région pouvait entamer la procédure d'approbation et de publication qui se fit, dans le cas des villes nouvelles, par un décret pris en Conseil d'État sur rapport des ministres de l'Intérieur et de l'Équipement.

Cette procédure qui prévoyait seulement l'avis des collectivités était trop rigide.

Tout d'abord puisqu'il est impossible pour celles-ci de se mettre en dehors du périmètre d'études de la ville nouvelle. La liste des communes incluses dans ce périmètre était fixée par le préfet, sans que les communes soient consultées au préalable. D'autre part il était impossible pour les communes d'amender le schéma proposé, leur seule compétence étant de prendre une délibération conduisant à un accord ou à un refus.

Si les collectivités locales n'avaient qu'un rôle minime à assurer dans cette procédure, il n'en reste pas moins que la pratique a montré l'importance qu'a en réalité, pour l'administration, « l'avis » des collectivités intéressées.

En effet, dans la consultation des collectivités locales, « l'informel » l'a emporté sur « l'institutionnel », c'est-à-dire que des réunions de maires et des conversations bilatérales ont remplacé l'absence de structures de participation.

Mais en définitive les élus ont eu parfaitement conscience d'avoir été tenus à l'écart de l'élaboration des schémas de structure et d'avoir été mis au pied du mur lorsque les plans ont été achevés : « On ne nous a rien dit, on nous a mis devant le fait accompli et puis c'est fini. » — « On nous a concernés sans nous consulter, la ville nouvelle a été décidée au district sans l'avis des élus locaux (2). »

_____

(1) Décret du 31 octobre 1961, article 21, relatif au fonctionnement du district de la région parisienne.
(2) Cité par J. L. BODIGUEL dans *La ville nouvelle de Cergy-Pontoise*, doc. remis à la journée d'étude de la FNSP sur les villes nouvelles.

## 2° En province, la participation des collectivités locales a varié d'une ville nouvelle à l'autre

La création d'une ville nouvelle au Vaudreuil fut une des principales options du Livre blanc de la Basse-Seine approuvé par le CIAT le 27 juillet 1967. Les instances régionales et départementales furent consultées au cours de l'année 1968. La CODER ne reconnut l'intérêt d'une urbanisation dans la zone du Vaudreuil que le 17 février 1969, alors que le 24 octobre 1968, le Premier ministre faisait état de la décision de créer une ville nouvelle au Vaudreuil.

Le principe d'une urbanisation nouvelle sur les rives de l'étang de Berre fut également conçu par le service régional de l'Équipement et vivement combattu par les instances locales. Le seul exemple de volonté concertée est le projet de Lille-est, vu par la communauté de Lille comme une solution à ses problèmes d'extension (1).

Ce manque de consultation au niveau de la mise au point des Livres blancs des OREAM s'explique non seulement pour des raisons politiques, mais aussi pour des *raisons techniques*. Les problèmes de consultation ne sont pas simplifiés par le fait que l'établissement de ces documents s'effectue en même temps que les études poursuivies à l'échelon des agglomérations et des départements, à cause des sédimentations successives de la législation de l'urbanisme et de l'urgence des problèmes à résoudre. D'autre part, un problème de synchronisation et de coordination se pose entre les administrations, qui ne relève pas du domaine des relations entre l'État et les collectivités locales, mais de celui des relations entre les différents organes de l'État.

## 3° La nécessité d'associer les collectivités locales à la confection de tels documents

L'absence de participation des collectivités locales à l'élaboration de tels documents d'urbanisme peut expliquer certaines prises de positions hostiles des élus à l'encontre des MEAVN jugées « technocratiques », et de leurs études qualifiées d'« élucubrations ».

La discussion sur un projet déjà entièrement élaboré présente un intérêt assez faible pour les collectivités locales, aux termes de l'avis formulé par le Conseil économique et social sur le projet de loi d'orientation foncière et urbaine :

> Le Conseil insiste pour que les collectivités locales et organisations disposent des moyens leur permettant d'obtenir la prise en considération de leurs propositions, initiatives et suggestions, pour qu'elles participent directement avec l'administration, les urbanistes et les techniciens intéressés ainsi qu'avec les organismes de recherche

---

(1) A. HEYMANN, *op. cit.*, p. 448.

scientifique, aux études préalables, aux décisions et orientations des schémas directeurs et plans d'occupation des sols, de manière à confronter et à concilier plus efficacement la satisfaction des besoins des populations sur le plan local et départemental avec les options prises à l'échelon national. Les initiatives, les propositions et les avis des collectivités locales doivent pouvoir être formulés dans le cadre d'un dialogue avec l'administration (1).

b) *Les MEAVN mises en place ont accentué l'effacement des collectivités locales.*

La création des MEAVN avait pour but de faciliter le rapprochement des points de vue de l'administration et des collectivités locales.

De fait, en s'installant sur place, en tenant les élus informés ou en les associant à l'avancement des travaux par des réunions informelles ou dans le cadre de contacts organisés plus officiellement, les MEAVN devaient permettre une meilleure circulation de l'information et, partant, d'aider à ce rapprochement.

Or, paradoxalement, elles vont accentuer l'effacement des collectivités locales.

### 1° L'effacement des collectivités locales

La concurrence des services techniques des différents ministères et la présence de l'administration préfectorale constituent normalement pour les communes un système de contrepoids et d'informations multiples, qui fait défaut avec le système des MEAVN. En effet, « avec la mission d'aménagement, l'administration renforce sa cohérence unilatéralement en substituant à une pluralité de services un interlocuteur unique pour les collectivités locales (2) ». C'est-à-dire que le système mis en place introduit une plus grande cohérence apparente de l'administration, face à un pouvoir local dispersé (3).

En effet, le style de relations personnelles adopté par la mission laisse peu de place aux lenteurs souvent protectrices du cheminement des dossiers. En revanche la dispersion des collectivités locales permet à la mission de faire appliquer sa propre politique avec une certaine facilité d'autant que le directeur de la mission est présent aux réunions importantes des conseils municipaux.

D'autre part, sur les grandes options, celles qui engagent l'avenir, les collectivités locales sont privées de tout pouvoir d'action : « lorsqu'une commune refuse un permis de construire, il peut arriver, ainsi

---

(1) Avis et rapport du Cons. éco. et soc., *J. O.*, 1966, p. 796.
(2) Rapport ENA, *La ville nouvelle de Saint-Quentin, op. cit.*, p. 12.
(3) Voir nombre de communes concernées par le périmètre d'étude : 14 à Évry, 28 à Saint-Quentin.

que ce fut le cas pour Élancourt, qu'il soit accordé à l'échelon supérieur par le ministre de l'Équipement (1) ».

Dans tous les cas où un désaccord subsiste entre les conceptions de l'administration et celles des collectivités locales, ces dernières ne sont pas en mesure, au niveau de la décision, de mettre en cause le projet administratif. Car, très souvent, les projets de première importance ne sont pas portés en temps utile à la connaissance des municipalités.

Sans doute, en participant aux diverses études depuis la création des MEAVN, les collectivités locales contribuent-elles parfois à la prise de certaines décisions, qui concernent presque exclusivement les équipements sportifs et scolaires dont elles ont du reste la maîtrise d'ouvrage, mais l'étroitesse de la marge de manœuvre qui leur est laissée ne permet plus guère de libre-arbitre. La réalisation des villes nouvelles se traduit donc, au moins au stade précédant la création des établissements publics, par un désaisissement des collectivités locales au profit de l'administration.

Sans doute la mise en place de la mission constitue-t-elle un progrès par rapport à la procédure antérieure où le secret demeurait la règle, mais sur les points fondamentaux, il apparaît que les observations des élus ne sont prises en compte que dans la mesure où elles recoupent les préoccupations administratives.

Cependant il convient de modérer cette opinion un peu schématique.

En effet, lorsqu'un syndicat de communes existait, il y a eu l'amorce d'une concertation authentique avec les missions.

Ainsi dans le département de l'Essonne, les communes intéressées par la ville nouvelle de Saint-Quentin, à l'exception de celle de Palaiseau, se sont regroupées au sein du syndicat pour l'aménagement des vallées de l'Yvette et de la Bièvre et « l'expérience montre que la mission discute collectivement ses projets avec le syndicat et lui soumet des variantes qui ne sont pas de simples « repoussoirs (2) ».

D'autre part, les missions ont été conduites à adopter un style de rapports différent avec les communes dont la capacité de discussion technique était forte. Le cas s'est produit avec la ville de Trappes qui possédait avant l'implantation de la mission un embryon de services techniques. Cette commune a étoffé ces services en faisant appel au concours d'un bureau d'études privé. Il en résulte que

> la mission a admis de prendre en considération les contre-projets qui pourraient lui être présentés et il a été décidé d'un commun accord que les réunions de travail se tiendraient alternativement au siège de la mission et à la mairie de Trappes (3).

---

(1) Rapport ENA, *ibid.*, p. 13.
(2) Rapport ENA, *op. cit.*, p. 15.
(3) Rapport ENA, *ibid.*

Enfin, les MEAVN doivent compter avec le poids de certaines personnalités, car : « les élus peuvent parfois être des personnalités influentes sur le plan national et peuvent avoir une certaine audience auprès des membres du gouvernement (1) ».

C'est ainsi que la ville de Tigery-Lieusaint est devenue, sous la pression de M. M. Jacquet, la ville nouvelle de Melun-Sénart.

Alors que le schéma directeur d'aménagement et d'urbanisme de la région parisienne avait prévu la création d'une ville nouvelle sur le plateau de Tigery-Lieusaint, le conseil d'administration du district de la région parisienne a imprimé une orientation sensiblement différente au parti global d'urbanisme, la dominante de Melun-Sénart étant qu'elle prend appui sur Melun (2).

A Évry, la collaboration de la mission avec M. Boscher, député-maire de la ville, a permis le démarrage de la ville nouvelle.

Dans le département des Yvelines, c'est la personnalité du maire de Trappes qui apparaît comme importante, dans la mesure où elle a permis aux élus de dégager une attitude commune vis-à-vis de l'administration en créant une « Association des élus municipaux et cantonaux de la ville nouvelle de Saint-Quentin-en-Yvelines ». Cette association

a pour objet d'étudier tous les problèmes posés par la création, l'aménagement et la gestion de la ville nouvelle de Saint-Quentin-en-Yvelines et de permettre aux élus de prendre leurs décisions en toute connaissance de cause (3).

## 2° La conséquence du processus d'effacement des collectivités locales

La conséquence la plus évidente de cet effacement est la création d'une certaine hostilité des élus à l'égard de la ville nouvelle. A cet égard, il est possible de distinguer chez les élus trois types d'attitudes allant de la « résignation active » à « l'hostilité fondamentale (4) ».

Tout d'abord, partant de l'idée que, de toute manière la ville nouvelle sera construite, certains élus considèrent qu'elle doit se faire avec eux et non contre eux et qu'il ne faut pas rester en dehors des travaux. Cette attitude entraîne une participation active, une collaboration de ces élus avec la mission,

---

(1) A. BONNET, *La ville nouvelle de L'Isle-d'Abeau*, mémoire, Paris, octobre 1970, p. 43.

(2) M. M. JACQUET, *Un exemple de franche concertation avec les élus : Melun-Sénart*, in *Bulletin du PCM*, n° sp. de mars 1971, p. 73.

(3) Rapport ENA, *La ville nouvelle de Saint-Quentin*, op. cit., p. 13.

(4) *Cf.* J. L. BODIGUEL, *Cergy-Pontoise*, in *L'expérience française des villes nouvelles*, op. cit., p. 21.

pour qu'elle acquière une meilleure connaissance du pays, pour qu'elle prenne en considération les problèmes des communes et des populations et qu'elle envisage des solutions non seulement acceptables, mais aussi profitables pour tous (1).

La deuxième attitude est une attitude de « résignation passive ». Pour ces élus, le raisonnement est le suivant : « la ville nouvelle est là ; autant « les » laisser faire, car on ne peut pas s'y opposer (2) ». Cette attitude de résignation se double en général d'un certain scepticisme sur la bonne marche de l'entreprise et des projets tels qu'ils sont prévus.

La troisième attitude est une attitude de franche hostilité à la ville nouvelle qui est provoquée par les procédés jugés « dictatoriaux » de « l'administration ». « Telles que nous connaissons les administrations, nous sommes obligés d'être négatifs (3) ». Et ces élus sont opposés à la ville nouvelle, parce qu'elle dépend d'une administration qui n'a pas sollicité leurs avis.

> Si on nous avait associé dès le départ, ce qui a été fait aurait été mieux fait et dans de meilleures conditions.

Et lorsque ces élus ont été amenés à exprimer des avis, ils reprochent à l'administration de ne pas en avoir tenu compte :

> On n'a pas tellement tenu compte de nos réserves dans les diverses enquêtes (3).

Ces différents types de réactions peuvent aisément se comprendre. En effet les maires des petites communes rurales se trouvent en présence d'un projet de grande ampleur. Or un bouleversement de cet ordre aurait demandé qu'on permette aux élus locaux de s'adapter. Mais dans un premier temps du moins, il semble que rien de cet ordre n'ait été fait :

> Non seulement ils ont été tenus à l'écart lors de la préparation des projets, mais encore il n'y a pas eu un travail d'information suffisant fait dans les conseils municipaux et sur la population (3).

Les missions d'études et d'aménagement paraissent avoir accentué l'effacement des collectivités locales et entraîné une réaction défavorable de celles-ci.

Elles semblent donc avoir manqué la première partie de leur mission, qui était de se faire l'interprète des collectivités locales auprès de l'État, et de l'État auprès des collectivités locales.

---

(1) *Ibid.*
(2) *Ibid.*
(3) *Ibid.*

Cependant, les missions n'ont pas seulement pour rôle de collaborer avec les élus locaux, elles doivent également entretenir des rapports étroits avec les administrations.

## B. RELATIONS DES MEAVN AVEC LES ADMINISTRATIONS

a) *Les relations des missions avec les administrations centrales et régionales*

> Ne disposant pas, pendant longtemps, de la personnalité juridique et n'ayant pour se faire entendre que la notoriété de leur directeur, les missions doivent constamment négocier l'appui des services centraux, solliciter la caution des ministres intéressés, demander avis, conseils et crédits (1).

Les rapports des MEAVN avec l'administration sont étroits, mais pas toujours empreints de sérénité.

En effet la structure des services centraux et régionaux est d'une telle complexité que les MEAVN ont la tâche difficile d'harmoniser la politique de ces administrations afin que les villes nouvelles demeurent malgré tout la manifestation de la cohérence de l'action de l'État.

La directive du Premier ministre, du mois d'octobre 1968, place les missions sous la responsabilité des chefs des services régionaux de l'Équipement (SRE). Or les préfets de région exercent sur ces organismes les attributions qu'ils tiennent des décrets de 1964 relatifs à « l'organisation de l'administration régionale ».

A la lettre des textes, le niveau de décision se situe à la préfecture de région, parfois avec l'accord du ministère de l'Équipement, tandis que les MEAVN ne pourraient que « proposer » des décisions ou inciter certaines actions.

Mais en pratique, d'une part, les propositions des MEAVN s'appuient sur une telle somme de travail et d'études, une telle connaissance du terrain qu'elles réduisent les possibilités de choix des responsables de la décision. En effet certaines études, comme celles qui ont défini le périmètre de la ville nouvelle, conditionnent à tel point les travaux qui doivent suivre qu'il est impossible de les remettre en question, même si la décision n'est pas encore prise dans les formes. Il en est de même en ce qui concerne les acquisitions de terrain. La mission a sur ce point un rôle de proposition, mais ce rôle est déterminant, car il est extrêmement difficile à la préfecture de refuser l'achat ou l'expropriation d'un terrain, si la mission le juge nécessaire à la cohérence des opérations.

---

(1) J. L. FAURE et J. L. BODIGUEL, *Les villes nouvelles du schéma directeur,* in *L'expérience française des villes nouvelles,* p. 69.

D'autre part les villes nouvelles correspondent directement avec les « administrations des villes nouvelles », que sont le « bureau des villes nouvelles » au ministère de l'Équipement et le « secrétariat du groupe interministériel des villes nouvelles » en région parisienne. D'autant que les autres administrations, trop souvent démunies des informations suffisantes, font parfois preuve d'exigences et de rigidité qui paralysent plutôt qu'elles n'aident l'action des missions (1).

Enfin la complexité des diverses réglementations vient s'ajouter à celle des structures administratives pour paralyser l'action d'urbanisme. Aussi une grande partie du travail des MEAVN se passe-t-il à adapter les opérations futures aux normes réglementaires en vigueur, à préparer une multitude de dossiers et de documents et à recenser les moyens disponibles. Ainsi,

> il a fallu changer toute une partie de la réglementation de la décentralisation industrielle établie par la Délégation à l'aménagement du territoire et à l'aménagement régional qui rendait très difficile l'implantation de nouvelles activités dans les villes nouvelles de la région parisienne (2).

## b) *Les MEAVN et l'administration départementale*

> Il importe qu'une collaboration réaliste s'instaure entre ces échelons *ad hoc* et la hiérarchie de droit commun. Elle ne saurait revêtir un caractère contractuel. Il appartient aux autorités responsables de définir des relations suffisamment étroites pour que la mission soit informée des décisions susceptibles d'interférer sur son propre secteur et pour qu'elle soit au préalable consultée le cas échéant ; et suffisamment souples pour que le directeur départemental de l'Équipement conserve toute son initiative, par exemple quant au permis de construire (3).

Cette collaboration s'avère difficile, car la mission se pose vis-à-vis de la direction départementale de l'Équipement (DDE) comme son remplaçant dans le « périmètre opérationnel » de la ville nouvelle et son concurrent dans le « périmètre d'études (4) ».

En conséquence, de grandes difficultés sont venues au moment de la programmation budgétaire des équipements, car les directeurs départementaux ont tendance à trouver les demandes d'équipements des MEAVN beaucoup trop excessives. Aussi existe-t-il parfois une

---

(1) Voir *Titre 2* sur l'organisation du Groupe central des villes nouvelles et sa stratégie.
(2) J. C. FAURE, *La ville nouvelle d'Évry*, in *L'exp. fr. des villes nouvelles, op. cit.*
(3) MEL, directive nº 2, *op. cit.*, *MTP bât.*, nº 34, 23 août 1969, pp. 118-119.
(4) « Le périmètre opérationnel » est le futur « périmètre d'établissement public ».

certaine tension entre les MEAVN et l'administration départementale d'autant que,

> par la mise en place des groupes d'études et de programmation, les DDE entendaient concevoir la politique urbaine dans les départements (1) et leurs réticences, voire leur hostilité, devant la constitution d'une enclave « villes nouvelles » n'apparaissent pas surprenantes.

Une deuxième raison vient compliquer les relations avec les DDE. La pratique suivie consiste à confier l'étude et la réalisation de la voirie secondaire aux DDE (2).

Or, en région parisienne, à l'intérieur du périmètre de la ville nouvelle, la MEAVN, grâce au support juridique de l'AFTRP, fait ce travail elle-même, ce qui correspond à une perte de recette très importantes pour les DDE, qui traditionnellement touchaient un certain pourcentage sur l'étude et la réalisation des voiries secondaires.

En ce qui concerne les travaux de voirie primaire, les MEAVN entreprennent les premières études et élaborent les dossiers d'avant-projet sommaire (APS) aussi bien à l'intérieur qu'à l'extérieur du futur périmètre de l'établissement public.

Mais les DDE procèdent, par contre, elles-mêmes à la mise au point du dossier d'avant-projet détaillé (APD) auquel l'inspecteur général de l'Équipement doit donner son accord en délivrant un certificat de conformité. Enfin les DDE réalisent le projet d'exécution et organisent l'adjudication des travaux.

## 2. Les MEAVN tendent à se transformer en administration de gestion

### A. SYSTÈME DE RENFORCEMENT DU POUVOIR DES MISSIONS

Pour M. M. Crozier (3) et son groupe (4), aucun système d'organisation ne peut se constituer sans relations de pouvoir et toute organisation se structure autour de relations qui tendent à conférer du pouvoir aux échelons les mieux à même de contrôler les « zones d'incertitude ».

---

(1) C. LAVIOLLE, *La ville nouvelle d'Évry*, mémoire, *op. cit.*
(2) La voirie secondaire est la desserte au niveau du quartier, par opposition à la voirie primaire, qui est la liaison de la ville avec l'extérieur.
(3) M. CROZIER, *Le phénomène bureaucratique*, Le Seuil, Paris, 1963.
(4) P. GRÉMION, *Introduction à une étude du système politico-administratif local*, GSU, 1970-1971.

Si l'on applique cette théorie au système de relations qui s'est établi dans les villes nouvelles, on peut considérer que ce sont les MEAVN qui contrôlent le mieux les « zones d'incertitude » du développement urbain.

En effet, du fait qu'elles sont en position de charnière, elles ont en permanence à arbitrer deux types d'exigences ; celles du niveau central et celles du niveau local. Cette activité d'arbitrage définit leur pouvoir et leurs moyens, dans la mesure où elles peuvent s'appuyer tantôt sur les exigences centrales, tantôt sur les exigences locales pour se définir comme « centres de décision » relativement autonomes tant vis-à-vis de leurs supérieurs hiérarchiques que vis-à-vis des élus, car elles contrôlent deux sources d'incertitudes. Vis-à-vis de l'échelon central elles contrôlent les « réactions locales » et vis-à-vis de la société locale, elles contrôlent les « intentions » et les « volontés centrales ».

D'autre part, compte tenu de ce que les exigences du niveau central et du niveau local ne concordent pas toujours sur les objectifs, les MEAVN sont les seules à avoir une certaine cohérence et à dépasser un strict rôle d'arbitrage, pour définir, elles-mêmes, une stratégie et des objectifs propres.

Nous avons noté que l'absence de véritable hiérarchie dans les rapports des MEAVN avec l'administration et l'absence de limites précises à leurs fonctions, leur donnaient une grande autonomie d'action. En contrepartie, si les MEAVN sont soumises à une grande quantité de pressions centrales et locales, ces pressions sont d'autant plus faibles en qualité qu'elles sont nombreuses et dispersées. Dans leurs relations avec les collectivités locales, les missions renforcent la cohérence de l'administration en substituant un interlocuteur unique à une pluralité de services administratifs. Dans leurs relations avec l'administration, les missions profitent des divergences de vues entre les différentes administrations concernées par les villes nouvelles.

Enfin ce travail de contacts avec les élus renforce le pouvoir des MEAVN, car les garanties qu'offrent les notables permettent aux fonctionnaires de sortir d'un simple rôle d'exécution. La contrepartie étant, comme on l'a pu le faire remarquer, que

la capacité d'obtenir une transgression de la règle renforce à la fois le pouvoir et la représentativité de celui qui, du fait qu'il se prête à cet échange, devient un notable (1).

En conclusion, dans notre système administratif, caractérisé par un degré élevé de centralisation, la MEAVN possède le monopole de l'information pertinente. Cela lui donne une certaine force de logique et de cohérence, qui lui confère en retour un pouvoir de fait sans commune mesure avec les limites de son statut juridique.

_____

(1) P. GRÉMION, *op. cit.*

## B. DÉPASSEMENT DU CADRE INITIAL

On peut se demander si chaque administration de mission n'a pas tendance à se transformer en administration traditionnelle et s'il n'y a pas des risques permanents de conflits avec les administrations classiques (1).

Nous avons pu vérifier en étudiant les relations des MEAVN avec les administrations, le deuxième terme de cette proposition. Quant au premier terme, c'est-à-dire « la transformation de la mission en gestionnaire, cette évolution était inscrite dans la dénomination même de cet organisme ; puisque par définition, la « mission d'étude et *d'aménagement* » a été créée autant pour « l'aménagement que pour les « études ».

A cet effet, J.-L. Faure faisait observer que, si la phase d'étude justifiait la présence « d'urbanistes », le début de la phase d'aménagement conduirait à donner une plus grande place au personnel administratif et financier (2).

La priorité que prend au bout d'un certain temps l'aménagement sur les études, conduit à transformer cet organisme en « établissement public d'aménagement » tel que le définit l'article 78-1 du Code de l'urbanisme et de l'habitation. D'autre part, si la création d'un établissement public correspond à une nécessité opérationnelle, elle marque aussi la volonté d'associer, dans une certaine mesure, les collectivités locales à l'aménagement.

Nous examinerons le statut des établissements publics dans la deuxième partie de cet ouvrage. L'action des missions se perpétue donc à travers les établissements publics qui leur donnent un caractère officiel en leur conférant une personnalité juridique propre.

Mais, avant que ne soient créés ces « établissements publics », les MEAVN disposent en région parisienne et au Vaudreuil d'un établissement foncier qui leur permet de passer à la phase opérationnelle.

---

(1) Ch. DEBBASCH, *Manuel de science administrative, op. cit.*, p. 337.
(2) J. L. FAURE, *La ville nouvelle de Saint-Quentin*, in *L'expérience française des villes nouvelles, op. cit.*

# 2
# Un établissement public foncier pour commencer l'aménagement

Pour appliquer la politique exprimée par un schéma directeur d'aménagement, il est nécessaire de lancer une politique foncière à la mesure des besoins prévisibles de l'urbanisation organisée à l'échelle régionale. Une telle politique requiert des moyens financiers importants et l'existence d'une organisation capable de réaliser de vastes réserves foncières. En région parisienne la création de la taxe d'équipement du district et celle de l'Agence foncière et technique ont permis de procéder aux acquisitions foncières nécessaires aux projets de villes nouvelles et de réaliser, en liaison avec les missions d'études, les premiers aménagements.

Pour réaliser le schéma directeur de la Basse-Seine, il a été créé le 26 avril 1968 un établissement public de la Basse-Seine (EPBS) (1) et le 21 décembre 1967 une taxe spéciale d'équipement (2) perçue par cet établissement public.

Les villes nouvelles de la région parisienne, comme celle du Vaudreuil ont donc disposé dès leur création de moyens d'action efficaces et décentralisés. Il n'en est pas de même dans les autres villes nouvelles de province où, en l'absence d'établissement foncier, l'État est intervenu directement par l'intermédiaire des directions de l'équipement et des domaines, pour procéder aux premières acquisitions.

Il est donc intéressant d'examiner l'apport juridique et financier de l'AFTRP et de l'EPBS.

## Section I

## L'APPORT JURIDIQUE D'UN ÉTABLISSEMENT PUBLIC FONCIER

L'AFTRP et l'EPBS entrent dans la catégorie des organismes d'aménagement constitués en application de l'article 78-1 du Code de l'urbanisme et de l'habitation. Ce sont donc des établissements

---

(1) Décret n° 68-376 du 26 avril 1968, *J. O.*, 28 avril 1968.
(2) Loi n° 67-1114 du 21 décembre 1967 (L. finances pour 1968), art. 27.)

publics d'aménagement à caractère industriel et commercial, ayant compétence pour accomplir des actes juridiques qui les rapprochent des personnes de droit privé, avec les avantages et les inconvénients que donne cette souplesse.

Leur caractère industriel et commercial est de nature à leur permettre une certaine souplesse dans les rapports avec les propriétaires de terrains, tout en leur maintenant une vocation générale de service public.

Mais un tel statut n'est pas sans inconvénient. En effet l'Agence reçoit une rémunération en pourcentage sur les opérations faites, ce qui ne l'incite pas toujours à acheter les parcelles les moins chères ou les plus grandes. D'autre part, elle a une certaine tendance à confier le plus de travail possible aux services des domaines avec lesquels elle doit collaborer.

Bien que le statut de l'EPBS ait été fortement inspiré de celui de l'AFTRP créé avant lui, il possède des éléments originaux car il est affectataire de la taxe régionale d'équipement.

## 1. Le statut de l'AFTRP

L'Agence foncière et technique de la région parisienne est née au ministère de la Construction pour résoudre la pénurie des terrains à construire en région parisienne.

L'Agence a été créée par un décret du 14 avril 1962, pris après avis du Conseil d'État, et consultation des conseils généraux. Cependant un décret du 10 juillet 1968 lui donne la même compétence territoriale que celle de la préfecture et du district, ce qui exclut donc les cinq cantons de l'Oise, les plus proches de l'agglomération parisienne (1).

### A. L'ORGANISATION ADMINISTRATIVE

A l'origine, le conseil d'administration de l'agence foncière comprenait vingt membres, dont dix représentaient les collectivités locales. Actuellement (2) le conseil d'administration comprend vingt-deux membres, dont onze représentent l'État (représentants des ministères de l'Économie et des finances, de l'Aménagement du territoire, de l'Éducation nationale, de l'Intérieur, des Affaires sociales, des transports) et onze représentent les collectivités locales (deux pour la ville

---

(1) Sur les statuts de l'AFTRP, cf. décret 62-479 du 14 avril 1962, *J. O.* du 18 avril 1962; décret 67-312 du 1er avril 1967, *J. O.* du 5 avril 1967; décret du 10 juillet 1968, *J. O.* du 13 juillet 1968.
(2) Décret n° 68-640 du 10 juillet 1968, art. 2.

de Paris, deux pour le district de la région parisienne, et sept pour les départements de la région parisienne).

Les décisions du conseil d'administration sont prises à la majorité absolue des membres et la décision n'est valable que si les deux tiers des membres, au moins, participent à la séance ou sont représentés (1).

L'établissement foncier est placé sous la tutelle du ministère de l'Aménagement du territoire et du ministère de l'Économie et des finances, son agent comptable étant désigné par le ministre de l'Économie et des finances (2).

Cependant, la préfecture de région est le véritable tuteur de l'Agence à plusieurs titres :

— tout d'abord parce qu'au sein du conseil d'administration de l'Agence, siègent deux membres qui représentent le district, et que le préfet de région donne son avis sur la nomination éventuelle d'un candidat au poste de président du conseil d'administration de l'Agence;

— d'autre part, un certain contrôle sur les opérations de l'Agence est exercé par le préfet de région et le conseil d'administration du district. En effet, « les préfets de la région parisienne ou leurs représentants ont accès aux séances du conseil d'administration (3) », ce que le préfet de la région parisienne n'a jamais manqué de faire depuis la création de l'Agence foncière. D'autre part, l'établissement

ne peut se porter acquéreur d'immeuble pour son propre compte, même à l'amiable, que dans les secteurs désignés par le préfet de la région parisienne ou avec son accord (4).

Le conseil d'administration de l'Agence rend compte au moins une fois par an de son activité au conseil d'administration du district (5). Ce dernier est appelé, à l'initiative du « délégué général », à donner son avis sur l'orientation générale de l'activité de l'établissement.

Le district intervient enfin par une aide financière qu'il est susceptible d'accorder à l'Agence sous forme de subventions ou de garanties d'emprunts.

## B. LES ATTRIBUTIONS

Aux termes de l'article premier de ses statuts, l'Agence foncière est chargée de procéder dans la région parisienne :

---

(1) Décret n° 67-312, du 1er avril 1967, art. 6, *op. cit.*
(2) *Ibid.*, art. 1, 2e al.
(3) *Ibid.*, art. 8.
(4) *Ibid.*, art. 2, 3e al.
(5) Décret n° 67-312, du 1er avril 1967, art. 6, *op. cit.*

— « à toutes opérations immobilières d'acquisitions liées à la réalisation des opérations visées ci-après;

— à l'aménagement, à l'équipement ou à la rénovation d'immeubles nécessaires à la réalisation d'opérations d'urbanisme de toute nature, ou à l'installation de services publics d'intérêt général;

— à l'exercice du droit de préemption dans les zones d'aménagement différé (1) ». En tant qu'organisme acquéreur, l'Agence foncière agit pour le compte de l'État, des collectivités locales, de certains établissements publics.

L'Agence peut également être désignée comme bénéficiaire du « droit de préemption » et acquérir pour son propre compte dans les secteurs désignés par le préfet de région (2). Enfin l'Agence peut procéder à des acquisitions amiables en dehors de la région parisienne, afin de faciliter les opérations d'urbanisme de cette région.

L'AFTRP a toutes les compétences juridiques nécessaires pour aménager les sols et les céder aux constructeurs en contractant les emprunts nécessaires auprès de la CDC avec bonification du FNAFU, la garantie de ces emprunts étant assurée, soit par le département, soit, à défaut, par le district de la région parisienne. Elle peut passer avec les communes toutes conventions nécessaires pour la réalisation des équipements. Lesdites conventions peuvent l'autoriser à solliciter et à percevoir directement les subventions correspondant aux travaux qu'elle exécute pour le compte des communes.

Enfin les dispositions d'application de la loi d'orientation foncière (décret 68-1107 du 3 décembre 1968) autorisent l'Agence foncière et technique de la région parisienne à créer des ZAC, à les aménager directement, à les faire aménager par un autre établissement ou par une société d'économie mixte ou par toute autre personne publique ou privée dans le cadre d'une convention.

Cette mission d'aménagement de l'Agence est la plus critiquée, même par le conseil d'administration du district qui lui demande de

n'exercer ses fonctions d'aménagement et d'équipement que dans les cas où les organes concernés seraient hors d'état ou refuseraient de le faire avec accord formel des communes concernées (3).

Cette circonspection envers l'aspect « aménageur » de l'AFTRP provient de ce que, se trouvant très liée avec les autorités administratives centrales, elle se pose en concurrente redoutable à l'égard des sociétés d'économie mixte départementales ou communales.

_____

(1) Décret n° 67-312 du 1er avril 1967, art. 1 et 2, *op. cit.*
(2) Décret n° 67-312 du 1er avril 1967, art. 2, 1er et 2e al.
(3) Délib., CA, district rég., Paris, 6 mai 1968.

## 2. Le statut de l'EPBS (1)

### A. L'ORGANISATION ADMINISTRATIVE

L'EPBS est administré par un conseil d'administration de trente membres composé pour les deux tiers de conseillers généraux et de maires désignés respectivement par les conseils généraux de la Seine-Maritime et de l'Eure et pour un tiers de membres désignés par les chambres de commerce, d'agriculture et des métiers de Haute-Normandie (2). Ainsi le conseil d'administration est-il composé de personnalités élues au suffrage universel ou restreint, seules habilitées dans le droit français à voter l'impôt.

La compétence du Conseil est très générale. Il règle les affaires de l'établissement public; il détermine l'orientation de la politique à suivre en délibérant sur le programme pluriannuel et les tranches annuelles; il vote le budget, conclut les emprunts et règle les comptes (art. 9). De manière identique à un conseil général, dont il se rapproche par son statut sur beaucoup de points, il peut entendre les chefs de service et fonctionnaires dont il estime la présence utile à son information.

Le bureau, élu par le conseil d'administration en son sein, est composé de cinq à huit membres choisis de sorte que les départements de la région et chacune des catégories d'administrations soient représentées (art. 7).

De par l'article 12, le préfet de région est chargé de l'instruction préalable des affaires, de préparer et de présenter les programmes et le budget. Les liens sont assurés avec la Commission de développement économique de Haute-Normandie, car le préfet doit la consulter chaque année sur l'orientation générale à donner aux interventions de l'établissement public et la tient informée des activités de l'établissement (art. 13).

### B. LES ATTRIBUTIONS

L'établissement public de la Basse-Seine, comme toutes les personnes morales de droit public, est soumis au principe de la spécialité : il n'a pas d'autres attributions que celles conférées par le décret dans

---

(1) Décret n° 68-376 du 26 avril 1968, *op. cit.*

Voir P. J. Poinsignon *Réflexions sur les structures administratives nécessaires à la mise en place du schéma directeur d'aménagement de la Basse-Seine.* Communication à la Section des économies régionales du *Cons. éco. et social*, 19 avril 1967.

J. F. Yavchitz, *La création d'un établissement public régional d'aménagement de la Basse-Seine*, mémoire ENA, décembre 1967.

(2) Art. 5 du décret du 26 avril 1968, *ibid.*; arrêté du Premier ministre du 7 juin 1968, *J. O.* du 11 juin 1968.

ses articles 1, 3 et 4. Il est essentiellement un organisme d'intervention qui doit procéder aux réserves foncières et aux opérations immobilières de nature à faciliter la mise en œuvre des directives d'aménagement concernant la Basse-Seine. Il est éventuellement un organisme de financement : il peut subventionner des études et des opérations d'aménagement entreprises dans le même ressort géographique. Enfin il est exceptionnellement, et seulement sur conventions, un organisme d'exécution de travaux d'équipement pour le compte des collectivités locales et des autres établissements publics ; il ne peut donc concurrencer les attributions de l'établissement public chargé de l'aménagement de la ville nouvelle du Vaudreuil.

En vertu de ses attributions, l'établissement public peut acquérir des terrains soit en son nom propre, soit pour le compte de l'État et des collectivités locales, sous forme d'accord amiable, d'expropriation ou de préemption. Enfin il est compétent pour assurer s'il y a lieu la réinstallation provisoire ou définitive des occupants d'immeubles acquis par lui (art. 3).

La nouveauté de l'organisme, l'importance des participations de l'État et la nécessité d'une coordination des actions régionales furent autant d'arguments pour soumettre l'établissement à un contrôle administratif assez strict. Comme le stipule le décret n° 55-733 du 26 mai 1955, le contrôle économique et financier prévu à l'article 16 est effectué sous l'autorité du ministre des Finances, soit par les contrôleurs d'État, soit par des missions de contrôle. D'autre part l'agent comptable est désigné par le ministre de l'Économie et des finances. Les délibérations du conseil ne sont exécutoires qu'après approbation expresse ou si, dans le délai de quarante jours suivant leur réception par les ministres de l'Aménagement du territoire, de l'Intérieur, et des Finances, elles n'ont donné lieu à aucune observation de leur part. La tutelle de l'établissement public est exercée de concert par ces trois ministres. Ces différents contrôles permettent de vérifier que l'activité de l'établissement public demeure limitée aux objets qui lui ont été assignés par le décret institutif.

## Section II

## L'APPORT FINANCIER D'UN ÉTABLISSEMENT PUBLIC

### 1. L'apport financier de l'AFTRP

A la différence de l'EPBS, l'AFTRP n'a pas de pouvoir fiscal, ce qui aurait fait double emploi avec celui pré-existant du district de la région parisienne.

Cependant, alors que les missions d'études n'ont ni budget, ni personnel propres, l'Agence dispose de moyens financiers importants. Aux termes de l'article 16 du décret de 1962, ces moyens sont : une dotation initiale accordée par l'État; les moyens de financement accordés par le Fonds national d'aménagement foncier et d'urbanisme (FNAFU); les contributions ou fonds de concours apportés par les personnes publiques ou privées; les subventions attribuées aux collectivités locales, établissements publics, sociétés nationales, que l'Agence pourra percevoir en exécution des conventions passées avec ceux-ci; le produit des emprunts qu'elle pourra contracter; le produit de la vente des biens, les revenus nets de ses biens, les dons et legs (1).

En fait, la dotation initiale prévue au décret n'a pas été attribuée. Elle devait être de l'ordre de 200 à 300 millions de francs (2). Cependant les avances accordées par le FNAFU et les emprunts contractés auprès de la Caisse des dépôts aboutissent au même résultat, mais sur une période de temps plus courte.

## 2. L'apport financier de l'EPBS

L'établissement public dispose de toutes les ressources habituelles aux organismes d'aménagement. Cependant l'originalité de l'EPBS, c'est qu'il dispose du produit d'une taxe d'équipement perçue dans l'aire de la Basse-Seine et dont la loi de finances pour 1968 prévoit les modalités et le montant maximum. Cet impôt régional frappe toutes les personnes, physiques ou morales assujetties aux quatre contributions directes, dans les communes comprises dans la zone de compétence de l'établissement public. Le montant de la taxe ne peut être supérieur à un maximum fixé, chaque année par la loi de finances. Elle représente environ 2 % du montant des impôts locaux.

Cette ressource fiscale permet à l'EPBS d'acquérir les réserves foncières de nature à faciliter la réalisation des objectifs du schéma directeur de la Basse-Seine.

## Section III

# LES PREMIÈRES OPÉRATIONS D'AMÉNAGEMENT EN VILLES NOUVELLES

Cette organisation associant un établissement foncier (lorsqu'il existe) et une mission d'aménagement dans la période de lancement des études et des acquisitions foncières, prépare l'intervention d'un

---

(1) Décret n° 62-479, du 14 avril 1962, art. 16.
(2) Conseil interministériel de la région parisienne, séance du 16 juin 1961.

établissement public d'aménagement spécialisé qui constitue la structure-support de l'aménagement telle qu'elle est définie par le gouvernement pour les villes nouvelles.

## 1. En région parisienne

Le préfet de la région parisienne a chargé l'AFTRP de prendre les initiatives nécessaires dans tous les domaines : acquisitions, études, équipements et cessions, jusqu'à la création des établissements publics d'aménagement auxquels elle doit alors transférer les opérations (1).

La mission temporaire exercée par l'Agence dans les villes nouvelles présente des modalités d'exécution différentes selon les opérations.

Les acquisitions et les cessions de terrains sont réalisées par le « service foncier » et la direction de l'Agence, avec l'aide des « missions » implantées sur place.

Les études techniques et financières sont menées par les « missions », assistées par le « service de l'aménagement » de l'Agence, dans une proportion plus ou moins importante selon les villes. A Évry et à Cergy-Pontoise, l'AFTRP prête son concours pour la mise au point des contrats, leur présentation à l'approbation de l'autorité de tutelle et leur règlement. A Saint-Quentin-en-Yvelines, le champ d'action de l'Agence est sensiblement plus étendu, car le nombre des études engagées sur des crédits du FNAFU est plus élevé pour cette ville que pour les deux précédentes. Dans le cas de la ville nouvelle de Marne-la-Vallée et de celle de Melun-Sénart, dont les missions sont moins riches en personnel technique, l'Agence foncière joue, en plus, le rôle de conseiller technique et financier permanent. A ce titre, elle assiste le directeur de la « mission » dans l'orientation, la définition et la mise en œuvre des études. En outre elle donne les directives nécessaires à l'élaboration des bilans financiers à moins qu'elle ne les établisse directement, comme c'est le cas pour la zone de Noisy-le-Grand-est.

## 2. Au Vaudreuil

L'EPBS jusqu'à la création de l'établissement public du Vaudreuil, était l'opérateur foncier unique, qui agissait, tantôt pour son propre compte en réalisant des réserves foncières, tantôt pour le compte de l'État sur les crédits du chapitre 55-43 du ministère de l'Équipement.

---

(1) Rapport du PDG de l'AFTRP, 1er juillet 1968-31 décembre 1969.

Au fur et à mesure des besoins, il a lancé les procédures d'expropriation pour des tranches de terrains qu'il a regroupés, et qu'il gère en attendant de les remettre à l'établissement public du Vaudreuil ou directement aux constructeurs.

On sait à quel point les problèmes posés par la maîtrise du sol gênent et quelquefois interdisent la pratique d'un urbanisme cohérent et volontaire. On mesurera donc à sa juste valeur la chance exceptionnelle dont bénéficie en ce domaine la ville nouvelle du Vaudreuil (1).

---

(1) Mission d'étude, *Le Vaudreuil*, Cahiers IAURP, vol. 30, p. 97.

# 3

# Le rôle de l'organisme d'aménagement en villes nouvelles

Sans attendre la création de l'établissement public de chacune des villes nouvelles, les opérations d'aménagement ont pu commencer, dans la plupart d'entre elles, grâce à l'existence de la première forme d'organisme d'aménagement que nous venons d'examiner, constitué du couple : Mission d'études—Établissement public foncier (1). Que ce soit du fait de ce couple, ou de l'établissement public créé par la suite, le rôle de l'organisme d'aménagement est le même; il consiste à acquérir, aménager et céder les terrains.

L'organisme d'aménagement possède de plein droit un certain nombre de compétences en villes nouvelles pour régler les problèmes fonciers et procéder à certains travaux d'équipement. Cependant, il ne peut réaliser les équipements publics communaux que s'il en a reçu la charge par « conventions ».

L'orientation de la politique que doit mener l'organisme aménageur des villes nouvelles a été définie par M. Chalandon, alors ministre de l'Équipement. En effet, dans une déclaration faite au conseil d'administration du district de la région parisienne (2), il faisait remarquer qu'avec le système initial qui consistait pour l'État à vouloir tout faire, les villes nouvelles n'avaient aucune chance de voir le jour, car la puissance publique aurait dû disposer de moyens financiers vingt à vingt-cinq fois plus importants. Aussi l'action de la puissance publique doit-elle se limiter à la constitution du centre de ces villes et pour le reste, le confier à l'initiative privée, dans le cadre de multiples zones d'aménagement concerté tout en imposant aux constructeurs des prix de construction, des orientations d'urbanisme et le financement des équipements publics.

---

(1) En l'absence d'établissement foncier à Lille-Est, L'Isle-d'Abeau—Étang de Berre, l'État est intervenu directement dans l'aménagement pendant cette première phase.
(2) CA du district du 28 octobre 1969.

La politique foncière des villes nouvelles était ainsi tracée :

Dans le centre, la puissance publique acquiert les terrains des zones denses, afin de récupérer les plus values foncières et les emprises publiques
et hors du centre, cette dernière se rendra seulement propriétaire de l'assiette des infrastructures et des superstructures (1),

et si elle achète les terrains nécessaires aux logements, c'est pour les recéder ensuite aux promoteurs dans le cadre d'actions concertées.

## Section I

# L'ORGANISME D'AMÉNAGEMENT ACQUIERT LES TERRAINS

## 1. Les procédures de maîtrise des sols

La tentative de maîtriser le problème foncier s'appuie sur trois éléments : la possibilité d'intervention sur les transactions par la création de ZAD, avec droit de préemption agissant sur les prix, les réserves foncières et la fiscalité.

La circulaire n° 72-137 du 23 août 1972 a rappelé la finalité des ZAD en classant ces zones en deux catégories : les ZAD anti-spéculatives et les ZAD de réserves foncières d'opportunité.

### A. LA MAÎTRISE DU PRIX DES TERRAINS : LES ZAD « ANTISPÉCULATIVES »

Toute publicité donnée à des projets d'aménagement importants risque d'entraîner une hausse rapide et spéculative du prix des terrains concernés. La procédure des zones d'aménagement différé, créée par la loi du 26 juillet 1962 permet de parvenir à un certain contrôle du prix des terrains en donnant aux collectivités publiques un « droit de préemption » sur les transactions intervenant dans leur périmètre (2).

---

(1) *Directive générale n° 2*, 8 juillet 1969, *MTP bât.*, n° 34, p. 118.
(2) *Cf.* R. Arrago, *Les problèmes fonciers et leurs solutions*, Coll. *L'administration nouvelle*, Éd. Berger-Levrault.

a) *La politique des ZAD* (1)

> La création des ZAD n'a pas pour objet de geler les terrains, ni surtout d'acquérir systématiquement et prématurément ceux-ci, mais seulement de permettre d'intervenir pour éviter que les prix pratiqués n'anticipent sur la valeur que prendra le sol quand il sera réellement équipé et intégré dans le tissu urbain (2).

La circulaire précitée distingue les ZAD « pré-opérationnelles », des ZAD « structurelles ». Les ZAD « pré-opérationnelles » sont créées pour sauvegarder les possibilités d'un aménagement prévu à court ou moyen terme. Lorsqu'une zone d'aménagement prévu est importante, on crée une ZAD sur l'ensemble du territoire destiné à être urbanisé, et on le découpe en ZAC de dimensions raisonnables dont la réalisation sera engagée progressivement. Les « ZAD structurantes » ont pour but de protéger un grand équipement public d'infra ou de superstructure prévu dans des documents d'urbanisme.

L'intervention de la collectivité publique se fait par l'exercice du droit de préemption, qui est défini comme

> le droit qui est donné à toute collectivité publique ou à son concessionnaire de se porter acquéreur à un prix fixé, comme en matière d'expropriation, de tout terrain situé dans ladite zone et qui viendrait à faire l'objet d'une aliénation à titre onéreux (3).

Créé en 1962, le droit de préemption a été modifié par la loi n° 71-581 du 16 juillet 1971 (4) qui en allonge les délais d'exercice.

Ce droit peut être exercé pendant une période de quatorze ans (4). Tout propriétaire, à la date de publication de l'acte instituant une ZAD peut, à l'expiration d'un délai de trois ans, demander au titulaire du droit de préemption de procéder à l'acquisition de son bien à un prix fixé, à défaut d'accord amiable, comme en matière d'expropriation (5). Le titulaire du droit de préemption doit décider d'acquérir le bien au prix demandé ou au prix fixé par la juridiction d'expropriation dans un délai de six mois. L'article 11 permet de prolonger les délais d'existence des ZAD déjà créées, puisqu'il précise : « la période pendant laquelle le droit de préemption peut être exercé dans

---

(1) Loi n° 62-848 du 26 juillet 1962 et D. 62-1300 du 7 novembre 1962. Loi n° 65-561 du 10 juillet 1965. Loi n° 71-581 du 16 juillet 1971, *J. O.* du 17 juillet 1971. Décret n° 72-550 du 23 juin 1972.

(2) Ass. nat., déb. parl., du 20 octobre 1965, réponse du ministre de la Construction à M. Feix, p. 2922.

(3) J. Jacquignon, *Le droit de l'urbanisme*, p. 98, Éd. Eyrolles.

(4) Loi n° 71-581, du 16 juillet 1971, *op. cit.*

(5) *Ibid.*, art. 9.

les ZAD créées avant publication de la présente loi, est portée à quatorze ans toutes les fois que l'exercice de ce droit est encore ouvert à son titulaire ».

Si, d'un côté, les délais du droit de préemption ont été allongés afin de donner plus de souplesse aux interventions publiques ; de l'autre une politique de « dézadage » est conseillée, dès qu'une déclaration d'utilité publique est prise ou qu'en dehors d'elle, existent des règles opposables aux tiers, comme les plans d'urbanisme intercommunaux (PDUI) et les plans d'occupation des sols (POS) (1).

Les dispositions de la loi n° 71-581 du 16 juillet 1971 et du décret n° 72-550 du 23 juin 1972 devraient permettre un recours moins fréquent à la procédure du périmètre provisoire ou « pré-ZAD ». La pré-ZAD est fondée sur l'urgence qui s'attache à éviter un mouvement des prix fonciers avant que la ZAD définitive ne soit mise en place Or les délais nécessaires pour passer directement à la ZAD définitive vont, dans la plupart des cas, pouvoir être abrégés.

b) *L'application de cette politique dans les villes nouvelles*

La rapidité avec laquelle furent pris les premiers arrêtés de ZAD fut remarquable dans la plupart des villes nouvelles.

En région parisienne, alors que le projet de schéma directeur était examiné par le Comité interministériel du territoire le 26 novembre 1964 et présenté aux instances délibérantes du district le 22 juin 1965, un périmètre de ZAD avait été défini dès le 17 juillet 1964 à Évry et le 15 janvier 1965 à Cergy. Les « mises en ZAD » se sont effectuées au fut et à mesure de la mise au point du schéma directeur et leur étendue fut prévue avec une marge de souplesse et de sécurité. Au 1er septembre 1969, 337 ZAD, couvrant 75 591 ha, avaient été créées en région parisienne, dont environ 50 %, soit 32 000 ha concernaient les périmètres d'études des villes nouvelles. La ZAD est donc devenue, en région parisienne, le moyen de préparer dans de bonnes conditions la réalisation des villes nouvelles.

Au Vaudreuil, la réalisation de la ville nouvelle avait fait l'objet d'une décision de principe du Comité interministériel d'aménagement du territoire le 27 juillet 1967 et, le 28 juillet 1967, la « pré-ZAD » était créée, assurant le blocage des prix des terrains.

A L'Isle-d'Abeau, le premier arrêté de ZAD était pris le 23 février 1968, alors que la décision de réaliser la ville nouvelle n'a été prise par le comité interministériel que le 26 mai 1970.

Pour les villes nouvelles de province, à l'exception du Vaudreuil, le seul titulaire du droit de préemption a été l'État, en attendant que soient créés les établissements publics d'aménagement. L'originalité

---

(1) Actuellement, l'AFTRP a lancé des *DUP* sur 18 600 ha.

des villes nouvelles de la région parisienne a résidé dans l'intervention déterminante de l'AFTRP comme « titulaire du droit de préemption (1) ».

## Importance des surfaces « zadées » dans la région parisienne depuis 1969 (tableau récapitulatif)

|  | ZAD Agence foncière et technique | ZAD État | ZAD Communes | Total |
|---|---|---|---|---|
| au 30 juin 1969 . . | 37 101 | 81 509 |  | 118 610 |
| au 30 juin 1970 . . | 37 323 | 82 129 | 3 157 | 122 609 |
| au 30 juin 1971 . . | 37 483 | 80 529 | 3 157 | 121 169 |
| au 30 juin 1972 . . | 39 040 | 91 726 | 3 411 | 134 177 |

Au 1er janvier 1973, 475 ZAD provisoires et définitives étaient prises en région parisienne, sur une surface totale de 144 823 ha.

Les ZAD ont-elles rempli leur premier objectif : celui de lutter contre la hausse des prix fonciers?

Au Vaudreuil « le marché foncier est resté calme. Les préemptions pour prix spéculatifs ont été extrêmement rares et, au cours de la période « pré-ZAD », il a été possible de laisser se conclure la grande majorité des cessions (2) ».

Mais qu'en est-il en région parisienne, où la spéculation foncière est beaucoup plus importante et rapide qu'en province?

Les ZAD provoquent une chute assez importante des prix déclarés et semblent constituer un bon moyen de lutte contre la spéculation foncière en région parisienne. Un exemple significatif est la comparaison entre les prix de 30 F le m² pour l'acquisition des terrains non zadés du parc intercommunal de Créteil et le prix de 5 F le m² pour l'acquisition des terrains zadés du parc de Mousseaux à Draveil (3).

Si la procédure des ZAD permet d'éviter la spéculation, elle ne permet pas d'éviter la hausse des prix due à l'augmentation du coût de la vie et à la plus-value que prennent les terrains grâce à l'implantation d'une ville nouvelle. On estime que le service des Domaines

(1) Décret n° 67-312 du 1er avril 1967, art. 1.
(2) *Mission d'études Le Vaudreuil*, cahier IAURP, vol. 30, p. 97.
(3) Chiffres parus dans *Le monde* du 21 mai 1969, p. 17.

fixe ses prix en suivant la spéculation foncière avec trois ans de retard, ce qui représente un doublement du prix des terrains en deux ans.

Ainsi, à Trappes, en deux ans, des terrains zadés sont passés de 4 F à 12 F le m². Les transactions qui s'opèrent sur les terrains zadés, sans exercice du droit de préemption, sont faites dans la limite de 25 % au-dessus du prix des Domaines et les fraudes paraissent exceptionnelles. De plus, « sur le plan de l'évolution des prix, les ZAD se sont montrées efficaces, non seulement, c'est l'évidence, à l'intérieur du périmètre de ces ZAD, mais même dans les zones environnantes (1) ».

Les ZAD ont-elles rempli leur deuxième objectif, celui d'acquérir des terrains, ou viennent-elles confirmer ce jugement de M. R. Arrago pour qui

> les résultats obtenus sur le littoral Languedoc-Roussillon confirment l'opinion selon laquelle les ZAD ne doivent pas constituer un moyen juridique d'appropriation des sols, mais uniquement une arme antispéculative?

L'Agence a reçu 9 900 déclarations d'intention d'aliéner sur une superficie de 6 000 ha, de la part de propriétaires soumis à cette législation. Le droit de préemption a été exercé 3 470 fois sur 2 397 ha. Au 31 décembre 1969, 1 269 accords à la vente avaient été enregistrés, dont 893 au nom de l'Agence et 426 au nom de l'État dans les ZAD provisoires. Ces acquisitions représentent une superficie globale de 600 ha pour un prix de 74,8 millions de francs, soit un prix moyen de 12,4 F au m² (2). Pour M. Salmon-Legagneur,

> si on fait une courbe faisant apparaître le rapport des droits de préemption effectivement exercés par l'Agence foncière par rapport aux déclarations d'intentions d'aliéner pour les propriétaires, *on voit que cette courbe est décroissante*, ce qui montre bien qu'il n'est pas fait systématiquement usage du droit de préemption, ou qu'il en est fait usage avec beaucoup de mesure (1).

En effet, les 600 ha représentent à peine le centième des surfaces « zadées ». Cette procédure ne constitue donc pas essentiellement un moyen d'acquisition du sol.

Ces acquisitions par préemption ne sauraient aucunement remplacer l'acquisition par voie directe et l'expropriation pour cause d'utilité publique. Il reste que les acquisitions ponctuelles réalisées en zones

---

(1) G. SALMON-LEGAGNEUR, *Les moyens mis en œuvre pour la réalisation des villes nouvelles*, in Centre national d'étude et d'initiative en faveur du logement, du 4 décembre 1968.

(2) *Cf.* M. RIBAULT, *thèse, op. cit.*, p. 55.

opérationnelles constituent des références de prix utiles pour la suite des opérations. En revanche,

> cette politique a pu être accusée de raréfier l'offre de terrains par une rétention trop durable et d'évoluer ainsi vers des résultats diamétralement opposés au but recherché (1).

Sur le plan financier, on peut dire, en gros, que la lutte contre la hausse des prix fonciers dans les ZAD en région parisienne a coûté jusqu'ici à la collectivité l'immobilisation d'une somme de 33 millions de francs.

Si on peut évaluer à 6 000 ha la consommation annuelle de terrains en région parisienne, on a donc « zadé » par mesure conservatoire plus de dix années de terrains.

En définitive, les ZAD constituent en quelque sorte la « couverture » nécessaire, mais suffisante qui permet d'entreprendre une politique de réserves foncières et d'aménagement foncier (2).

## B. LA PRÉSERVATION DE L'AVENIR : LES ZAD DE « RÉSERVES FONCIÈRES »

Deux considérations essentielles amènent à envisager une politique de réserves foncières : c'est d'une part le souci de constituer des ensembles suffisamment étendus pour permettre la création d'opérations d'urbanisme de grande ampleur, en réalisant des équipements d'infrastructure ou de superstructure à plus ou moins long terme ou en réservant la possibilité de les urbaniser ultérieurement; c'est d'autre part le fait qu'en s'assurant la propriété du sol, la collectivité publique bénéficie des plus-values que confère à celle-ci le processus d'urbanisation.

Cette politique concernant en général des terrains situés en zones périphériques et donc de prix abordable, les collectivités ont intérêt à les acquérir en utilisant la procédure de la ZAD. En effet, le droit de préemption permettra « la constitution progressive de réserves foncières à partir de terrains mis en vente volontairement par leurs propriétaires, procédure préférable à l'expropriation, parfois délicate à mettre en œuvre ou à justifier lorsqu'il s'agit de constituer des réserves foncières à long terme (3) ».

L'application de cette politique aux villes nouvelles paraît avoir été prévue par la commission de l'Équipement urbain pour le Ve Plan :

> Il est essentiel que l'État puisse acquérir rapidement les « zones stratégiques » qui se valorisent peu à peu, en conserver longtemps la

---

(1) M. DOUBLET, *Le phénomène urbain en région parisienne*, in *Promotions*, n° 88.
(2) J. E. ROULLIER, *Les problèmes administratifs et financiers, op. cit.*, p. 110.
(3) Circ. n° 72-137 du 23 août 1972.

propriété et être en mesure d'affecter aussi les plus-values à la réalisation des équipements. Ceci est vrai avant tout des *futurs centres urbains* dont l'aménagement, on l'a vu, se fera sur une longue période de temps. A cet égard, la procédure des avances à six ans du FNAFU, trop courtes, se révèle inadaptée. Il est nécessaire que se poursuive, tout au long du Ve Plan, l'effort nouveau entrepris en 1966 pour affecter par l'intermédiaire du FNAFU-Trésor ou de crédits budgétaires, des ressources adaptées à ces acquisitions (1).

Avant de parler de la réalisation de réserves foncières dans les villes nouvelles, il nous paraît important de donner quelques précisions sur les moyens de financement de la politique foncière.

### a) *Le financement de la politique foncière* (2)

Une première catégorie de financement des réserves foncières est constituée par les prêts de la Caisse des dépôts et consignations, autorisée depuis 1964 par le gouvernement à affecter les ressources du Fonds de garantie des caisses d'épargne à la constitution de réserves foncières (3). Les possibilités de prêts à long terme aux collectivités locales consenties par la Caisse d'aide à l'équipement des collectivités locales (CAECL) ont été portées à 200 millions de francs en 1971 (4).

La seconde catégorie est constituée de financements publics. Ceux-ci ont été essentiellement fournis par les comptes spéciaux no 12046, section C et 12018, section A du Fonds national d'aménagement foncier et d'urbanisme (FNAFU) (5). Les crédits du FNAFU section C, destinés à permettre à l'État et aux collectivités locales sous forme d'avances, d'exercer leur droit de préemption ont été de 80 millions de francs en 1972.

Mais, depuis 1967, une partie des dotations correspondant aux « réserves foncières » a été inscrite au budget sur le chapitre 55-43 du ministère de l'Équipement.

L'objet de ce chapitre est, selon son intitulé, d'assurer les « acquisitions de terrains pour l'aménagement urbain ». Il est donc principalement utilisé pour permettre de maîtriser les terrains du cœur des villes nouvelles et de ceux des nouveaux centres urbains.

En effet le dispositif de ce chapitre budgétaire concerne les réserves foncières autres que les villes nouvelles (art. 1), les acquisitions de ter-

---

(1) *Commission de l'équipement urbain* du Ve Plan, *La politique foncière*, p. 44, Doc. fran.
(2) *Cf.* R. LECOURT, *Préfinancement à moyen terme et politique des réserves foncières*, in *MTP bât.*, no 20 du 20 mai 1967, p. 15.
(3) Loi no 63-1241, du 19 décembre 1963 : débudgétisation de l'aide de l'État aux programmes d'aménagement.
(4) Circ. interm. du 17 avril 1971, et circ. interm. no 71-102 du 9 septembre 1971, « Réserves foncières des collectivités locales ».
(5) FNAFU : art. 80 et 81 du *CUH*.

rains concernant les villes nouvelles (art. 2), les acquisitions de terrains concernant les grandes opérations d'aménagement, opérations qui ne sont pas liées directement au développement urbain (art. 3).

Ses moyens sont relativement limités puisqu'ils sont fixés dans le cadre du programme triennal des 300 millions de francs prévus par la loi foncière (1) et n'ont porté que sur 98 millions d'autorisations de programme sur chacun des exercices 1967 et 1968, 97 millions pour 1969 et 121 millions en 1971 (pour l'ensemble de la France).

Le programme annuel du chapitre 55-43 est arrêté par le *Groupe interministériel foncier (GIF)* (2). Cependant, les crédits d'État spécifiquement destinés à l'exercice du droit de préemption dans les ZAD, c'est-à-dire les attributions du chapitre 31 et les avances du chapitre 32 du FNAFU section C, font désormais l'objet d'une programmation au niveau régional (3).

b) *La réalisation de réserves foncières dans les villes nouvelles*

C'est en 1966 que les premiers crédits ont été dégagés pour les réserves foncières des villes nouvelles. Les acquisitions au titre des réserves foncières ont été financées en 1966 par des prêts du FNAFU-Trésor. Mais depuis 1967, le financement s'opère sur les crédits budgétaires du chapitre 55-43 du ministère de l'Équipement et du logement prévu pour permettre l'acquisition des « cœurs des villes nouvelles ».

Ceci a permis le financement de l'acquisition de 200 à 600 ha pour chacune d'elles. Les réserves foncières acquises par l'État dans les centres des villes nouvelles représentant 10 à 15 % des zones qui devront y être urbanisées (4). Les crédits, qui y ont été affectés, ont évolué de la manière suivante (5) :

| | |
|---|---|
| 1966 (FNAFU-Trésor) . . . . . . . . . . . . . . . . | 49 millions de F |
| 1967 (budget chapitre 55-43) . . . . . . . . . . . | 21 millions de F |
| 1968 (budget chapitre 55-43) . . . . . . . . . . . | 61 millions de F |
| 1969 (budget chapitre 55-43) . . . . . . . . . . . | 33 millions de F |
| 1970 (budget chapitre 55-43) . . . . . . . . . . . | 40 millions de F |
| Total . . . . . . . . . . . . . . . . . . . | 204 millions de F |

L'AFTRP en région parisienne et l'EPBS au Vaudreuil ont été chargés d'acquérir ces terrains pour le compte de l'État. A cet effet, ces établissements publics ont passé des conventions de mandat avec

(1) Loi n° 67-1253 du 30 décembre 1967, art. 10.
(2) Premier ministre, *décision du 11 mars 1966, textes officiels du MEL*, CC/22.
(3) Circ. interm. n° 72-100 du 30 juin 1972 : « Modalités de financement des préemptions dans les ZAD. » *MTP bât.*, n° avril 1973, p. 195.
(4) J. DAVIS, *Problèmes fonciers et action de l'État*, in *L'expérience française des villes nouvelles, op. cit.*, p. 164.
(5) J. E. ROULLIER, *Les problèmes administratifs et financiers, op. cit.*

l'État. Prenons à titre d'exemple la convention État-AFTRP (1).

Le dispositif de cette convention s'articule comme suit : au vu d'un dossier établi par l'Agence foncière et technique de la région parisienne, le ministre de l'Équipement et du logement fixe le montant des crédits du programme affecté à chaque opération (art. 1). Dans le cadre de ces autorisations de programme, le ministre met à la disposition de l'AFTRP une *provision* dont le montant sera fixé en accord avec le contrôleur financier (art. 2). Cette « provision » permet à l'Agence de faire comme si elle était « ordonnateur secondaire » et donc de payer avant service fait.

Pour la réalisation des opérations d'acquisition, l'Agence foncière agit en tant que *mandataire* du ministre de l'Équipement et, en conséquence, le président-directeur général de l'Agence est habilité à assister le directeur du service domanial foncier de la région parisienne pour la passation des contrats d'acquisition (art. 3). L'AFTRP est autorisée à percevoir, à l'occasion des opérations d'acquisition et de gestion, une rémunération pour services rendus, fixée dans les articles 13 à 17.

Les réserves foncières comprennent, en dehors du cœur des villes et des zones d'habitation, les réserves à très long terme qui portent sur l'environnement immédiat de la ville nouvelle. Ces acquisitions sont faites par les prêts consentis par la CAECL.

## 2. Les procédures de réalisation et les modalités d'acquisition foncière

Si le procédé des « réserves foncières » constitue l'élément stratégique à long terme de la ville nouvelle pour préserver les centres urbains, il n'en reste pas moins que celle-ci est constituée pour l'essentiel d'un certain nombre de quartiers d'habitation. Avant de parler des réalisations faites sur ce point dans les villes nouvelles, il nous paraît important d'examiner les procédures suivies.

### A. LA PROCÉDURE ZAC (2)

#### a) *Rappel de la procédure*

La création et la réalisation des quartiers d'habitation se fait actuellement dans le cadre défini par la loi d'orientation foncière sur les zones d'aménagement concerté (ZAC).

---

(1) Convention du 19 septembre 1968 relative « aux opérations entreprises par l'AFTRP au nom et pour le compte de l'État, au titre du chapitre 55-43 ».

(2) Depuis la LOF du 30 décembre 1967 de nombreux textes relatifs à l'application de l'art. 16 du CUH sur les ZAC (11 décrets, 8 arrêtés, 18 circulaires ministérielles ou interministérielles) — voir « textes de base » par le *MTP et bât.*, 21 mars 1970, p. 33. Les plus importants semblent être : décret n° 68-1107 du 3 décembre 1968, relatif à « la création des ZAC »; décret n° 69-500 du 30 mai 1969 relatif à la « réalisation » des ZAC; arrêté 30 mai 1969; arrêté 27 novembre 1970 relatif à la délégation aux préfets.

Avant 1969, les zones d'habitation étaient des

> ZUP et des zones assimilées faisant l'objet d'un bilan financier d'ensemble et d'un préfinancement assuré par les caisses publiques (FNAFU-CDC) (1).

La procédure ZAC, qui s'étend à toute la gamme des opérations d'aménagement : ZUP, zones d'habitation, zones de rénovation urbaine, zones industrielles, zones commerciales, comporte deux phases : la création et la réalisation.

### b) *La création*

Sur une initiative qui peut être le fait de l'État, d'un établissement public, d'un département, d'une commune, ou d'une communauté urbaine, les études préalables doivent déboucher sur la décision administrative qu'est la création de la ZAC. Le dossier de demande de création comporte un « rapport » qui doit résumer l'ensemble des études préalables et leurs conclusions.

Les questions abordées dans ce rapport sont de quatre ordres (2) : l'analyse des données susceptibles de justifier le principe de la création de la zone, l'analyse du site envisagé, l'analyse du marché, l'estimation des éléments du coût de l'urbanisation.

Le dossier de création est à constituer par la collectivité qui prend l'initiative d'une telle zone. Il doit comprendre un plan de situation de la zone, un plan de délimitation de la zone et un plan sommaire résumant l'ensemble des études préalables, une délibération du conseil municipal qui doit porter sur le principe de création de la zone définie par son objet et son importance, le périmètre de la zone, le choix du mode de réalisation, une mise à charge des constructeurs des équipements (3), un engagement de la commune à faire face aux conséquences financières résultant de l'obligation d'acquérir des terrains.

L'arrêté de création est, suivant le cas, de la compétence du préfet, ou du ministre de l'Aménagement du territoire.

Il est de la compétence du préfet lorsque (4) : l'initiative de la création émane du département, d'une commune, ou d'un établissement public y ayant vocation; la capacité d'accueil de la zone est inférieure à 10 000 logements (5); les prévisions de financement des équipements publics font apparaître qu'une subvention de l'État au titre de l'habi-

---

(1) Annexes du V$^e$ Plan, doc. n° 1278, p. 392.
(2) Circ. n° 68-17 du 9 juillet 1968.
(3) Décret n° 68-836, du 24 septembre 1968 : exclusion de la taxe locale d'équipement.
(4) Arrêté du 27 novembre 1970.
(5) La Directive du 21 mars 1973 fixe le nombre maximum de logements à implanter dans les ZAC, et à réaliser dans un délai d'environ six ans.

tat urbain n'est pas nécessaire (1); il n'est pas demandé de subvention exceptionnelle. Le préfet de région doit être consulté lorsque la zone est appelée à comporter plus de 1 000 logements (2).

Dans les autres cas, la décision de création doit être prise par arrêté ministériel. Et, si la ZAC est créée à l'initiative de l'État, avec avis défavorable de la ou des communes intéressées, la ZAC sera créée par arrêté interministériel pour les agglomérations de moins de 50 000 habitants et par décret en Conseil d'État pour les agglomérations de plus de 50 000 habitants.

Le dossier est adressé au préfet de département qui le transmet au directeur départemental de l'Équipement. Celui-ci procède à la consultation des services éventuellement intéressés par les équipements, puis établit un rapport qui est adressé au préfet. Celui-ci consulte le préfet de région pour obtenir son accord, lorsque des équipements régionaux requièrent cet accord. En cas de compétence du préfet du département, l'arrêté est pris après accord éventuel du préfet de région.

En cas de compétence du ministre, le dossier est adressé par le préfet de région au ministère de l'Aménagement du territoire pour décision.

Après création de la ZAC et seulement après la signature de l'arrêté de création, il est possible aux collectivités locales ainsi qu'aux établissements publics habilités à procéder à des acquisitions foncières, d'obtenir du préfet de région, pour des acquisitions de terrains urgentes, des autorisations de prêts qui ne sauraient dépasser la moitié du coût des acquisitions foncières (3).

c) *La réalisation*

Lorsque l'arrêté de création est pris, la collectivité qui a eu l'initiative de la création de la zone établit le dossier de réalisation (4) qui comprend : le bilan financier prévisionnel de l'opération; le programme, l'échéancier et les modalités de financement des équipements publics; le plan d'aménagement de la zone (PAZ) et son règlement (5).

Lorsque le dossier est constitué et si la réalisation de la zone implique la mise en place de financements publics, dont la programmation est de la compétence régionale, ce qui est le cas dès qu'une subvention pour la viabilité secondaire est demandée, ou s'il existe des équipements de compétence régionale, ou que des prêts fonciers de la Caisse des dépôts sont sollicités, le dossier est adressé au préfet du département par le directeur départemental de l'Équipement, avec un rapport circonstancié. Le préfet de département le transmet au préfet de région pour approu-

(1) Arrêté du 11 mars 1963.
(2) Décret n° 66-614 du 10 août 1966, art. 16.
(3) Circ. n° 69-95 du 15 août 1969; circ. n° 69-107 du 15 octobre 1969.
(4) Décret n° 69-500 du 30 mai 1969, *Bull. off. Rég. Paris*, mai 1969, p. 2047.
(5) Circ. n° 69-108 du 15 octobre 1969; décret n° 69-500 du 30 mai 1969.

ver le programme et l'échéancier. Le préfet de région transmet sa décision au préfet de département qui arrête le bilan prévisionnel de l'opération, et prend en considération le plan d'aménagement.

C'est alors que la collectivité donnera suite à l'option qu'elle aura déjà prise sur le mode de réalisation en passant, soit un traité de concession avec une société d'économie mixte, soit une « convention de ZAC » avec un aménageur-constructeur.

d) *Les villes nouvelles et la procédure ZAC*

Avant la création de la procédure ZAC, c'est-à-dire avant 1969, le problème du mécanisme administratif de réalisation de zones d'habitation en villes nouvelles s'est essentiellement posé en région parisienne.

En l'absence de toute réglementation précise, de 1966 à 1969, l'acquisition et l'aménagement primaire des zones d'habitation des villes nouvelles de la région parisienne se sont faits de façon originale grâce à l'Agence foncière et technique de la région parisienne. Ces zones n'étaient que des ZUP de fait, car constituées sans décision préalable de création.

Pour financer l'acquisition et l'aménagement primaire des terrains, il existait dans le cadre de la procédure « ZUP » (1), des prêts à six ans de la Caisse des dépôts et consignations dont le taux, par le jeu d'une bonification d'intérêts accordée par le Fonds national d'aménagement foncier et d'urbanisme (FNAFU), était ramené à 2,75 %. Mais ces prêts ne pouvaient être contractés qu'à l'initiative d'une commune et avec sa garantie financière.

L'AFTRP a pu, grâce à la garantie du district, franchir le premier pas de la procédure ZUP, et obtenir, après prise en considération du dossier programme par le FDES, un préfinancement des acquisitions foncières et de la viabilisation secondaire des premières zones d'aménagement des villes nouvelles.

Aussi, lorsque la procédure ZAC a été créée en 1969, les préfets ont eu la possibilité de faire figurer ces zones déjà commencées sur une liste qui, arrêtée officiellement, leur a permis de faire l'objet directement d'un dossier de réalisation ZAC (2).

Actuellement toutes les zones d'aménagement en villes nouvelles doivent suivre la procédure ZAC. Aussi les établissements publics ont-ils pris l'initiative de créer un certain nombre de ZAC (3). Ils ont en tant qu'aménageurs de droit la possibilité de réaliser eux-mêmes ces zones, et de revendre les terrains équipés à des constructeurs. Ils ont aussi la possibilité de confier l'aménagement d'une ZAC à un

---

(1) Décret n° 58-1464 du 31 décembre 1958.
(2) Décret n° 68-1107 du 3 décembre 1968, art. 7.
(3) Ex. : ZAC du quartier de la préfecture à Cergy-Pontoise ; ZAC du Champtier du Coq à Évry.

constructeur en signant avec lui une convention ZAC selon la formule prévue au décret n° 70-513 du 5 juin 1970 (1). Cette dernière formule est utilisée, par exemple, pour la réalisation des 7 000 logements du quartier Évry-1 à Évry.

Cette adaptation des villes nouvelles à la procédure ZAC a pu provoquer certains retards. En effet, en aucun cas une autorisation de prêt, même partielle, ne peut être accordée avant l'intervention de la décision créant la ZAC. Or,

> l'acte de création ne produit les effets prévus au premier alinéa de l'article 16 du Code de l'urbanisme et de l'habitation (CUH), qu'après consultation des organes délibérants des communes ou communautés urbaines intéressées. Si l'avis est défavorable, il est statué soit par arrêté interministériel, soit par décret en Conseil d'État (2).

D'autre part, les prêts ne peuvent être accordés qu'après l'adoption du bilan financier prévisionnel qui est liée à l'approbation du PAZ, document fixant les règles d'urbanisme pour la zone considérée.

## B. LES MODALITÉS D'ACQUISITION FONCIÈRE

La forme d'acquisition la plus fréquente est la procédure *amiable*. Elle concerne 94 % des terrains et ce fut la seule procédure utilisée jusqu'au 1er décembre 1968 puisque les premières déclarations d'utilité publique ne sont apparues qu'à la fin de 1967 (3).

L'installation sur place des missions d'études a permis d'envisager des actions de concertation avec les particuliers selon des modalités assez originales. L'exemple de la ville nouvelle de L'Isle-d'Abeau est à ce sujet intéressant. Un protocole d'accord établi le 2 octobre 1970 entre l'administration et le syndicat de défense a fixé le prix des diverses catégories de terrains qui existent sur le site, et des indemnités concernant les exploitants. C'est sur la base de cet accord qu'ont été recueillies les promesses de vente de chaque propriétaire foncier membre du syndicat de défense. Grâce à cette procédure globale, « toutes les transactions se sont faites sur la base de ce protocole d'accord. L'État possède ainsi, à l'heure actuelle, un millier d'hectares acquis à l'amiable sur le site (4) ». En définitive, l'expropriation n'est pratiquée qu'à l'encontre de certains propriétaires fonciers, qui se présentent comme des opposants irréductibles à la ville nouvelle.

En ce qui concerne l'expropriation, l'initiative revient à l'organisme

---

(1) Décret n° 70-513 du 5 juin 1970, *J. O.* 19 juin 1970; et circ. n° 70-117 du 27 octobre 1970.

(2) Décret n° 68-1107 du 3 décembre 1968, art. 6.

(3) DUP de 935 ha à Évry, 22 décembre 1967.

(4) J. MOREL, *La ville nouvelle de l'Isle-d'Abeau*, MTP bât., 22 avril 1922, p. 17.

aménageur qui établit le périmètre d'acquisition et prépare les dossiers d'enquête. En pratique, cet organisme peut intervenir et est intervenu dans le choix du commissaire enquêteur. Mais c'est le préfet qui donne son avis sur tous les dossiers d'enquête après consultation de la commission régionale des opérations immobilières (1).

Les procédures d'acquisition de terrains par voie d'expropriation se sont révélées extrêmement longues. Tout d'abord, « il faut en moyenne trois ou quatre ans pour qu'une procédure de déclaration d'utilité publique soit menée à terme (2) ». D'autre part, il s'écoule plus d'un an, parfois dix-huit mois, entre l'ouverture de l'enquête et l'ordonnance d'expropriation. Enfin la prise de possession des terrains ne peut intervenir que de longs mois après l'ordonnance d'expropriation. La complexité de la procédure, les lenteurs des Domaines, des notaires, et l'encombrement du juge foncier sont une cause certaine de retards importants, lorsque ce n'est pas l'organisme aménageur lui-même qui se voit dans l'obligation de « prolonger » les négociations faute de financement pour acquérir les terrains.

La loi du 11 juillet 1972 devrait permettre de faciliter les accords amiables, puisque les dispositions de l'article 6 *bis* prescrivent l'inscription au fichier immobilier des accords préalables, permettant par là même une indemnisation plus rapide des vendeurs (3).

## 3. Le contrôle du juge administratif sur les acquisitions foncières

La phase administrative de la procédure d'expropriation se décompose en trois opérations distinctes : « l'enquête préalable », dont le but est de réunir le plus grand nombre possible d'informations en vue de déterminer si l'expropriation est réellement justifiée; « la déclaration d'utilité publique », acte essentiel de la procédure dont l'objet est de constater l'intérêt général de l'opération; enfin « l'arrêté de cessibilité », dont l'objet est d'identifier l'immeuble dont l'expropriation est poursuivie (4).

En pratique, surtout dans le cas d'opérations complexes comme celles des villes nouvelles, une telle procédure se heurte à deux difficultés. La première a trait à la composition des dossiers d'enquête et la seconde à la notion d'utilité publique.

En ce qui concerne la composition des dossiers d'enquête, l'organisme

---

(1) Arrêté n° 70-44 du 28 avril 1970, créant la Commission régionale des opérations immobilières.
(2) M. B. BERNADAC, *Rapport de la Commission mixte des villes nouvelles*, 8 mai 1970, p. 10.
(3) Loi n° 72-650 du 11 juillet 1972.
(4) A. DE LAUBADÈRE, *Traité élémentaire de droit administratif*, t. II, p. 215.

aménageur peut se référer à l'article 1 du décret du 6 juin 1959 qui dispose (1) :

1. Lorsque la DUP est demandée en vue de la réalisation de travaux ou d'ouvrages, il est préparé « une note explicative indiquant notamment : l'objet de l'opération, le plan de situation, le plan général des travaux, les caractéristiques principales des ouvrages les plus importants, l'appréciation sommaire des dépenses ».

2. Lorsque la DUP est demandée en vue de l'acquisition d'immeubles, il est préparé « une note explicative indiquant notamment l'objet de l'opération, le plan de situation, le périmètre délimitant les immeubles à exproprier, l'estimation sommaire des acquisitions à réaliser ».

3. Lorsque la DUP est demandée pour des opérations ou acquisitions prévues aux plans d'urbanisme et à l'occasion de l'approbation de ces plans, il est demandé « une note explicative, l'ordre de grandeur des dépenses ».

Si ce texte a le mérite d'être simple et clair, il a l'inconvénient d'être dans bien des cas, inapplicable. En effet, l'organisme aménageur devrait, pour s'y conformer, attendre d'avoir établi ses plans et fait ses comptes avec une certaine précision, avant de mettre le projet à « l'enquête ». Mais ces opérations techniques et financières demandent un certain temps pendant lequel le projet ne peut manquer d'être connu et de provoquer une forte hausse du prix des terrains.

Dans le cas des villes nouvelles, l'administration hésite sur la forme à donner au dossier. Doit-il comprendre seulement l'estimation sommaire des acquisitions à réaliser ou doit-il comprendre aussi l'appréciation sommaire des dépenses entraînées par les travaux effectués sur le terrain?

Cette question du contenu du dossier est importante, car si le système n'est pas satisfaisant, il fait perdre tout intérêt à l'enquête d'utilité publique. Ce fut le cas du dossier d'enquête publique de la ville nouvelle de Lille-est, qui ne contenait que des documents sommaires et peu compréhensibles, alors que parallèlement la presse locale publiait des plans beaucoup plus clairs et complets. A propos de cette affaire et selon le commissaire du gouvernement Braibant (2), le Conseil d'État a prévu une solution :

L'administration peut scinder en deux opérations successives l'acquisition des terrains et la construction des ouvrages, et ne mettre en pareil cas dans le dossier d'enquête que les documents prévus par le paragraphe II de l'article 1 du décret de 1959.

---

(1) Décret nº 59-701 du 6 juin 1959 « portant rapport relatif à la procédure d'enquête préalable à la DUP, à la détermination des parcelles à exproprier et à l'arrêté de cessibilité », *J. O.* du 7 juin 1959.

(2) M. BRAIBANT, *conclus.* CE Ass., 28 mai 1971, « MEL et fédération de défense des personnes concernées par le projet actuellement dénommé « Ville nouvelle-est », *AJDA*, 1971, p. 463.

Malheureusement, il en résulte que la deuxième opération, qui est la plus importante, ne donne alors pratiquement pas lieu à « enquête publique ».

Le deuxième problème était posé par M. E. Aubert, lors d'une séance de l'Assemblée nationale consacrée à un projet de loi modifiant l'ordonnance de 1958 relative à l'expropriation :

> Est-il admissible que, sous couvert de l'intérêt général, certaines puissances expropriantes puissent user de la déclaration d'utilité publique prévue aux articles 1, 2 et 3 de l'ordonnance de 1958, *alors que leurs projets ne sont même pas définis* et qu'elles n'ont aucune perspective de pouvoir, à court terme, à moyen terme et même à long terme, réaliser l'expropriation? (1)

Conscient de ce problème, le Conseil d'État, dans un arrêt « MEL et Fédération de défense des personnes concernées par le projet actuellement dénommé « Ville nouvelle-est (2) » du 28 mai 1971, entend renforcer le contrôle du juge administratif sur les déclarations d'utilité publique. En effet, le juge pourra contrôler l'utilité publique d'une opération, non seulement en fonction du but poursuivi, mais aussi compte tenu des divers inconvénients que présente cette opération :

> Une opération ne peut être légalement déclarée d'utilité publique que si les atteintes à la propriété privée, le coût financier et éventuellement les inconvénients d'ordre social qu'elle comporte ne sont pas excessifs eu égard à l'intérêt qu'elle présente.

Mais il ne s'agissait là que d'une affirmation de principe, puisque le Conseil d'État refusait de reconnaître l'illégalité de la DUP en question.

Avec la décision d'assemblée du 20 octobre 1972, « Société civile Sainte-Marie-de-l'Assomption (1) », la nouvelle orientation de la jurisprudence reçoit enfin sa consécration. Appliquant les critères dégagés par l'arrêt précédent, le Conseil d'État reconnaît l'utilité publique de la construction d'une autoroute de liaison, car les inconvénients en résultant pour un hôpital ne sont pas excessifs, mais il annule le décret en tant qu'il déclare d'utilité publique la construction de deux ouvrages, malgré l'intérêt pour la circulation routière qu'ils présentent, en raison des troubles graves pour le traitement des malades qui en résulteraient.

---

(1) M. E. AUBERT, *déb. Ass. nat.*, 24 juin 1971, p. 3398.
(2) CE Ass., 28 mai 1971, « MEL et Fédérat. de défense des personnes concernées par le projet actuellement dénommé « Ville nouvelle-est », *AJDA*, 1971, p. 241.
(1) CE Ass. 20 octobre 1972, Société civile Sainte-Marie-de-l'Assomption, *AJDA*, 1972. 576, Chron. Cabanes et Léger.

Le Conseil d'État ne se limite donc plus à un « contrôle étroit de l'adéquation des moyens aux fins ». Il en arrive à « contrôler l'adéquation des moyens utilisés et des fins invoquées aux circonstances de l'espèce (1) ».

Une circulaire du 19 mars 1973 (2) du ministre de l'Aménagement du territoire, de l'équipement, du logement et du tourisme, insiste sur l'importance des nouveaux critères dégagés par les deux arrêts, en demandant à ses services de prendre en considération toutes les conséquences qu'une opération dont l'utilité publique est projetée peut entraîner « afin que les atteintes portées éventuellement à des intérêts privés ou généraux ne soient d'une importance telle qu'elles neutralisent le caractère d'utilité publique de l'opération ».

Il est certain que ces décisions vont obliger les organismes aménageurs des villes nouvelles à justifier leurs demandes de DUP. Cependant on peut douter que l'attitude du Conseil d'État puisse réellement donner plus de garanties aux citoyens, car au stade de l'acquisition des terrains, les plans et les devis fournis sont souvent fictifs et circonstanciels et il ne peut en être autrement, sous peine de pousser des études qui retarderaient singulièrement la procédure.

## Section II

## L'ORGANISME D'AMÉNAGEMENT AMÉNAGE LES TERRAINS

Aménager, c'est préparer les terrains en vue de recevoir les logements, et ce rôle comprend, notamment, les travaux d'infrastructure nécessaires à l'assainissement et à la desserte des terrains.

### 1. L'aménageur est chargé des travaux d'assainissement

L'assainissement des agglomérations a pour objet d'assurer l'évacuation de l'ensemble des eaux pluviales et usées ainsi que leur rejet dans les exutoires naturels sous des formes compatibles avec les exigences de la santé publique (3).

---

(1) J. P. GILLI, *Le rôle du juge administratif en matière d'expropriation*, *AJDA*, 1973, 13.
(2) Circ. nº 73-60 du 19 mars 1973.
(3) Circ. du 7 juillet 1970 « Assainissement des agglomérations », *J. O.* de août 1970, nº 70-135, p. 5.

Cet assainissement se fait grâce à deux types d'ouvrages publics : les stations d'épuration et les grandes canalisations.

Dans les villes nouvelles, pour réaliser l'assainissement, une double difficulté se présente.

La première, c'est que l'urgence et l'importance des travaux et des ouvrages à réaliser pendant les premières années représentent des moyens financiers importants, alors que les redevances à percevoir sur les utilisateurs de ces ouvrages ne peuvent pas, par principe, être mises en place.

D'autre part, seule une commune ou un groupement de communes peuvent emprunter à la Caisse des dépôts, recevoir les subventions du ministère de l'Intérieur (1) et ont la possibilité de couvrir la charge de ces emprunts par des redevances d'assainissement (2).

Devant le peu d'enthousiasme des communes ou des syndicats d'assainissement existants à prendre les opérations en main, pour des raisons techniques, financières et politiques (3), le groupe des villes nouvelles se mit à rechercher d'autres solutions pour assurer la maîtrise d'ouvrage et le financement.

Prenons à titre d'exemple les procédures exceptionnelles qui furent suivies en région parisienne où, pour des raisons d'antériorité, le problème s'est posé avec le plus d'acuité.

Le ministère de l'Intérieur accepta de donner ses crédits de « subventions d'équipement aux collectivités pour les réseaux urbains (4) » et de « subventions d'équipement aux collectivités pour l'habitat urbain (5) » au taux le plus fort, soit 50 % pour les réseaux et 60 % pour les stations d'épuration. Mais l'Agence foncière n'ayant pas la possibilité, en vertu de l'article 16 de ses statuts, de recevoir des crédits directement de l'État, c'est le chapitre 57-20 du ministère de l'Équipement qui se trouva attributaire de ces subventions, représentant une autorisation de programme de 20 950 000 F en 1968 (6).

Mais il restait, selon les cas, 40 ou 50 % de la dépense qui aurai-dû, selon le droit commun, être couverts par des emprunts commut naux. Là encore, à titre exceptionnel, le ministère de l'Économie e-des finances accepta de couvrir provisoirement cette part en « transt férant (7) » au chapitre 57-20 susmentionné du ministère de l'Équipe-

---

(1) Chap. 65-50 et 65-52.
(2) Décret du 19 octobre 1967 (instituant les redevances), art. 3.
(3) Le Syndicat d'assainissement de Corbeil suit le maire de Corbeil, opposé à la ville nouvelle d'Évry.
(4) Chap. 65-50.
(5) Chap. 65-52.
(6) Arrêté du ministre de l'Économie et des finances du 16 avril 1969, *J. O.* du 18 avril 1969.
(7) Arrêté du 30 janvier 1969, *J. O.* du 4 février 1969.

ment et du logement des crédits du chapitre 65-01 (1) « aide aux villes nouvelles », du budget des charges communes du ministère de l'Économie et des finances. Mais, à la différence des crédits du ministère de l'Intérieur qui sont des subventions, les crédits du chapitre 65-01 sont des « subventions remboursables », c'est-à-dire des « avances » que l'organisme aménageur devra rembourser dans un délai maximum de dix ans.

La totalité des sommes réunies au chapitre 57-20 « opérations concertées d'aménagement et de construction d'intérêt public » au budget du ministère de l'Équipement, soit 33 300 000 F en 1968, fut déléguée par le ministère de l'Équipement à l'Agence foncière à la suite d'une « convention » en date du 6 janvier 1969.

Comme pour l'acquisition des terrains, une « provision » était mise à la disposition de l'Agence (2) et renouvelée dans le cadre de son enveloppe financière. Toutes les recettes et dépenses relatives à cette convention faisaient l'objet, pour chaque ville nouvelle, d'un compte particulier ouvert dans les écritures de l'Agence et intitulé « travaux d'assainissement primaire des villes nouvelles (3) ». Par cette convention, l'Agence s'engageait à recouvrer dans un délai de dix ans les montants correspondants à la subvention remboursable. Il est prévu qu'elle pourra transférer cette obligation à tout organisme avec lequel elle passera une convention en vue de la poursuite des travaux d'assainissement (4). Enfin il est prévu que la convention prend fin pour chaque ville nouvelle à la date de création de l'établissement public chargé de son aménagement (5), disposition qui ne sera pas sans poser quelques problèmes, car l'Agence ne pourra plus intervenir en théorie à la date de création de l'établissement public, alors qu'il faudra plus d'un an pour que l'établissement public puisse effectivement lui succéder avec la mise en place d'un agent comptable.

Mais ce système complexe allait se bloquer en 1969, année d'économie budgétaire pour le ministère des Finances. En effet, sur un programme de 41 050 000 F d'assainissement en villes nouvelles, une somme de 19 045 000 F était bloquée, c'est-à-dire mise en « réserve conjoncturelle ».

Parallèlement, dans l'intervalle, les perspectives de constitution de syndicats de communes avaient évolué de manière favorable (6). Ainsi le « syndicat intercommunal pour l'assainissement de la région de Pontoise » s'était déclaré prêt à effectuer un emprunt à long terme

---

(1) Les subventions remboursables représentaient une AP de 17 900 000 F en 1968.
(2) *Convention* du 6 janvier 1969, art. 3.
(3) *Ibid.*, art. 4.
(4) *Ibid.*, art. 5.
(5) *Convention* du 6 janvier 1969, art. 11.
(6) J. E. ROULLIER, *Les problèmes administratifs et financiers, op. cit.*, p. 111.

auprès de la Caisse des dépôts, pour la part non subventionnée par le ministère de l'Intérieur des programmes 1968 et 1969, sous réserve d'un différé d'amortissement (1) et qu'il puisse conclure une convention avec l'Agence foncière pour lui déléguer la maîtrise d'ouvrage.

Ce système fut alors généralisé et ce sont des syndicats de communes qui en définitive acceptèrent : de contracter les emprunts correspondant non seulement au programme 1970, mais aussi de libérer progressivement l'apport fait par le chapitre 65-01, en 1968 et 1969.

## 2. L'aménageur assure la desserte routière des terrains

Les travaux de voirie primaire sont considérés comme des travaux d'État. A ce titre ils sont réalisés par le ministère de l'Aménagement du territoire et financés en partie par lui.

La voirie secondaire peut être définie comme étant la « viabilité de base située à l'intérieur de la zone considérée (2) ». La réalisation de la « voirie secondaire » par l'aménageur de chaque ville nouvelle a créé quelques difficultés de rapports avec les directeurs départementaux de l'équipement (DDE), traditionnellement chargés par les collectivités locales de l'étude et la réalisation de ce type de voirie. Les travaux de voirie secondaire revêtent dans les villes nouvelles une très grande ampleur et les organismes aménageurs en étudiant et en réalisant eux-même ces voies, ont entraîné une perte de recettes appréciable pour les DDE.

Pour le financement de ces travaux, il est possible d'obtenir une subvention au titre de l'habitat urbain (3). En effet l'article 4 de l'arrêté du 11 mars 1963 dispose que

> pour l'exécution des travaux de viabilité secondaire, les collectivités peuvent recevoir des subventions d'équipement de l'État, dont le taux est fixé à 50 % de la différence entre le montant de ces travaux et le montant des recettes d'infrastructure affectées à la viabilité secondaire. Toutefois, les subventions ainsi attribuées ne peuvent être supérieures à 30 % du coût des travaux de viabilité secondaire.

Mais, pour l'essentiel, le financement reste à la charge des opérations de logements. Il est imputé sur la charge foncière de ces logements.

---

(1) Accord du Comité syndical, séance du 17 décembre 1968.
(2) Sur le classement des équipements d'infrastructure, *cf. Le moniteur des TP et bât.*, 30 mars 1963, p. 99.
(3) Chap. 65-52 du budget du ministère de l'Intérieur : « subventions d'équipement aux collectivités locales pour l'habitat urbain ».

## Section III

## L'ORGANISME D'AMÉNAGEMENT
## MET LES TERRAINS
## A LA DISPOSITION DES CONSTRUCTEURS

Cette mise à disposition des terrains peut être selon les cas une cession ou une location à long terme.

Dans une directive de 1969 (1), le ministre de l'Équipement souhaitait que la rétrocession des terrains permette d'équilibrer les dépenses faites pour leur acquisition et leur aménagement, compte tenu des subventions accordées; sous réserve qu'il peut apparaître préférable de louer le sol aux constructeurs lorsque les infrastructures ne sont pas achevées.

Cession ou location : le choix existe, mais les critères d'application de l'une ou l'autre modalité reposent en pratique uniquement sur le mode préalable d'appréhension du sol, c'est-à-dire que les terrains ont été acquis ou non sur crédits budgétaires (2).

### 1. La cession des terrains qui n'ont pas été acquis sur crédits budgétaires

#### A. LE TRANSFERT DES TERRAINS DES ÉTABLISSEMENTS PUBLICS FONCIERS AUX ÉTABLISSEMENTS PUBLICS DE VILLES NOUVELLES

En région parisienne et au Vaudreuil, avant la création des EPVN, les acquisitions foncières étaient menées par un établissement foncier (AFTRP; EPBS). Chaque EPVN souhaite, du moins en région parisienne, reprendre la propriété des biens immobiliers qui ont été acquis pour lui, et continuer les acquisitions par lui-même. Aussi des conventions de transfert des terrains ont-elles été signées le 23 septembre 1970 entre l'établissement public d'Évry et l'Agence foncière, et le 7 janvier 1971 entre l'établissement public de Cergy-Pontoise et l'Agence foncière.

Aux termes de ces conventions, l'Agence s'engage à céder les terrains acquis, les études et les dossiers techniques. Cependant elle poursuit les acquisitions foncières en cours jusqu'à leur terme, à l'aide

(1) Directive n° 2, *op. cit.*
(2) Chap. 55-43, MEL.

d'une avance que lui verse l'établissement public, dans la mesure où c'est celui-ci qui aurait bénéficié des financements nécessaires. En contre-partie, les engagements de recettes de toute nature recueillis par l'Agence foncière auprès de promoteurs ou de particuliers acquéreurs de ter-rains sont transférés à l'établissement public pour la partie non exé-cutée de ces engagements. D'autre part, à compter de la signature de cette convention, l'établissement public est habilité à solliciter les emprunts nécessaires auprès de la Caisse des dépôts, et à reprendre à son compte les emprunts antérieurement souscrits par l'Agence.

Enfin le district de la région parisienne, ayant donné sa garantie aux emprunts contractés par l'Agence foncière, l'a transférée au profit des établissements publics, lors d'une délibération du 16 février 1970, approuvée par un arrêté du ministre de l'Intérieur du 26 mars 1970.

## B. LA CESSION DES TERRAINS DE L'AMÉNAGEUR AUX PROMOTEURS

La plupart des cessions de terrains aux constructeurs sont mainte-nant négociées par les établissements publics de villes nouvelles.

Cette cession des « terrains villes nouvelles » se fait au moyen de deux actes : une convention de promesse de vente et un acte de ces-sion notarié (1). Le cahier des charges, signé par les promoteurs au moment de la convention de promesse de vente est annexé à l'acte de cession. Les constructeurs versent le montant de la charge foncière à l'organisme aménageur selon l'échéancier : 15 % à la signature de la convention, 45 % à la prise de possession des terrains et 40 % à la signature de l'acte de cession.

Le cahier des charges (2) fixe les droits et obligations des parties et les règles et servitudes d'intérêt général applicables au terrain cédé. Il est précisé qu'après l'achèvement des travaux, l'acquéreur sera tenu de ne pas modifier l'affectation des constructions sans en avoir avisé l'organisme aménageur au moins deux mois à l'avance (3). L'organisme aménageur pourra, à l'expiration de ce délai, exiger que le changement d'affectation soit différé pour une durée de deux mois et ne soit effec-tué que si, durant ce délai, il n'a pu être trouvé un acquéreur de la partie cédée s'engageant à maintenir l'affectation. Le prix d'acquisi-tion est fixé, à défaut d'accord amiable, par voie d'expertise contradic-toire. La charge foncière comprend à la fois le prix du terrain et la participation aux équipements. Elle est exclusive de tout autre droit à payer ultérieurement.

---

(1) C. LAVIOLLE, *mémoire, op. cit.*, p. 145.
(2) Décret n° 55-216 du 3 février 1955 (prévoyant des clauses types), *J. O.* du 8 février 1955.
(3) J. SAUVAIRE, *Création et réalisation de villes nouvelles*, AJPI, n° 9, du 10 septembre 1971, p. 853.

Le délai nécessaire pour mener à bien une telle cession paraît être au minimum de quatre mois.

Pour le directeur de la ville nouvelle d'Evry,

> la revente des terrains aux promoteurs permet, outre le remboursement des prêts FNAFU assurant le préfinancement des infrastructures secondaires qui les desservent, d'apporter une certaine aide aux collectivités pour la réalisation des équipements de superstructure dont la charge leur incombe (1).

## 2. L'affectation des terrains dont l'État est propriétaire

La politique des réserves foncières a été mise en œuvre non seulement pour pallier les insuffisances du système « FNAFU-Trésor » qui, notamment, créait au départ une obligation de remboursement dans des délais très courts, mais aussi dans le but d'appuyer cette politique par un vote de l'assemblée sur un budget garantissant ainsi l'action de l'État en cette matière. Mais la « budgétisation » de ces acquisitions a pour conséquence de les assujettir, en ce qui concerne la gestion et l'aliénation, aux règles applicables aux biens du domaine privé de l'État. Or ces règles sont difficilement compatibles avec les exigences techniques et financières de la conduite d'opérations de la nature et de l'ampleur de celles des villes nouvelles.

### A. PRINCIPES CONCERNANT L'AFFECTATION POSSIBLE DE CES TERRAINS

*a)* Dans le « cœur de ville », l'exception : c'est la cession des terrains acquis sur crédits budgétaires.

En effet la loi d'orientation foncière dispose que les immeubles acquis pour la constitution de réserves foncières ne peuvent

> faire l'objet d'aucune cession en pleine propriété en dehors des cessions que les collectivités publiques pourraient se consentir entre elles et celles faites en vue de la réalisation d'opérations pour lesquelles la réserve a été constituée. Ces immeubles ne peuvent faire l'objet que de concessions temporaires qui ne confèrent au preneur aucun droit de renouvellement et aucun droit à se maintenir dans les lieux lorsque l'immeuble est repris en vue de son utilisation définitive (2).

---

(1) M. LALANDE, *La ville nouvelle d'Evry, op. cit.*, p. 20.
(2) Loi n° 67-1253 du 30 décembre 1967 (LOF), art. 12, *J. O.* du 1ᵉʳ janvier 1968, p. 3.

Elle dispose, par ailleurs, qu'

> à l'intérieur de périmètres délimités par décrets en Conseil d'État, après avis des collectivités locales intéressées, les immeubles appartenant à l'État, aux collectivités locales, aux établissements publics groupant lesdites collectivités locales ayant compétence en matière d'urbanisme, ainsi que ceux acquis pour le compte de ces collectivités publiques, ne peuvent faire l'objet d'aucune cession en pleine propriété, en dehors des cessions que ces collectivités publiques pourraient se consentir entre elles (1).

En conséquence, le principe est de concéder les terrains qui ont été acquis sur crédits d'État. La loi d'orientation foncière concerne bien le centre des villes nouvelles, car la circulaire d'application précise que

> la procédure ne prend tout son intérêt que dans la mesure où certaines parties de cette zone doivent devenir propriété d'une ou plusieurs collectivités publiques et faire l'objet d'aménagement ou de constructions susceptibles d'être profondément reconsidérés dans un avenir prochain. En effet il est préférable alors d'éviter l'aliénation de ces terrains... de telles hypothèses ne peuvent être très fréquentes et concerner de vastes superficies, elles se rencontreront essentiellement *dans le centre des villes nouvelles*, de certaines parties de grandes opérations de restructuration ou au cours de certaines grandes opérations périphériques (2).

*b) Les différentes formules de location*

Plusieurs formules juridiques pourraient être utilisées dans les villes nouvelles.

1° **Le contrat de location à longue durée** ou bail emphythéotique (3) est devenu possible grâce à la modification du Code du domaine de l'État (4).

> La location des immeubles acquis ou aménagés par le FNAFU ou par le ministère de l'Équipement et du logement sur des crédits budgétaires ouverts pour la réalisation de villes nouvelles ou de centres urbains nouveaux peut être consentie pour une durée supérieure à dix-huit ans. Les actes de location sont passés par le service des domaines dans les formes ordinaires.

Cependant, si cette location peut être supérieure à dix-huit ans,

---

(1) Loi n° 67-1253, *ibid.*, art. 14.
(2) Circulaire d'application de l'article 14, LOF.
(3) Loi du 25 juin 1902.
(4) Décret n° 70-96 du 29 janvier 1970.

elle ne saurait dépasser soixante-dix ans, qui est le délai maximum prévu pour les concessions immobilières par la loi foncière (1).

Si cette formule constitue un droit réel immobilier susceptible d'être hypothéqué pendant la durée du bail, elle présente l'inconvénient pour le preneur de ne pas lui donner de « propriété commerciale » à la fin du bail (2).

D'autre part la modicité de la redevance qui est considérée comme un des éléments constitutifs de l'emphytéose, interdit l'emploi de cette formule lorsque le montant du loyer est élevé. D'autre part les éventuels créanciers des utilisateurs des terrains ne trouveront pas toujours l'entière sécurité juridique qu'ils recherchent, puisque la résiliation du bail emphytéotique entraîne la caducité de l'hypothèque portant sur le bail et les constructeurs.

**2º Le bail à construction** est une formule prévue par la loi du 16 décembre 1964 (3). C'est un bail par lequel le preneur s'oblige à édifier des constructions sur le terrain du bailleur et à le conserver en bon état d'entretien, car au terme du bail (de 18 à 70 ans), le bailleur accède à la propriété des immeubles construits (4). Ce bail est un droit réel que l'on peut hypothéquer et qui donne naissance à un droit de propriété commerciale après trois ans, en faveur du preneur, avec possibilité pour celui-ci de céder tout ou partie de ses droits ou de les apporter en société. Pour le bailleur, cette formule présente l'intérêt de permettre la révision du loyer du terrain selon un rythme triennal.

D'autre part, le loyer du terrain peut n'être pas modique et progresser avec le temps. Dans le cas où le bail prend fin par résiliation judiciaire ou amiable, les privilèges et hypothèques portant sur les constructions ne s'éteignent qu'à la date primitivement convenue pour l'expiration du bail.

**3º La concession immobilière** est la formule prévue aux articles 48 à 60 de la loi d'orientation foncière, dont l'objectif est de mettre notre droit de la location commerciale en harmonie avec les pratiques des pays du marché commun. Cette formule se caractérise par l'absence de propriété commerciale et une résiliation possible du bail par le concessionnaire pendant les six premières années. Cependant le concessionnaire peut céder tout ou partie de ses droits à un tiers (5).

Cette formule ne peut légalement donner lieu à aucune autre rémunération que la « redevance » annuelle; les collectivités-support ne peu-

---

(1) Loi du 30 décembre 1967 (LOF), art. 14, 2e al.
(2) Décret du 30 septembre 1953, art. 3.
(3) Loi nº 64-1247 du 16 décembre 1964, *AJPI*, 1965, p. 28.
(4) *Ibid.*, art. 2.
(5) Loi du 30 décembre 1967, art. 51.

vent donc pas l'utiliser si elles demandent une « participation » pour les aider à couvrir une part de la charge foncière.

En résumé ces locations ne peuvent en aucun cas avoir une durée supérieure à soixante-dix ans, ni conférer au preneur aucun droit à renouvellement ou à se maintenir dans les lieux à l'expiration de la concession.

## B. LA PRATIQUE SUIVIE DANS LE CADRE DES VILLES NOUVELLES

A en croire certains auteurs, le principe est devenu dans les villes nouvelles la cession des terrains. En effet, on écrit : « En pratique, chaque ville nouvelle détermine librement les terrains dont elle entend conserver la propriété (une quarantaine d'hectares à L'Isle-d'Abeau) et ceux qui seront cédés (1) », ou encore : les « terrains des villes nouvelles sont acquis pour une utilisation immédiate et revendus, ceci sans contradiction avec l'article 11 qui permet la cession en pleine propriété des terrains pour la réalisation des opérations pour lesquelles la réserve a été constituée (2) ».

*a) La location*

En effet le procédé de la location des terrains pose un certain nombre de problèmes.

Les formules de location ont été jusqu'ici peu employées dans la pratique, aussi est-il difficile d'apprécier leur degré de réalisme. Les établissements publics considèrent qu'il est difficile de demander aux villes nouvelles de faire les frais d'une formule qui n'enthousiasme guère les promoteurs, car ceux-ci manifestent le souci de se rendre propriétaires des terrains sur lesquels ils s'installent. L'absence de « propriété commerciale » et de possibilité d'hypothèques condamne certaines formes de location. D'autre part, le ministère des Finances est opposé à la formule de la location pour des raisons financières, car le prix du terrain représente peu de choses au regard du prix de son aménagement. Ainsi, à Cergy-Pontoise ce prix représente 16 F le m² pour 400 F de charges foncières.

Les villes nouvelles ne peuvent, en l'état actuel de la réglementation, se procurer la différence, qui correspond aux dépenses d'équipement et aux frais généraux, qu'en contractant, aux mêmes conditions que les autres organismes d'aménagement, des prêts à moyen terme dont les

---

(1) J. SAUVAIRE, *Création et réalisation des villes nouvelles*, *op. cit.*
(2) A. HEYMANN, *Les villes nouvelles*, *AJDA*, n° 9 du 20 septembre 1971, p. 456.

annuités de remboursement ne sont pas compatibles avec le loyer susceptible d'être retiré de la location du terrain pendant une période aussi courte. Il faut donc mettre au point une formule de financement à long terme, c'est-à-dire à douze ans au moins, pour relayer le financement des travaux d'aménagement. C'est en ce sens que vont les conclusions du rapport du groupe de travail constitué sous la présidence de M. Barton, chargé d'étudier les conséquences de la mise en œuvre de la concession des sols en matière de politique foncière :

> Aussi longtemps que le gouvernement n'aura pas estimé possible de dégager les ressources nécessaires pour rendre la concession opérationnelle dans les villes nouvelles, il est certain que les promoteurs, autres que les constructeurs de logements locatifs HLM, qui sont déjà réticents à s'implanter dans ces villes, s'engageront difficilement dans la voie de la concession des sols.

Le ministre de l'Équipement est pour sa part favorable au système de la location, même s'il a accepté la vente d'une partie du centre commercial d'Évry, en considérant que cette opération de cession était déjà trop engagée pour revenir en arrière. Aussi, seul

> le terrain des parkings demeure propriété de la puissance publique, seul l'usage à titre commercial en est concédé avec la possibilité pour l'établissement public de récupérer, en vue d'un développement des programmes du cœur de la ville, une partie de ces terrains (1).

Le ministre de l'Équipement et du logement a rappelé aux établissements publics (2) que l'article 14 de la loi foncière prévoit que dans certains périmètres, les terrains acquis par l'État ne pourront pas faire l'objet de cession en pleine propriété aux constructeurs.

Le responsable de la ville nouvelle de Cergy-Pontoise a répondu au ministre de l'Équipement en demandant que, pour certaines opérations engagées, il lui soit permis de céder les terrains aux acquéreurs. Celui-ci a bien voulu donner son accord pour la cession de quatre opérations. Parallèlement, dans les négociations en cours, la ville nouvelle s'est efforcée de proposer les formules de la concession ou du bail emphytéotique aux constructeurs désireux de s'implanter sur des terrains appartenant à l'État. Mais ces baux emphytéotiques ne portaient que sur la location du terrain nu. Le remboursement des travaux d'équipement à l'établissement public se faisant par la voie d'une convention séparée intervenant directement entre le promoteur et l'établissement public chargé de la réalisation des travaux d'aménagement.

---

(1) M. LALANDE, *La ville nouvelle d'Évry*, *MTP bât.*, 16 janvier 1971, p. 25.
(2) Lettre du 18 janvier 1971 aux établissements publics.

Il est donc assez inexact de conclure que

> l'État s'est refusé à engager une politique de concession du droit d'usage et les réalisateurs des villes nouvelles, à court de crédits, trouvent dans la revente des terrains aménagés une de leurs principales sources de financement des équipements restant à la charge des collectivités locales (1).

Car ce n'est pas l'État qui refuse d'engager une telle politique, mais plutôt les promoteurs qui sont autant intéressés par la plus-value que prendront ces terrains surtout en région parisienne que par leurs aménagements.

Cependant, au Vaudreuil, le promoteur qui doit construire les premiers logements du germe de ville, a accepté de louer sous bail à construction les terrains nécessaires à l'implantation des logements locatifs, mais préfère devenir propriétaire des sols sur lesquels seront implantés les logements qui doivent être livrés en accession à la propriété. Sur ce sujet, il est intéressant de citer une note rédigée à Cergy-Pontoise :

> La mise à disposition des terrains aux constructeurs, sous forme de baux à long terme, est une voie dans laquelle il est souhaitable de s'orienter, mais dont la politique n'est pas encore courante et pour laquelle un bon nombre de difficultés et de dispositions juridiques ou financières doivent faire l'objet d'études approfondies. Il nous paraît donc souhaitable que, pendant une période de transition, une certaine souplesse soit laissée à cet égard aux organismes d'aménagement des villes nouvelles.

b) *La procédure suivie en cas de vente*

Le Code du domaine de l'État, modifié par le décret du 29 janvier 1970, n'impose plus le recours à une autorisation préalable par décret ou arrêté, ni la modalité de l'adjudication d'usage pour les ventes de biens immobiliers du domaine privé de l'État (2). Le ministre de l'Équipement désigne l'attributaire du terrain et fixe le prix de cession suivant les cas, après avis du service des domaines, ou indique le prix de cession du terrain fixé par le service des domaines. Le Code des domaines dispose en effet (3) :

> Le service des domaines peut procéder, sans limitation de valeurs, à l'aliénation des immeubles acquis ou aménagés par le FNAFU ou par le ministère de l'Équipement et du logement sur des crédits budgétaires ouverts pour la réalisation de villes nouvelles ou de centres urbains nouveaux : ces aliénations peuvent intervenir avant achèvement des travaux d'aménagement. En cas de cessions de gré à gré, celles-ci sont faites en vertu de décision d'attribution prises par le ministre de l'Équipement et du logement.

---

(1) A. HEYMANN, *op. cit.*
(2) Décret n° 70-96 du 29 janvier 1970.
(3) Décret n° 70-96 du 29 janvier 1970, art. R 143.

Si l'organisme aménageur est bénéficiaire de la décision d'attribution, il doit, le moment venu, rétrocéder à l'État et aux collectivités locales les terrains nécessaires à l'implantation des équipements et des services publics de leur compétence (1). La « décision d'attribution » est génératrice du versement du prix du terrain nu fixé par le service des domaines.

c) *La mise à disposition des terrains d'État aux établissement publics des villes nouvelles*

Les dispositions du décret institutif des établissements publics leur confient la « réalisation de l'ensemble des opérations relevant de leur compétence, y compris éventuellement la mission de procéder, au nom et pour le compte de l'État, à l'acquisition des terrains, au besoin par voie d'expropriation ».

Les établissements publics vont donc succéder aux établissements fonciers ou aux DDE pour acquérir et gérer les terrains achetés sur crédits budgétaires. D'autre part, en ce qui concerne les terrains déjà acquis, une lettre du ministre de l'Équipement peut les mettre à la disposition des EPVN. Il faut remarquer que cette « mise à disposition » est absolument indépendante du transfert de propriété qui pourrait éventuellement intervenir entre l'État et les établissements publics ou les organismes regroupant les collectivités locales en application de la loi du 10 juillet 1970.

---

(1) J. SAUVAIRE, *op. cit.*, p. 852.

# La création
# d'une administration centrale
# des villes nouvelles :
# le groupe central
# des villes nouvelles (G C V N)

*Les difficultés rencontrées dans la réalisation des grands ensembles, les oppositions de certaines municipalités à leur principe et les conflits politiques ont conduit à voir dans la structure municipale principalement en région parisienne la raison de l'échec des zones à urbaniser en priorité (ZUP).*

*Mais ce jugement est un peu partial car pour M. Lewandowski, « l'analyse des conditions dans lesquelles ont été menées études et acquisitions* met en cause les méthodes de l'État et de ses administrations (1) ».

*Les conditions de réalisation des ZUP montrent, en effet, qu'il n'y a pas une administration responsable, mais de nombreuses administrations intéressées et dont les responsabilités respectives n'ont jamais été clairement définies. Si l'on examine l'histoire des différentes opérations, celles-ci paraissent une suite de réunions de coordination ou d'information, et on ne sait plus très bien qui dispose en définitive des éléments indispensables à leur élaboration. Ainsi, jusqu'en 1961, la direction de la Construction de la Seine a été responsable des « ZUP » de Vitry et de Créteil ; mais ne l'a jamais été pour celle de Fontenay-sous-Bois, où par contre il lui appartenait d'exercer le droit de préemption. Le service de coordination des équipements de la région parisienne (SCERP) a suivi de près les opérations de Massy-Antony et de Vitry ; par contre, il n'était pas compétent pour celle de Villacoublay (2).*

*La création des villes nouvelles de la région parisienne avait pour objectif principal de réduire ces difficultés.*

*A cette fin, et pour « préciser les responsabilités, assurer la coordination des études et des acquisitions foncières, préparer les premières opérations d'aménagement (3) », le Premier ministre créait en 1966 un « groupe de travail interministériel » qui, allait devenir en 1970 le « Groupe central des villes nouvelles ». Cette création progressive d'un organisme des « villes nouvelles » au sein de l'administration parait confirmer la thèse de science administrative selon laquelle les changements administratifs ont jusqu'à présent moins résulté de réformes internes des administrations existantes que de la création d'organismes nouveaux de coordination et de synthèse. Pour M. Crozier (4), tant que l'appareil administratif reste organisé selon un modèle bureaucratique, toute innovation, toute rupture dans la routine est extrêmement difficile et ne peut procéder que d'une crise. Les rigidités bureaucratiques et la stratification expliquent, en conséquence, que des* organismes constitués en marge de l'administration classique, *aient réussi à se mettre en place, et à* acquérir de larges pouvoirs, *beaucoup plus rapidement que les services dont ç'eût été normalement la tâche.*

---

(1) M. Lewandowski, Note relative aux ZUP de l'agglomération parisienne, 30 octobre 1964, Inspection générale des Finances, 55 p.
(2) M. Lewandowski, *op. cit.*, p. 33.
(3) M. Pompidou, « Directive du 4 avril 1966 », *op. cit.*
(4) *Cf.* M. Crozier, *Le phénomène bureaucratique*, Paris 1963, Éd. du Seuil, et *Crise et renouveau dans l'administration française*, Socio. du Travail, 1966, p. 231.

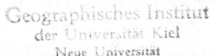

*La tendance au renouvellement s'affirme ainsi dans des structures consti-tuées en marge de l'administration traditionnelle ou même dans ce qu'on appelle la para-administration. Les exemples de ces nouvelles formes insti-tutionnelles sont apparus principalement dans la pyramide des institutions administratives créées autour de la Caisse des dépôts et consignations. Ces formes institutionnelles n'ont qu'une stabilité relative. Et pourtant elles cons-tituent une menace pour l'administration traditionnelle à laquelle celle-ci ne peut répondre qu'en acceptant de se transformer (1).*

*Mais ces organismes de coordination tendent parfois à créer une adminis-tration parallèle à côté de l'administration traditionnelle. Cette distinction entre « administration traditionnelle » et « administration parallèle » a servi de cadre d'analyse à M. Ch. Debbasch dans une série d'articles sur la réforme des structures administratives (2).*

*Il est intéressant d'examiner comment un tel mécanisme s'est progressive-ment mis en place pour les villes nouvelles, et quelle a été la réaction des administrations classiques à cette création.*

*La création du Groupe central des villes nouvelles nous aménera à voir successivement :*

*— l'organisation du secrétariat de ce groupe (chap. 4) ;*

*— le système d'action de ce secrétariat (chap. 5),*

*— et sa stratégie (chap. 6).*

(1) M. Crozier, *op. cit.*, p. 243.
(2) Cl. Debbasch, *La V^e République et l'administration*, in *Le monde*, 30 mars au 1er avril 1967.

# 4

# L'organisation d'un secrétariat général du groupe central des villes nouvelles

## Section I

## LE SECRÉTARIAT DU GROUPE INTERMINISTÉRIEL DES VILLES NOUVELLES DE LA RÉGION PARISIENNE

Dans une directive du 4 avril 1966 concernant « l'aménagement des villes nouvelles dans la région parisienne », le Premier ministre créait un « groupe de travail interministériel », présidé par le « Délégué général au district » de la région de Paris (1).

Ce groupe est constitué de « représentants du ministre de l'Intérieur, du ministre de l'Économie et des finances et du ministre de l'Équipement, assistés des préfets des départements intéressés ». Le directeur d'une ville nouvelle peut participer aux travaux lorsque ceux-ci concernent sa ville; et les collectivités locales intéressées sont informées et consultées par l'intermédiaire de leur préfet.

Cette directive précise aussi le rôle de ce groupe qui

> est chargé, dans le cadre du programme général d'aménagement de chacune des villes nouvelles, d'en étudier les moyens d'exécution et d'en suivre la réalisation par l'État, par les collectivités locales et par tout organisme public ou privé agissant avec l'aide de l'État ou sous son contrôle.

La mission de ce groupe est donc très générale. Elle consiste à rechercher des solutions à tous les problèmes rencontrés dans la réalisation des villes nouvelles. Le préfet de région peut, pour sa part, « proposer aux ministres intéressés toutes décisions nécessaires au bon déroulement des opérations ».

---

(1) M. POMPIDOU, « Directive du 4 avril 1966 », *op. cit.*

## 1. Rôle du Délégué général au district

Le groupe de travail interministériel des villes nouvelles étant présidé par le Délégué général au district de la région parisienne, cela signifiait que les villes nouvelles étaient plus spécifiquement rattachées à la préfecture de la région parisienne. D'autre part, M. P. Delouvrier, « délégué général » au District, était de par ses qualités personnelles et le soutien politique que lui apportait le chef de l'État, un acteur puissant. L'idée et la décision de créer des villes nouvelles semblent avoir été prises par lui seul après un travail de recherche avec son équipe. Ceci est suggéré par une lettre adressée au journal *Le monde* où il déclarait :

> Je ne « coordonne » pas à l'Institut d'aménagement et d'urbanisme de la région parisienne (IAURP), je commande et mes ordres ne sont pas pour mes collaborateurs, autant que je sache, de simples bases de travail (1).

D'autre part, c'est sur son initiative que le Premier ministre autorisait, dans sa « directive » du 4 avril 1966, la mise en place des missions d'études. C'est aussi grâce à lui que les premiers éléments concrétisant le schéma directeur ont pu être mis en œuvre. On a pu dire que « son action, dans le lancement de cette réforme, peut s'apparenter à celle que M. Crozier attribue aux membres des grands corps, en général (2) ». Et que son immense mérite « est d'avoir réussi à faire accepter par les experts, par l'administration, par l'opinion, le concept de ville nouvelle, non seulement pour la région parisienne, mais pour toute la France (3) ».

En définitive, la préfecture de région paraissait avoir la volonté de mener à bien sa propre politique pour appliquer le schéma directeur, et cela, « malgré les réticences de l'administration centrale (4) ».

## 2. Rôle du secrétariat général du groupe de travail interministériel des villes nouvelles de la région parisienne

Ce secrétariat général a toujours été de faible importance numérique, puisqu'au départ il était uniquement composé du conseiller technique du préfet de région pour les villes nouvelles, J. E. Roullier. Et

---

(1) P. Delouvrier, *Le Monde*, 4 décembre 1969.
(2) Mᴵˡᵉ C. Kessler, *La décision*, in *L'expérience française des villes nouvelles*, FNSP, p. 53.
(3) J. Riboud, *P. Delouvrier et les villes nouvelles*, in *RPP*, 71 (798, avril 1969 : 84-90.
(4) C. Laviolle, *La ville nouvelle d'Évry*, mémoire, *op. cit.*, p. 20.

ce n'est qu'en 1968 que celui-ci fit venir comme adjoint, à la préfecture de la région parisienne, G. Salmon-Legagneur. Ces deux hauts fonctionnaires, respectivement inspecteur des Finances et conseiller à la Cour des comptes, vont donc devenir les *experts* et les responsables administratifs des villes nouvelles.

Leurs fonctions, celles du secrétariat du Groupe de travail interministériel, paraissent pouvoir se regrouper autour de trois thèmes principaux.

D'une part le secrétariat *représente* les villes nouvelles auprès du préfet de région.

C'est en effet au niveau du secrétariat que se font le regroupement et la synthèse de l'information provenant des missions installées sur le terrain. Ce circuit d'information est plus rapide et plus complet pour le préfet de région que le circuit traditionnel d'une information qui remonte autrement jusqu'à lui à travers les méandres des directions verticales des départements et de la région. L'originalité de ce secrétariat, c'est qu'étant à un niveau horizontal à la préfecture, il fait la synthèse de toutes les informations « villes nouvelles » et possède les renseignements pertinents sur ce problème pour le préfet de région. Cela est d'autant plus important que les missions installées sur place sont seules capables de faire l'expertise immédiate d'une situation, pour laquelle il convient d'avertir le préfet de région dans les délais les plus brefs. Le secrétariat, comme conseiller du préfet de région, a donc acquis une importance grandissante, car les MEAVN ont pris l'habitude de passer par lui, plutôt que par les services traditionnels.

D'autre part le secrétariat a un rôle de *négociation* avec les administrations extérieures à la préfecture. Chargé d'assurer la préparation des réunions du Groupe de travail interministériel et, partant, d'en préparer les dossiers, il assure un travail de coordination avec les différents partenaires pour lesquels il est à la fois l'expert des villes nouvelles et le représentant du préfet de région. Ce travail de préparation des réunions va permettre au secrétariat d'accéder aux différents cabinets ministériels et d'y créer des liens privilégiés, en sensibilisant les responsables administratifs aux problèmes des villes nouvelles.

Enfin le secrétariat va se créer un pouvoir de *tutelle* sur les villes nouvelles. Le secrétariat est en effet chargé de procéder à la préparation des demandes budgétaires et à la répartition des crédits entre les villes nouvelles. Cette fonction de préparation budgétaire l'amène à faire des choix entre les demandes et à justifier ces choix, en exerçant préalablement un certain contrôle sur l'affectation faite, ou à faire, des crédits en question. Il faut noter que cet arbitrage budgétaire est officieux, et ne fait que préparer les réunions prévues à cet effet à la préfecture de région.

En définitive ce secrétariat jouit d'une fonction d'arbitrage incontestable, qu'elle se fasse entre les villes nouvelles, entre les MEAVN et le préfet de région, ou même entre le préfet de région et les différents ministères concernés.

Cette petite équipe d'experts travaillant à la préfecture de région va pouvoir s'affirmer en tant que véritable administration des villes nouvelles, à l'occasion de la remise en question par le ministère de l'Équipement du rôle exclusif joué par la préfecture de la région parisienne en matière de villes nouvelles.

## Section II

## L'INTERVENTION DU MINISTÈRE DE L'ÉQUIPEMENT DANS LA CRÉATION DES VILLES NOUVELLES :

### *le secrétariat du groupe central des villes nouvelles (SGVN)*

### 1. Rappel historique
### des *rapports entre le ministère de l'Equipement et la préfecture de la région parisienne*

La préfecture de région a une politique et les moyens de cette politique, ce qui n'est pas sans poser quelques problèmes de relations avec le ministère de l'Équipement. En ce sens le commissaire au Plan a pu faire remarquer, au conseil d'administration du district, que,

> hormis certaines réglementations comme celle de la redevance mise à la charge des établissements industriels et des bureaux, et dont les modalités ne sont pas encore dissociables de la politique touchant à l'aménagement du territoire, la plupart des autres instruments devraient vous permettre d'exercer vos propres choix (1).

_____

(1) R. MONTJOIE, audition au CA du district de la rég., Paris, 29 janvier 1971.

De fait, la préfecture de région s'est donné les moyens d'une politique autonome en se créant une administration propre, des moyens financiers, un organisme d'étude avec l'IAURP. Le seul moyen d'intervention du ministère de l'Équipement se situe au niveau du Comité interministériel de coordination du groupe foncier (GIF), intervention atténuée dans la mesure où la région parisienne rapporte elle-même ses demandes, en s'appuyant sur le schéma directeur. Cette mise hors circuit de ce qui était, à l'époque, le ministère de la Construction devait provoquer des propos historiques entre MM. Pisani et Delouvrier lors de l'inauguration de la mission d'Évry (1) :

— PISANI : J'essaie de comprendre votre aventure intellectuelle. Construire une ville nouvelle, c'est la *tâche de l'administration centrale* qui, seule, est habilitée à définir les conceptions globales.

— DELOUVRIER : Mes collaborateurs et moi-même, nous acceptons tous les conseils du monde.

Ces propos étaient révélateurs d'une certaine tension entre une administration traditionnelle et l'administration créée par la préfecture de la région parisienne, qui avait su s'imposer par sa politique active, notamment en matière d'urbanisme.

Mais, avec la création d'une direction de l'Aménagement foncier et de l'urbanisme (DAFU), lieu de coordination des problèmes d'aménagement urbain, le ministère de l'Équipement entendait répliquer et intervenir sur le problème des villes nouvelles.

Cette intervention se fit en trois temps.

Dans un premier temps, le directeur du cabinet du ministère de l'Équipement (2) fait nommer le responsable du problème des villes nouvelles au district de la région parisienne, M. J. E. Roullier, comme conseiller technique auprès de lui.

Parallèlement, un « bureau des villes nouvelles » est créé à la DAFU, à la tête duquel sont nommés un ingénieur des ponts et chaussées (3) et un ancien élève de l'ENA (4). Ce bureau se justifiait par l'institution de villes nouvelles en province : à Lille-est (5) et au Vaudreuil (6). Mais c'était, d'autre part, un moyen direct pour le ministère de l'Équipement de se saisir du problème des villes nouvelles. La préfecture de la région parisienne, par le biais du groupe inter-

---

(1) *Cf.* C. LAVIOLLE, mémoire, *op. cit.*, p. 12.
(2) M. Pebereau.
(3) M. Becker.
(4) M. Rickard.
(5) La création d'une ville nouvelle à l'est de Lille a été décidée par le comité interministériel du 8 février 1967.
(6) La création d'une ville nouvelle au Vaudreuil est décidée par le CIAT du 27 juillet 1967.

ministériel, dut accepter une certaine coordination au niveau des moyens et procédures, comme ce fut le cas pour les décrets de fondation des établissements publics des villes nouvelles, dont le contenu est le même en province que dans la région parisienne.

Avec l'arrivée de M. Chalandon au ministère de l'Équipement, et le départ de M. Delouvrier, la tension entre « l'Équipement » et la « Région » allait devenir publique avec la demande de révision du schéma directeur.

Le deuxième temps de cette querelle a trait à la révision du schéma directeur de la région parisienne.

Pour le préfet de région

> cette révision est justifiée par la nécessité de l'adapter à des impératifs qui soit n'existaient pas au moment de l'élaboration, soit n'apparaissaient pas avec la même clarté qu'aujourd'hui (1).

Pour M. Albin Chalandon

> lorsque l'on veut assurer le développement de la région parisienne, il faut d'abord urbaniser autour de quelques bons axes de transports routiers ou ferroviaires que nous avons. C'est une des raisons pour lesquelles j'ai demandé à M. le préfet de région d'envisager une certaine révision du schéma directeur, pour que justement on urbanise autour des axes existants, et que l'on exploite au maximum les possibilités qu'ils offrent (2).

Comme le montrent ces deux interventions, les raisons qui ont conduit à cette révision du schéma directeur sont multiples.

Certaines sont d'ordre technique et partent de la constatation d'un changement des hypothèses démographiques. En effet le schéma directeur est fondé sur une population de quelque quatorze millions d'habitants; or en 1969 « des experts peuvent affirmer, chiffres à l'appui, que les quatorze millions ne seront pas atteints (3) ».

D'autre part, la création des nouveaux départements de la région parisienne en 1967, et la reconnaissance *de jure* du Conseil consultatif économique et social du district rendaient souhaitable une nouvelle consultation sur un schéma amendé en fonction des suggestions présentées lors des premières consultations.

Mais la véritable raison de cette révision réside dans les critiques formulées par le ministre de l'Équipement sur le projet initial. Ces

---

(1) M. DOUBLET, *Le phénomène urbain en région parisienne*, revue *Promotions*, nᵒ 88, p. 13.
(2) M. A. CHALANDON, Allocution à l'occasion de l'inauguration de la déviation de Pontoise, 19 novembre 1968.
(3) M. DOUBLET, *Le phénomène urbain en région parisienne*, in *op. cit.*

critiques se fondent sur la constatation que le schéma directeur a été établi sans tenir compte des équipements existants, ou des équipements dont la réalisation était décidée. Autrement dit, il s'agissait d'un désaccord entre la politique suivie en matière d'équipements du ministère et les objectifs à long terme de la préfecture de la région parisienne. Le ministre de l'Équipement, le 28 octobre 1969, devait préciser ses positions au conseil d'administration du district (1). Pour lui, le schéma paraît trop rigide : le quart seulement des terrains nécessaires a pu être aménagé et équipé, ce qui provoque une pénurie de terrains constructibles; il convient de réduire le nombre des villes nouvelles et de limiter l'action de la puissance publique au centre même de ces villes et de confier l'aménagement de leur périphérie à l'initiative privée; il paraît trop coûteux en infrastructures, car « il est à la fois radio-concentrique et tangentiel, trop resserré sur Paris... »

D'autre part le ministre devait de nouveau critiquer la situation des villes nouvelles comme étant fixée trop près de Paris. Cette constatation est habituellement le fait de la Délégation à l'aménagement du territoire (DATAR) :

> Les nouveaux moyens de transports rapides raccourciront suffisamment les distances entre Paris et la province, pour qu'il ne soit pas utile de créer de nouvelles villes entre la capitale et les villes de la couronne du bassin parisien (2).

Devant l'attitude jugée trop libérale du ministre de l'Équipement s'est alors constitué un « mouvement de défense » du schéma directeur, et le rapporteur auprès du conseil d'administration du district devait démissionner en signe de protestation.

Pourtant cette opposition allait se terminer sur un compromis.

D'un côté, le 16 février 1970, les membres du conseil d'administration du district ont finalement approuvé les modifications du schéma directeur, tout en maintenant qu'il « n'a de sens que dans la mesure où ceux qui ont la charge de le mettre en œuvre s'attachent à ne pas y déroger (3) ». Et, reprenant les vœux du ministre de l'Équipement, ils souhaitent « pratiquer un urbanisme dynamique et ouvert, plutôt qu'un urbanisme malthusien et restrictif, ce dynamisme et cette ouverture étant impérativement liés au financement des grands équipements ».

De l'autre, pour faciliter le compromis, le ministre de l'Équipement avait donné entre temps quelques assurances puisque, le 14 février, dans une lettre adressée au président du conseil d'administration du district, il avait défini le « schéma directeur comme un instrument

---

(1) Lettre du 14 février 1969 et conférence du ministre devant les membres du conseil d'administration du district le 28 octobre 1969.
(2) M. GUICHARD, à Europe n° 1, le 14 février 1967.
(3) CA délib. 70-3 du 16 février 1970, *RAP*, janvier 1970, n° 18.

essentiel et irremplaçable » dans la mesure où il n'est pas « interprété » comme un plan de détail et « qu'il est assorti d'une programmation précise et contraignante portant sur une dizaine d'années (1) ». Et le rapporteur du district démissionnaire, M. Boscher, faisait observer :

> Le ministre de l'Équipement a précisé sa position, à beaucoup d'égards d'une manière satisfaisante, en affirmant que les implantations de groupes importants de logements ne se feraient qu'avec l'accord des communes dans le cadre des ZAC, en refusant son accord à certains projets de constructions importantes situées en zones boisées ou loin de tout équipement, en réduisant ses prétentions quant à l'extension des zones constructibles, qui passeraient de 100 000 à 150 000 ha, et non pas à 400 000 ha, rendant ainsi favorable la définition d'un schéma ordonné et cohérent (2).

Le troisième temps de cette évolution est marqué par la Directive nᵒ 2 (3) du ministre de l'Équipement, dans laquelle celui-ci se pose en véritable responsable de la politique des villes nouvelles. En effet à la fin de cette directive, le ministre de l'Équipement résume les tâches qui incombent aux préfets, aux chefs des services de l'équipement, aux chefs des missions d'étude, aux directeurs d'organismes d'aménagement, mais aussi aux préfets de région. Tous ces fonctionnaires ont à « coopérer étroitement pour concevoir et réaliser les villes nouvelles ». Suivant ces termes, le préfet de région n'est-il pas considéré, pour ainsi dire, comme un simple exécutant de la politique du ministre de l'Équipement ?

Ce passage d'un rôle quasi exclusif de la préfecture de la région en matière de villes nouvelles à un partage progressif des tâches avec le ministère de l'Équipement allait bénéficier en définitive au secrétariat du groupe de travail interministériel. Il devenait en effet de plus en plus nécessaire d'éviter le cas, souvent cité, « de ces deux ministères qui, à la veille de l'expiration des pouvoirs spéciaux en octobre 1935, et n'ayant pas eu le temps de se concerter avaient rédigé, chacun de son côté, deux projets de décret-loi portant sur le même objet (4) ».

La création d'une véritable structure de coordination au niveau central s'imposait donc pour les villes nouvelles. L'arbitrage d'une telle organisation permettrait en effet « d'éviter les actions parallèles dans des domaines identiques (5) ».

---

(1) Lettre du MEL au CA du district, *cf. MTP bât.* du 21 février 1970, p. 177.
(2) M. Boscher, « déclarations faites à l'AFP après sa démission de ses fonctions de rapporteur », *MTP bât.* du 21 février 1970, p. 179.
(3) « Directive nᵒ 2 », 8 juillet 1969, *cf.* C. Laviolle, *mémoire, op. cit.* et *MTP bât.* du 23 août 1969, pp. 118-119.
(4) A. de Laubadère, *Traité de droit administratif*, t. I, LGDJ, Éd., Paris, 1966, p. 45.
(5) R. Drago, *Cours de science administrative*, CD, 1967, p. 59.

## 2. La création du secrétariat du groupe central des villes nouvelles (SGVN)

### A. LA CRÉATION DU GROUPE CENTRAL DES VILLES NOUVELLES (GCVN) ET DE SON SECRÉTARIAT

La responsabilité des villes nouvelles est détachée de la préfecture de la région parisienne par un arrêté du Premier ministre en date du 23 décembre 1970, fixant la composition du Groupe central des villes nouvelles (1). Cette création marque l'importance que les pouvoirs publics entendent accorder à la politique des villes nouvelles, et leur confère en même temps une certaine autonomie, en les plaçant sous la responsabilité du Premier ministre.

Dans *Quelques réflexions sur les villes nouvelles* (2), le secrétaire général du groupe central, M. Roullier, montre l'importance de cette création sur le plan opérationnel :

> Aujourd'hui l'on s'attaque à des parois plus abruptes, au problème plus complexe du « contenu » et non plus du seul « contenant ». Ceci oblige, pour le seul domaine des équipements publics de superstructure, à « encorder » solidement non plus trois, mais onze ministères différents, à intégrer « activement » à la cordée de quatre à trente communes pour chacune des villes nouvelles. Tâche un peu affolante parfois pour cet ensemble « d'enfants sans père », sans groupe de pression que sont les villes nouvelles, mais pour laquelle a été peu à peu constitué, au cours des années récentes, un « camp de base » déjà solide.

La création du groupe central des villes nouvelles apporte au « camp de base » une organisation et une impulsion. Il est confié à M. Gœtze, gouverneur du Crédit foncier, qui en est le président, et à M. Stern, qui en est le vice-président. Ceux-ci peuvent réunir les représentants qualifiés des onze ministères concernés, et saisir le gouvernement afin que soient assurés la coordination et les crédits nécessaires aux « équipes d'ascension ».

Pour le secrétaire général (3) différentes considérations ont conduit le gouvernement à envisager la création de cet organisme de coordination : le problème des villes nouvelles devenait une affaire à dimension nationale avec la création des villes nouvelles de province; le passage au stade « opérationnel » obligeait à faire intervenir de très nombreux ministères dont il convenait d'assurer l'information et de coordonner

---

(1) Arrêté du 23 décembre 1970, *J. O.*, 27 décembre 1970.
(2) *Réflexions sur les villes nouvelles*, in *Bulletin du PCM*, n° sp., mars 1971.
(3) J. E. ROULLIER, in *Tech. et arch.*, *op. cit.*, p. 115.

l'intervention; enfin « l'individualisation des crédits budgétaires (1) » conduisait à créer un cadre dans lequel puissent être exposés et discutés les besoins.

C'est le « Comité interministériel permanent pour les problèmes d'aménagement du territoire et d'action régionale » du 26 mai 1970, qui avait décidé la création du GCVN en ces termes :

> Il est convenu de créer au plan national un groupe central des villes nouvelles, placé auprès du Premier ministre, présidé par une personnalité nommée par lui, et dont le secrétariat général sera placé auprès du ministère de l'Équipement et du Logement.

Ce groupe, dont font partie tous les ministères intéressés et les préfets de région concernés, a une triple mission (2) :

> *Préparer les délibérations* du Comité interministériel pour l'aménagement du territoire relatives tant au programme général envisagé pour chaque ville nouvelle qu'à l'esquisse des aménagements correspondants et aux estimations financières de leurs réalisations;
> *Proposer* aux ministres intéressés toutes les *mesures administratives* et financières que chacun en ce qui le concerne pourrait prendre pour faciliter le déroulement régulier des opérations projetées;
> *Émettre des avis*, dans le cadre des programmes déterminés, et qui couvrent plusieurs années, sur les perspectives d'équilibre financier des opérations, et proposer des décisions à prendre en ce qui concerne les dotations en capital proprement dites, ou la cohérence des programmes de financement qui, eux, ont le plus souvent l'année pour cadre.

Le GCVN permet aussi de coordonner les différents programmes des villes nouvelles, qui possèdent leur spécificité, et de choisir entre les divers éléments de leur réalisation dans le temps.

Les travaux du Groupe central sont préparés par le secrétariat général. Le « secrétaire général » est M. J.-E. Roullier, qui était le secrétaire du groupe de travail interministériel à la préfecture de région. Le secrétaire général adjoint est M. G. Salmon-Legagneur (3). Le secrétaire général est placé auprès du directeur de l'Aménagement foncier et de l'urbanisme comme « conseiller technique », tandis que M. G. Salmon-Legagneur dirige le secrétariat du « groupe interministériel » qui existe toujours auprès du préfet de la région parisienne, et qui

(1) « Individualiser » : c'est le fait de chiffrer dès la préparation et le vote de la loi de finances, au sein de chaque chapitre budgétaire, les crédits affectés aux villes nouvelles. Sur les modalités de l'individualisation, *cf. supra.*
(2) *La création du GCVN*, in *La politique des villes nouvelles en France, MTP bât.* du 30 janvier 1971, p. 39.
(3) M. J. E. Roullier et M. G. Salmon-Legagneur ont été nommés par l'arrêté du 23 décembre 1970, *op. cit.*

représente l'échelon régional du groupe central. En effet la création d'un groupe central des villes nouvelles « n'interdit en rien au délégué au district de la région parisienne d'organiser toutes réunions qu'il jugera utiles, relatives aux villes nouvelles de la région parisienne ». Autrement dit, le GCVN n'a pas supprimé le groupe interministériel, présidé par le préfet de la région parisienne, même si ce groupe, en tant que tel, est pratiquement tombé en désuétude en ne se réunissant plus.

## B. UNE « ORGANISATION » TRÈS COMPLEXE

En effet, si le groupe central est placé auprès du Premier ministre, le secrétaire général est placé à la DAFU, le secrétaire général adjoint est placé à la préfecture de région parisienne où il cumule cette fonction de « groupe central » avec la fonction préexistante de « secrétaire du groupe interministériel des villes nouvelles » qui continue, en principe, son existence propre.

### SCHÉMA DE L'ORGANISATION DU GCVN

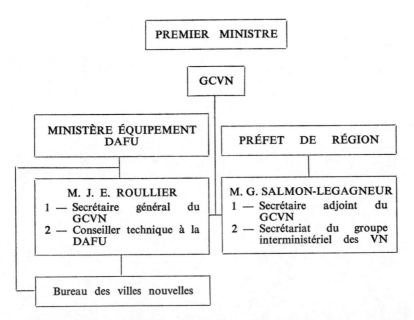

La complexité de « l'organisation centrale » des villes nouvelles, telle que le montre ce schéma, s'explique par le contexte historique des rapports entre le ministère de l'Équipement et la préfecture de région, mais correspond aussi à une certaine technique de coordination que nous analysons dans le chapitre consacré au système d'action du SGVN.

En raison de la complexité de cette organisation, si l'on tient compte non seulement du noyau central : le SGVN, mais de toutes ses ramifications, il devient difficile de donner une définition unique de l'administration centrale des villes nouvelles. Il existe en effet un « noyau dur » composé du secrétariat général du SGVN. On trouve une acception plus large, si l'on inclut à ce secrétariat le bureau des villes nouvelles de la DAFU, et le secrétariat du groupe interministériel de la préfecture de région. Enfin il y aurait une définition beaucoup plus ouverte, en incluant tous les services et personnalités intéressés par les villes nouvelles, véritable « lobby » constitué par les MEAVN ou les établissements publics, les préfets concernés, les élus intéressés, les fonctionnaires concernés dans les différents ministères, les promoteurs et investisseurs intéressés.

Pour les besoins de l'exposé, nous emploierons l'expression « SGVN » en lui donnant le sens de « l'administration centrale des villes nouvelles », selon la deuxième définition ci-dessus.

# 5
# Le sytème d'action du SGVN

C'est un système d'action très complet puisqu'il se manifeste à trois niveaux : il agit à l'intérieur même des administrations classiques, il coordonne au niveau central l'action de ces différentes administrations et il agit enfin à l'extérieur de l'administration.

## Section I

## L'ACTION ADMINISTRATIVE PROPREMENT DITE

### 1. Les services administratifs du SGVN

Il s'agit des deux organismes créés antérieurement au SGVN, mais qui continuent d'exister : le secrétariat général du groupe interministériel des villes nouvelles en région parisienne d'une part, et le bureau des villes nouvelles de l'autre.

La présence de cinq villes nouvelles en région parisienne et le rôle d'initiateur joué par les responsables de la région en cette matière expliquent l'existence d'un service administratif *ad hoc*, dont l'équivalent n'existe pas dans les préfectures de région en province.

### A. LE SECRÉTARIAT DU GROUPE INTERMINISTÉRIEL DES VILLES NOUVELLES A LA PRÉFECTURE DE LA RÉGION PARISIENNE

*a) Le secrétariat fait partie de la préfecture de région*

Comment ce secrétariat s'insère-t-il dans l'organigramme de la préfecture de région?

Un arrêté du 30 mars 1967 (1) fixe l'organisation de la préfecture :
— la section 1 prévoit un « cabinet »,

---

(1) Arrêté du 30 mars 1967, *J. O.* du 2 avril 1967. Cet arrêté était prévu par décret n° 66-614 du 10 avril 1966, art. 6 : « L'organisation de l'État dans la région parisienne ».

— la section 2 prévoit une mission des affaires financières;
— la section 3 prévoit une mission de l'aménagement, des équipements et des transports (MAET);
— la section 4 prévoit un service d'études juridiques;
— la section 5 prévoit des services communs d'administration générale et de comptabilité.

La « MAET » assure la liaison organique entre le préfet de région et les établissements publics ou organismes qu'il anime et contrôle (1). Elle prépare la tranche régionale du plan et les programmes annuels des différents départements ministériels (2).

Cette mission comprend : des conseillers techniques et chargés de mission (3), une direction des équipements collectifs, l'échelon régional du groupe central des villes nouvelles, le service régional de l'Équipement (4).

Il convient de noter que cette nomenclature de répartition des attributions parle « d'échelon régional du groupe central », et non de « secrétariat du groupe interministériel des villes nouvelles ». D'autre part elle lui donne comme attribution : « l'animation et la coordination des actions de la préfecture de région dans le domaine des villes nouvelles ».

Ce secrétariat est dirigé par M. Guy Salmon-Legagneur, qui était jusqu'à une date récente, comme nous l'avons vu, conseiller pour « les affaires industrielles et activités tertiaires » à la MAET et représentait le préfet de région au Comité de décentralisation de la DATAR.

## B. COMPOSITION ET RÔLE DU SECRÉTARIAT

Le secrétariat est une petite équipe composée d'environ cinq personnes qui sont des agents « en mission » ou « contractuels ». Ce secrétariat a gardé les mêmes fonctions que celles examinées dans la section consacrée à l'évolution historique du SGVN.

Il a tout d'abord un rôle de programmation et de préparation des budgets annuels des villes nouvelles de la région parisienne. Ce pouvoir de préparation budgétaire lui donne un rôle d'arbitrage entre les villes nouvelles pour préparer un document budgétaire qui puisse s'insérer dans le cadre de « l'enveloppe régionale ».

---

(1) Art. 9, 2ᵉ al., arrêté, *op. cit.*
(2) Art. 9, 1ᵉʳ al., arrêté, *op. cit.*
(3) Affaires domaniales, affaires administratives et juridiques, aménagement rural, affaires industrielles et activités tertiaires, ports et voies navigables, eau et assainissement, expropriations, logement, informatique, équipement énergétique, télécommunications, infrastructures aéronautiques, planification et coordination, études du district, relations avec les assemblées du district.
(4) Division administrative, division études et programmes (DEP), division urbanisme opérationnel et du logement (DUOL), division infrastructure et transports (DIT), division études des réseaux urbains (DERU).

Mais il a aussi un rôle de défense des villes nouvelles au sein de la région parisienne, afin de préserver leur enveloppe au sein de l'enveloppe régionale. Cette défense dans les arbitrages budgétaires est beaucoup plus facile à assumer désormais avec « l'individualisation des crédits budgétaires » consacrée par la directive du Premier ministre du 23 septembre 1971.

Ce secrétariat continue aussi d'assurer un rôle d'expertise auprès du préfet de région, à qui il présente l'information la plus directe et la plus pertinente sur les villes nouvelles, tandis qu'il informe les organismes aménageurs des souhaits et directives du préfet de région.

Enfin il assure la nécessaire coordination avec le service régional de l'équipement (SRE) où il se fait le porte-parole des villes nouvelles.

## C. LE BUREAU DES VILLES NOUVELLES AU MINISTÈRE DE L'AMÉNAGEMENT DU TERRITOIRE, DE L'ÉQUIPEMENT, DU LOGEMENT ET DU TOURISME

Comment ce service s'insère-t-il dans l'organigramme du ministère?

C'est en janvier 1966 que fut substitué, au ministère de la Construction et au ministère des Travaux publics et des transports, un ministère unique de l'Équipement (1). Celui-ci comprend désormais une direction de la Construction et une direction de l'Aménagement foncier et de l'urbanisme (DAFU). Un arrêté du 21 avril 1970 fixe la composition de la DAFU (2), au sein de laquelle on trouve le « bureau des villes nouvelles », et le « secrétariat général du groupe central ».

Le bureau des villes nouvelles est dirigé par un administrateur civil. Il assure la préparation des programmes et budgets annuels des villes nouvelles de province et donc assure leur tutelle au nom de la DAFU. Il s'occupe aussi de la gestion des chapitres budgétaires spéciaux du ministère de l'Équipement comme le chapitre 55-43 : « Acquisitions foncières par l'État dans les villes nouvelles », ou les crédits du chapitre 65-01 : « Aide aux villes nouvelles » transférés du ministère de l'Économie au ministère de l'Équipement. Il s'occupe aussi de la préparation des dossiers qui doivent passer au Fonds de développement économique et social (FDES) et au comité de gestion du Fonds national d'aménagement foncier et d'urbanisme (FNAFU). Ce bureau comprend environ neuf fonctionnaires.

---

(1) Décret n° 66-61 du 20 janvier 1966.
(2) Direction de l'Aménagement foncier et de l'urbanisme, mission pour les affaires financières, mission permanente de l'environnement, secrétariat du GCVN, groupe RCB, DOM :
  *a*) service des affaires adm. et juridiques;
  *b*) service de l'aménagement foncier;
  *c*) service de l'urbanisme.

## 2. Méthodes d'action de ces services

L'action du secrétariat du groupe interministériel, comme celle du bureau des villes nouvelles, relève de la dynamique de la politique de la coordination au sein de l'administration.

### A. CETTE COORDINATION SE MANIFESTE TOUT D'ABORD A L'INTÉRIEUR MÊME DES SERVICES CONCERNÉS

En effet, ces deux organismes regroupent des informations qui circulent normalement dans les services verticaux de leur administration. Schématiquement ces deux services tracent une sorte de « ligne villes nouvelles » et assurent la synthèse horizon tale de données autrement dispersées verticalement. Par ce fait même, ils doublent les services traditionnellement responsables, en ce qui concerne les villes nouvelles, et sont seuls à même d'opérer une synthèse dans ce domaine.

Cette forme de coordination se rattache à la notion « d'administration de mission ». Une administration de mission est placée en marge des hiérarchies administratives classiques et elle dispose de divers avantages en matière de recrutement du personnel et de fonctionnement, mais elle reste située à l'intérieur de l'administration (1).

L'urbanisme se caractérise par le développement des aspects collectifs des données urbaines qui compliquent énormément les problèmes de conception et de préparation des décisions. La conséquence, c'est que l'on est conduit à constituer des organismes d'études et de préparation des décisions à un niveau horizontal, avec des attributions beaucoup plus larges que de simples services verticaux. On va vers une administration dans laquelle il y aurait

> des organismes verticaux, encore relativement puissants, mais décentralisant beaucoup de leurs attributions, et des organismes horizontaux de plus en plus développés, qui n'atteindraient probablement pas le même volume, mais dont les attributions au niveau de la préparation de la décision seraient plus larges (2).

### B. CETTE COORDINATION SE FAIT AUSSI EN FONCTION DE L'ORGANISATION CENTRALE DU SGVN.

Si le secrétariat du groupe interministériel et le bureau des villes nouvelles sont intégrés dans leurs administrations réciproques, ils n'en sont pas moins des émanations du groupe central « réintroduites, représentées dans l'administration classique (3) ». Ils représentent

---

(1) A. Boismenu, *Un exemple d'adaptation des structures administratives*, *l'administration de mission*, Rev. *Promotions*, 1965, n° 74.
(2) M. Rousselot, *Le ministère de l'Équipement et la coordination administrative*, in *La coordination administrative en matière économique et sociale*, éd. Cujas, 1967.
(3) Ch. Autexier, M. Heppenheimer, *op. cit.*, p. 117.

ainsi un des moyens d'action de celui-ci, qui peut se rattacher à ce qu'il est convenu d'appeler la « fonction d'intégration », utilisée lorsque : « l'administration ne cherche plus avant tout à commander, ni à coordonner pour coordonner, mais à intégrer ; et la fonction d'intégration est peut-être ce qui caractérise le mieux ces nouveaux organes administratifs (1) ».

## 3. Limites de l'action administrative proprement dite

La première limite qui vient à l'esprit à propos des villes nouvelles, c'est une limite quantitative. Seuls la préfecture de région et le ministère de l'Équipement se sont créé des « antennes villes nouvelles » et, malgré leurs responsabilités primordiales, ces deux administrations — même d'un commun accord — ne sont pas susceptibles de mener complètement une entreprise qui doit associer pratiquement toutes les administrations. En particulier, l'entreprise des villes nouvelles ne peut se faire en marge du ministère de l'Économie et du ministère de l'Intérieur, ce qui justifie déjà l'extension des « antennes villes nouvelles » ou simplement la création d'une organisation interministérielle.

Une deuxième limite existe à ce type d'action, que l'on a pu qualifier de « stratégie concurrentielle (2) ». Le conflit créé par l'introduction d'un système d'horizontabilité dans un mécanisme classique peut se révéler positif s'il est favorable aux intérêts réciproques des organes ; mais il risque aussi d'être négatif, en provoquant la tendance des structures traditionnelles en place à se refermer sur elles-mêmes et à se scléroser. Les villes nouvelles n'échappent pas à cette règle et elles apparaissent comme des « concurrentes » pour les différents services classiques.

Une troisième limite provient de ce qu'il existe une certaine forme de concurrence entre le secrétariat du groupe interministériel et le bureau des villes nouvelles. Cette situation est dans la logique des raisons historiques que nous avons examinées, à savoir la volonté de la préfecture de région, puis du ministère de l'Équipement d'avoir la responsabilité des villes nouvelles.

En définitive, comme le dit M. Sfez,

cette juxtaposition d'organismes de structure nouvelle, ayant une conception nouvelle de leur mission et utilisant des procédés nouveaux pour la réaliser, avec des organismes traditionnels que l'on ne supprime pas, pose le problème de la cohésion globale de tous ces organismes multiformes, qui donnent à l'administration un caractère hétérogène (2).

---

(1) *Ibid.*
(2) M. SFEZ, *L'administration prospective*, A. Colin, p. 235.

Aussi, l'unité et l'image même des villes nouvelles risquaient d'être faussées en l'absence d'un niveau central de coordination.

## Section II

## LE ROLE DE COORDINATION AU NIVEAU CENTRAL DU SGVN

Le secrétariat général du groupe central des villes nouvelles réunit une équipe de trois hauts fonctionnaires « en détachement » ou « en mobilité » autour du secrétaire général. Ce cabinet des villes nouvelles placé à la DAFU, dépend du Premier ministre.

### 1. Système d'action d'un organisme coordonnateur

A la différence du groupe de travail interministériel, placé sous la dépendance du préfet de région, le SGVN est « placé auprès du Premier ministre ». Il participe donc aux procédés de coordination mis en place à cet échelon.

#### A. QUELLE NATURE ADMINISTRATIVE OU QUALIFICATION LUI ATTRIBUER ?

M. R. Drago distingue trois procédés de coordination d'organismes se rattachant au Premier ministre : la délégation, la mission et l'établissement public (1).

On peut éliminer en premier lieu la catégorie de « l'établissement public » qui implique une personnalité juridique avec « une autonomie budgétaire et patrimoniale permettant à cette administration de réaliser cette tâche de coordination ». Le procédé de la « délégation », notamment utilisé pour la DATAR et le Commissariat au Plan, « consiste à faire assurer, sous l'autorité du Premier ministre, la gestion de diverses missions administratives relevant de plusieurs ministères, et présentant une importance essentielle »; il s'agit donc de reprendre à un niveau « horizontal » des tâches relevant normalement de services verticaux. Enfin la « mission » est définie comme un « organisme plus léger, destiné à assurer une tâche particulière, mais qui, regroupant des activités ressortissant au domaine de plusieurs ministères, se trouve placé sous l'autorité du Premier ministre ».

Le groupe central paraît plutôt se rattacher à cette troisième défi-

(1) R. DRAGO, *La coordination sous l'égide du Premier ministre*, in *La coordination en matière économique et sociale*, éd. Cujas, 1967, cahier n° 2.

nition. Car, comme les « missions », il ne dispose pas formellement du pouvoir de décision, et il n'agit souvent que comme instigateur moral sur un centre de décision extérieur à lui. Il en est différemment des dispositions des textes réglant l'activité des délégations qui incitent à considérer que les délégués possèdent des compétences réelles, comme l'article 10 du décret du 14 février 1963 sur le Délégué à l'aménagement du territoire : « indépendamment des pouvoirs qui lui sont reconnus par les autres dispositions du décret, le délégué peut recevoir par arrêté, des délégations des ministres intéressés. Il peut déléguer ses pouvoirs dans les conditions qui seront fixées par décret (1) ».

La qualification de « missionnaire » paraît se confirmer, si l'on se rapporte à l'importance des tâches qu'on lui confie, et l'absence totale de précisions quant aux moyens de les remplir. En effet les tâches de cet organisme sont très importantes puisqu'il s'agit : d'aider au niveau central à la création des villes nouvelles, d'assurer les liaisons nécessaires avec les divers départements ministériels intéressés, de veiller au bon déroulement des opérations en coordonnant les diverses interventions administratives et financières nécessaires, d'étudier les problèmes spécifiques qui lui seront soumis par le groupe central, d'assister les équipes chargées des études et de la réalisation. Or, pour remplir cette tâche, l'arrêté institutif ne prévoit que l'affectation de deux hommes : le secrétaire général et le secrétaire général adjoint, et ne leur donne aucun moyen vraiment formalisé pour accomplir leur mission.

## B. L'ASPECT INFORMEL DE LA RÉPARTITION DES TÂCHES

M. Doublet, dans un article sur l'administration (2), distingue chez les fonctionnaires des comportements de style traditionnaliste et des tendances plus modernistes, les dernières étant caractérisées comme « l'action hors organigramme, c'est-à-dire la propension à s'affranchir par des voies diverses des pesanteurs de la hiérarchie, des voies qui peuvent être celles des relations personnelles, ou des affinités de corps, voire de caste ».

D'autre part, comme le secrétaire général est « placé auprès du directeur de l'Aménagement foncier et de l'urbanisme au ministère de l'Équipement et du logement », et le secrétaire adjoint est placé à la préfecture de région, chacun possède un champ d'action administrative à un niveau différent.

S'il paraît que « la définition des grandes orientations et la coordination financière et budgétaire sont assurées au niveau national, la programmation et le « guidage opérationnel » le sont au niveau

---

(1) Décret n° 63-112 du 14 février 1963, *J. O.* du 16 février 1963, p. 1531.
(2) M. DOUBLET, *L'administration et le pays*, in *Revue des deux mondes*, 4 novembre 1970.

régional (1) ». L'absence de frontière précise entre leurs domaines réciproques s'explique et ne peut continuer d'exister que par l'entente personnelle qui existe entre ces deux hauts fonctionnaires formés à la même promotion de l'ENA.

D'autre part les deux secrétaires cumulent ou ont cumulé d'autres fonctions, qui peuvent être importantes par leurs répercussions sur la politique des villes nouvelles. Ainsi le secrétaire adjoint représentait le préfet au comité de décentralisation de la DATAR, en tant que « conseiller pour les affaires industrielles et les activités tertiaires » à la région parisienne. Cette présence a permis aux villes nouvelles de la région parisienne d'obtenir un statut favorable à l'implantation des activités. Nous retrouvons là le système d'action du délégué à l'aménagement du territoire, qui représente le Premier ministre au comité de gestion du FNAFU, qui est membre du conseil de direction du FDES et dont l'efficacité d'action vient du rôle qu'il est ainsi amené à jouer dans les organismes financiers compétents en matière d'aide à l'expansion régionale (2).

Enfin on retrouve cet aspect informel de la répartition des tâches dans les relations avec les administrations auxquelles ils sont affectés. Le secrétaire général dépend en principe du directeur de la DAFU, ce qui lui permet d'utiliser, à son service, le « bureau des villes nouvelles » existant au sein de cette même direction. De son côté le secrétaire-adjoint cumule ces fonctions avec celles de secrétaire du groupe inter-ministériel.

Cet aspect informel, on le retrouve aussi au niveau d'une action de sensibilisation des différents ministères aux villes nouvelles, soit en créant des « correspondants », soit en faisant détacher certains fonctionnaires au secrétariat du GCVN.

Ce système de relations se concrétise actuellement avec la composition d'une équipe inter-ministérielle au secrétariat. Ainsi un ingénieur des ponts et chaussées, un sous-préfet et un administrateur civil de l'Éducation nationale sont venus renforcer les possibilités d'action du secrétariat du GCVN. Le groupe central ne devient-il pas ainsi « un microcosme reproduisant les diverses tendances des organismes à coordonner (3) » ?

Les avantages d'un tel système d'action sont nets, même s'ils comportent l eurs propres limites qu'il convient de rappeler. M. R. Drago note un risque évident (4), celui de créer une véritable « administration parallèle ». Une telle administration serait une sorte d'aristocratie au sein de la fonction publique. Les agents composant

(1) J. E. ROULLIER, op. cit., Tech. et arch., p. 115.
(2) Rapport au président de la République précédant le décret 63-112 du 14 février 1963, J. O. du 16 février 1963, p. 1531.
(3) Ch. AUTEXIER et M. HEPPENHEIMER, op. cit.
(4) R. DRAGO, op. cit.

en petit nombre ces organismes de coordination ont évidemment des tâches plus exaltantes que ceux qui restent dans les services chargés de la gestion traditionnelle. Cela risque d'entraîner certaines jalousies ou amertumes des services traditionnellement responsables, qui se voient dépossédés d'une tâche très intéressante et peuvent en tirer une certaine hostilité à l'égard des villes nouvelles.

D'autre part il faut souligner un autre danger très présent à l'heure dur enforcement des moyens d'actions du SGVN : la coordination peut nuire à la coordination, car l'organe de coordination a alors tendance à s'institutionnaliser. « Le risque est alors que cette institutionnalisation ne se traduise par une cristallisation, et si l'organe de coordination avait été créé comme temporaire et souple, il risque de se transformer en organisme stable et rigide (1) ».

## 2. Renforcement de ce système d'action grâce aux garanties financières données aux villes nouvelles

La mise en œuvre d'un principe « d'individualisation des crédits d'équipement » a été au cœur des premiers travaux du groupe central des villes nouvelles, qui a proposé au Premier ministre des directives en ce sens. Cette mise en œuvre est maintenant chose faite, que ce soit au niveau des « enveloppes » du VIᵉ Plan ou au niveau des budgets annuels.

### A. AU NIVEAU DES « ENVELOPPES » DU VIᵉ PLAN

L'individualisation des « enveloppes » relatives aux villes nouvelles est devenue effective avec les « programmes finalisés des villes nouvelles », approuvés en conseil des ministres le 2 juin 1971 et incorporés dans la loi du 15 juillet 1971 portant approbation du VIᵉ « Plan de développement économique et social (2) ». Le plan dispose en effet :

> Quant aux programmes finalisés, développés à titre expérimental au cours du VIᵉ Plan, et qui regroupent un ensemble de mesures (dépenses d'équipements, dépenses de fonctionnement, mesures réglementaires) au service d'un ou de plusieurs objectifs quantifiables et mesurables à travers des indicateurs de résultats, y sont reconnues comme prioritaires, non seulement les dépenses d'équipements qui donnent lieu à une déclaration de priorité, mais aussi les dépenses de fonctionnement complémentaires qui seront inscrites dans les budgets annuels.

---

(1) Ch. AUTEXIER et M. HEPPENHEIMER, *op. cit.*, p. 121.
(2) Loi nᵒ 71-567, du 15 juillet 1971 portant approbation du VIᵉ Plan de développement économique et social.

L'intérêt de ces programmes finalisés est de définir des objectifs quantitatifs et qualificatifs pour la réalisation des villes nouvelles au cours des cinq années du Plan. D'autre part, dans ces programmes l'ensemble des moyens, qu'ils soient financiers, réglementaires ou autres, sont mentionnés, ainsi que les enveloppes d'autorisations de programmes de l'État pour la majeure partie des équipements des villes nouvelles.

L'ensemble des programmes finalisés « villes nouvelles » a été soumis à l'accord des ministères intéressés, dans le cadre du groupe central des villes nouvelles. Celui-ci est chargé d'assurer la gestion des programmes finalisés et à cet effet : « il réexaminerera chaque année, les besoins en fonction du déroulement du programme de construction de logements et des caractéristiques démographiques de la population appelée à occuper ces logements (1) ».

Le premier avantage de ces programmes finalisés est d'améliorer les discussions budgétaires annuelles en leur donnant une référence, qui jusqu'à présent faisait défaut en ce qui concerne les villes nouvelles.

Un autre avantage de ces programmes finalisés est de comporter une déclaration de priorité du gouvernement au bénéfice des objectifs et des moyens ainsi définis. Ceci est très important, car

> pour les équipements ayant donné lieu à une déclaration de priorité, une enveloppe quinquennale d'autorisations de programme a été déterminée; quelles que soient les fluctuations des inscriptions budgétaires, le maximum sera fait pour respecter l'enveloppe correspondant à une déclaration de priorité afin de mettre en œuvre, en tout état de cause, les actions jugées prioritaires (2).

Ce qui signifie que les ministères devront s'efforcer de satisfaire à ces objectifs, quel que soit le niveau des enveloppes dont ils disposent chaque année.

Pour la régionalisation du VIe Plan, l'instruction du ministre délégué chargé du Plan et de l'aménagement du territoire, datée du 29 juillet 1971, confirme l'inscription des villes nouvelles de province au titre des « grands projets ». Cette inscription dans la technique du plan concrétise l'individualisation hors enveloppe régionale. Cette notification, hors enveloppe régionale, de prévisions financières couvre non seulement les investissements prioritaires du programme finalisé, mais aussi l'ensemble des autres investissements publics à réaliser dans les villes nouvelles. Ceci a une importance toute particulière, car les esquisses régionales servent de base indicative pour la régionalisation des budgets annuels de chacun des ministères. Dès lors, il n'est pas indifférent que les programmes villes nouvelles soient compris ou non dans ces esquisses régionales.

(1) *Cf.* VIe Plan, *J. O.*, p. 281.
(2) *Cf.* VIe Plan, *J. O.*, p. 110.

## B. AU NIVEAU DES BUDGETS ANNUELS

En application de l'article 25 de la loi du 10 juillet 1970, une directive du Premier ministre n° 10 063 du 23 septembre 1971 est relative aux procédures applicables aux investissements publics à réaliser dans les villes nouvelles (1). Ceci constitue un progrès considérable sur le plan de l'efficacité technique et sur celui de la justice politique. « Beaucoup des réticences rencontrées localement par les villes nouvelles tiennent en effet à la crainte des collectivités voisines de « faire les frais de l'opération » par réduction de leurs propres dotations, faute d'une procédure claire au niveau national (2) ».

I — *Avant la directive* du Premier ministre, le processus « individualisation » était déjà engagé pour certains équipements, comme les crédits : « aide aux villes nouvelles », d'acquisitions foncières et de voirie qui étaient « individualisés » selon les cas depuis 1966, 1967, 1968. Mais cette individualisation était à la fois trop limitée et plus formelle que réelle. Ainsi, au moment du vote de la loi de finances pour 1971, l'individualisation apparaissait en « pied de chapitre », c'est-à-dire en bas de page, dans les bleus budgétaires présentés au Parlement. D'autre part ces crédits étaient chiffrés à titre indicatif pour les neuf villes nouvelles, ce qui n'engageait pas beaucoup les ministères. Enfin ces crédits n'ont pas fait l'objet d'une notification distincte en sus des enveloppes régionales, de sorte que, pour la région parisienne, les crédits nécessaires aux villes nouvelles devaient être prélevés sur des enveloppes allouées à la région.

II — *La directive du Premier ministre* précise les conditions de préparation et d'exécution du budget de l'État en ce qui concerne les équipements publics dans les villes nouvelles. Il est intéressant pour nous de reprendre les grands points de cette instruction, dans la mesure où elle montre aussi le rôle joué par le GCVN en matière budgétaire.

Pour le Premier ministre, l'individualisation des crédits doit apparaître dès les propositions budgétaires faites par chaque préfet de région aux ministères intéressés. Le double de cet envoi doit être adressé au secrétariat général du GCVN, ce qui permettra au GCVN de faire un examen d'ensemble des demandes budgétaires concernant les villes nouvelles. Il a précisément pour tâche de proposer au gouvernement le montant des autorisations de programmes à retenir au niveau national pour chaque catégorie d'équipements.

Ensuite les dotations des crédits d'équipement pour les villes nouvelles doivent apparaître individualisées dans les documents budgétaires. Cette individualisation se fait au niveau du chapitre ou de l'ar-

---

(1) Directive n° 10063 du 23 septembre 1971.
(2) J. E. ROULLIER, in *Tech. et arch., op. cit.*, p. 115.

ticle en ce qui concerne : la voirie primaire réalisée par l'État, les acquisitions foncières, et l'aide aux villes nouvelles; mais elle se fait par renvoi au pied des chapitres budgétaires en ce qui concerne un grand nombre d'investissements (1).

L'ensemble des dotations, ainsi individualisées, est récapitulé dans le document annexé à la loi de finances.

Enfin, au niveau de l'exécution budgétaire, chaque ministère doit notifier de manière distincte les dotations correspondant à l'enveloppe régionale et les dotations propres aux villes nouvelles. Les délégations de crédits seront faites aussi de manière distincte, ainsi que les subdélégations d'autorisations de programme aux ordonnateurs secondaires.

Le Premier ministre donne le soin « au président du groupe central des villes nouvelles de suivre la mise en œuvre » de cette instruction et de lui en rendre compte. Cette directive a été mise en application pour le budget 1972. En effet, le calcul des dotations villes nouvelles a été fait avant même que les enveloppes régionales ne soient déterminées. Pendant la mise au point des chapitres budgétaires ou « arbitrages budgétaires » dans les ministères, un représentant du groupe central des villes nouvelles était toujours présent. La dotation de ces chapitres a été déterminée en tenant compte des demandes propres aux villes nouvelles sur le plan national.

La directive du Premier ministre constitue par conséquent un pas en avant décisif qui répond à l'attente des élus, mais constitue aussi un renforcement considérable de l'organisme chargé de la gestion de ces crédits. Ainsi, en région parisienne, les crédits villes-nouvelles concernent un nombre important de communes, soit environ soixante-dix communes comprises dans le périmètre des établissements publics existants ou en cours de création pour les villes nouvelles. Ces communes bénéficient de dotations individualisées pour les villes nouvelles.

## Section III

## LE SGVN A UN ROLE DE PROMOTION DES VILLES NOUVELLES

Le groupe central s'efforce aussi de contrôler les réactions et les choix de centres de décision, situés hors de l'administration, et nécessaires au developpement des villes nouvelles. On examinera ici à titre d'exemples les actions portant sur les élus et les investisseurs.

―――――――――

(1) Pour la loi de finances de 1972, la liste des chapitres concernés est précisée « en annexe » de cette directive.

## 1. L'action auprès des élus

Cette action se fait principalement au niveau local, d'abord par les MEAVN qui ont un rôle d'information et de sensibilisation des collectivités locales, puis par les établissements publics qui associent les collectivités locales à la création même de la ville. En outre, pour permettre la mise en place des organismes communautaires prévus par la loi Boscher, l'administration a favorisé les regroupements des collectivités locales dans le cadre de syndicats intercommunaux classiques à vocation multiple. Enfin cette action se fait aussi au niveau du groupe central et du ministère de l'Intérieur qui agissent auprès des élus, que ce soit au niveau du district, de la région ou du Parlement. Nous ne signalons ici ces types d'action que pour information, car l'association progressive des collectivités locales à la création des villes nouvelles fait l'objet de la deuxième partie de cette étude.

## 2. L'action auprès des investisseurs

Cette action est nécessaire, car le schéma directeur de la région parisienne est simplement « pris en considération » par le gouvernement et le succès des objectifs qu'il définit repose partiellement sur l'adhésion et sur la discipline librement consentie des promoteurs. Mais c'est surtout le désir d'utiliser le pouvoir d'experts des promoteurs, pour tester le réalisme des projets élaborés par l'administration qui constitue le fondement de l'ouverture des projets administratifs à l'extérieur (1).

Cette confrontation est conforme aux dispositions contenues dans la directive n° 2 du ministère de l'Équipement et du logement (2) :

> Les missions d'étude ne doivent pas seulement faire œuvre d'urbaniste, mais également de commerçant : aussi associeront-elles dès l'abord à leurs travaux des constructeurs, publics ou privés, afin de choisir des partis rentables.

En effet, il est très important

> au stade de la réalisation des opérations d'urbanisme, de confronter à un stade précoce les conceptions des techniciens de l'administration avec celles des professionnels afin de s'assurer que les réalisateurs accepteraient de prendre en charge, sur le plan financier, le risque que les autorités publiques avaient pris sur le plan intellectuel (3).

D'autre part, les villes nouvelles ne seront réussies que si elles

---

(1) C. LAVIOLLE, *mémoire, op. cit.*, p. 86.
(2) MEL, directive, n° 2, *op. cit.*
(3) Rapport ENA : *La ville nouvelle de Saint-Quentin-en-Yvelines*, 1970, p. 21.

aboutissent à créer un équilibre habitat-emploi (1). Or le deuxième terme de cet équilibre, « l'emploi », dépend principalement des investisseurs et des implantations secondaires et tertiaires qu'ils réaliseront conformément aux vœux de l'administration (2).

Pour assurer l'information et la consultation des promoteurs, des structures furent mises en place, au niveau tant régional que local. En 1968, le préfet de la région parisienne créait auprès de lui un club des « promoteurs ». Ce conseil se compose d'une vingtaine de membres recrutés parmi les dirigeants des principaux organismes de la profession (3) et les représentants des principales « familles de la promotion immobilière ».

Au niveau local, un « conseil des promoteurs » était né à la même époque auprès de chaque mission de ville nouvelle. Composé d'une douzaine de membres représentant les différentes familles de promoteurs, ce Conseil devait permettre de recueillir l'opinion de professionnels sur les projets de la ville nouvelle. Chaque membre, bénéficiant en quelque sorte d'un « mandat représentatif » émettait un avis n'engageant pas celui de ses mandants. Mais, comme nous le verrons, si l'administration semblait attendre beaucoup de l'association des promoteurs, l'expérience des promoteurs-conseils a déçu ses espoirs (4).

Parallèlement à la mise en place de ces structures de participation, des tentatives d'actions purement promotionnelles étaient lancées par l'administration pour toucher les investisseurs et les créateurs d'emplois. En 1971, la préfecture de région présentait un stand « villes nouvelles » à la Foire de Paris où elle fit quelques conférences autour du thème « Les industries et les villes nouvelles ». Actuellement la préfecture a mis en place une « cellule d'information » et de « promotion » des villes nouvelles, afin de faire connaître celles-ci auprès du grand public, mais surtout auprès des créateurs d'emplois. De même certaines campagnes d'information faites à la radio, comme dans les journaux sont symptomatiques de l'utilisation de ce moyen d'action nouveau pour l'administration qu'est la publicité, et d'une « certaine transposition dans le secteur public de méthodes du secteur privé ».

L'action auprès des investisseurs va être d'autant facilitée avec les mesures prises par le décret d'application de la loi du 7 juillet 1971 (5) qui module le taux de la redevance perçue pour l'implantation d'activités en région parisienne, de façon à développer les créations d'emploi dans les villes nouvelles et dans les pôles de restructuration de l'est parisien.

_____

(1) Pendant la durée du VIᵉ Plan, un déficit de 57 000 emplois est attendu, *cf.* rapport au CA et CCES, *Le monde* du 27 mai 1970.

(2) M. Doublet, *Le monde*, 4 mai 1971.

(3) Comme les chambres syndicales de la Fédération nationale des promoteurs-constructeurs et le Centre national d'étude et d'initiative en faveur du logement.

(4) Voir *supra*, chapitre 3, section 2, nᵒ 2.

(5) Loi nᵒ 71-537, du 7 juillet 1971 (*J.O.* 8 juillet 1971). Décret nᵒ 72-273 du 11 avril 1972 (*J.O.* 12 avril 1972).

# 6

# La stratégie du SGVN

## Section I

## L'ADAPTATION D'UNE ADMINISTRATION A SA MISSION

### 1. Absence de volonté politique au départ

Au départ, les villes nouvelles, comme les autres objectifs du schéma directeur, n'ont pas rencontré une volonté politique qui puisse les appuyer réellement. M$^{lle}$ M. C. Kessler rapporte cette phrase d'un interlocuteur (1) : « M. Delouvrier s'est trouvé très seul. Lorsque M. Michel Debré est parti, il n'a pas été relayé au gouvernement par une volonté politique... La décision de faire des villes nouvelles n'a jamais été prise au niveau ministériel, il n'y a jamais eu de décision et surtout de décision sanctionnée par des crédits... On a simplement arraché des décisions partielles qui vont peut-être faire un édifice... »

Cette absence de soutien politique accordé aux villes nouvelles provient d'une équivoque initiale sur la portée du schéma directeur. Alors que la préfecture de région tenait à appliquer ce schéma en en faisant une véritable base de travail, il semble au contraire que ce schéma directeur était davantage considéré par le gouvernement « comme un ensemble de propositions du même style que celles que peut faire n'importe quelle commission chargée d'étudier un problème, que comme un projet de décision arrivé à maturité (1) ». Cette interprétation se trouve confirmée par les déclarations de M. Chalandon pour qui le schéma directeur est « le schéma des schémas et rien de plus (2) ».

Cette absence d'objectifs et de volonté politique se doublait d'une lacune lourde de conséquences : l'absence de moyens adaptés pour réaliser ces villes nouvelles.

Au cours du colloque sur « l'expérience française des villes nouvelles », l'un des intervenants déclarait :

> Vouloir faire de l'urbanisme moderne avec les outils financiers, administratifs dont nous disposons me paraît une gageure... Si l'on n'arrive pas à avoir une sorte d'extra-territorialité administrative et

---

(1) M. C. KESSLER, *La décision*, in *L'expérience française des villes nouvelles*, *op. cit.*, p. 40.
(2) M. Chalandon, conférence de presse, du 8 janvier 1970.

financière à l'intérieur des villes nouvelles... on n'arrivera à rien... vouloir faire des villes nouvelles dans ces conditions, c'est vouloir construire le *Concorde* avec un tournevis (1).

La boucle semblait donc se refermer d'elle-même, car les moyens à mettre en œuvre pour réaliser les villes nouvelles appelaient des options politiques claires et fondamentales, qui auraient pu s'inspirer du mécanisme du *development corporation* en Grande-Bretagne, organisme public disposant d'une unité de responsabilité sur toute la zone avec financement unique.

Malgré l'absence de support politique et de mécanisme adaptés, le préfet de la Région parisienne a lancé le processus de création des villes nouvelles, car pour lui,

> on ne peut pas dire qu'il faille attendre qu'on ait simplifié tous les mécanismes, qu'on les ait vraiment tous en main, parce que si nous avions suivi ce raisonnement très cartésien nous nous serions croisé les bras.

Aussi, a-t-il défini une stratégie à ses collaborateurs : celle de commencer les villes nouvelles malgré tout, et de les amener à un point de non retour où elles s'imposeraient alors d'elles-mêmes.

Comme on l'a fait remarquer à juste titre, depuis 1950 à peu près chacun s'accordait pour déplorer la situation de sous-équipement de la région parisienne, les élus et l'administration préfectorale dressaient le bilan des retards, proposaient des solutions, mais rien ne changeait en profondeur. Aussi « on peut estimer et c'est là la deuxième chance rencontrée par la réforme de l'équipe du schéma directeur, qu'elle devait rencontrer un certain consensus *a posteriori* (2) ».

Sa mission étant de commencer les villes nouvelles malgré tout, l'administration des villes nouvelles allait se définir une stratégie et une tactique.

## 2. Une stratégie : faire à court terme les villes de l'an 2000

Les villes nouvelles définies au départ n'étaient qu'un projet de l'esprit à long terme, mais les nécessités conjoncturelles allaient amener certains assouplissements du schéma initial. Ces assouplissements ont été prévus dans la directive du 8 juillet 1969 du ministre de l'Équipement (3) :

— d'une part une ville nouvelle ne doit être réalisée que si son bilan financier est équilibré et faire en sorte que « si le coût de

---

(1) J. E. ROULLIER, *Les grands problèmes*, in *L'expérience française des ville nouvelles, op. cit.*, p. 156.
(2) M. C. KESSLER, *op. cit.*, p. 48.
(3) *Directive*, n° 2, *op. cit.*

l'opération, estimé avec réalisme excédait les facultés de financement, il ne faudrait pas hésiter à réviser les objectifs initiaux, voire à y renoncer ». Cet équilibre « des besoins et des moyens ne doit pas se fonder par ailleurs sur l'espoir de dotations exceptionnelles de l'État ». Cétait par là même prendre le contre-pied de la formule adoptée en Grande-Bretagne où le Trésor consent des prêts à soixante ans à très faible taux d'intérêt, et assortis d'un différé d'amortissement aux « development corporations ». Mais pour M. Chalandon, l'organisme aménageur ne devra pas se contenter d'un « équilibre global » à terme, mais aura à réaliser un « équilibre annuel » qui sera facilité si l'aménagement s'effectue par tranches et si l'équipement est progressif » ;

— d'autre part l'organisme aménageur doit limiter son intervention au strict minimum, et laisser la plus grande initiative aux promoteurs et se comporter en « commerçant ». Lors des premières études des villes nouvelles de la région parisïenne, il était entendu que l'organisme aménageur acquerrait tous les terrains nécessaires à la ville, soit des milliers d'hectares, à l'exemple anglais, où les « corporations » non seulement achètent les terrains dans la zone prévue pour la ville nouvelle ou même à l'extérieur de cette zone, mais construisent et louent également des logements, des commerces, des usines, des bureaux. Or la « directive » ne prévoit plus que l'achat des terrains du centre, lorsqu'ils supporteront des équipements d'infrastructures et de superstructures, et en excluant cette possibilité si le centre fait l'objet d'une « ZAC ».

Les assouplissements des ambitions initiales vont donc dans le sens d'un plus grand réalisme à court terme et s'expliquent justement par l'absence de consensus sur le long terme. La stratégie adoptée explique certains partis d'urbanisme choisis. A Cergy-Pontoise par exemple, les efforts et les équipements ont été concentrés au départ sur un quartier, celui de la préfecture, afin de donner très rapidement une image concrète et représentative de la future ville nouvelle. Cette méthode correspond à une remarque faite par M. Claudius-Petit :

> La ville nouvelle est aussi un champ d'expérimentation. On n'expérimente que ce que l'on réalise rapidement. Ce n'est pas expérimentation que de construire une ville en trente ans. On expérimente un quartier que l'on peut construire en quatre ou cinq ans, et puis on en tire des leçons (1)!

Cette stratégie étant la seule possible, il importait en conséquence d'agir avec le plus grand empirisme.

---

(1) M. CLAUDIUS-PETIT, *Les premières expériences*, in *L'exp. fr. des villes nouvelles, op. cit.,* p. 146.

## 3. Une tactique : l'utilisation de l'empirisme

Cette utilisation de l'empirisme pour créer des villes nouvelles est à la fois subie et voulue. Il est subi, si l'on considère que les moyens à mettre en œuvre appelaient une décision politique. Aussi en les considérant comme de purs problèmes techniques, est-on conduit à une improvisation au jour le jour. Il est voulu, si l'on reprend les termes d'une allocution de M. Albin Chalandon :

> Il est nécessaire d'envisager tous ces problèmes avec le plus grand empirisme, la plus grande souplesse. Des programmes sont nécessaires, des plans sont nécessaires, à condition que l'on pose le principe qu'ils sont révisables. Vis-à-vis de mon administration, vis-à-vis de ceux qui travaillent avec moi, je ne cesserai de leur recommander d'abord ce pragmatisme dans leurs décisions, dans leurs études... (1).

L'utilisation de cette méthode d'action se retrouve à tous les niveaux : dans la mise en place des structures administratives, dans la façon de poser les principes d'urbanisme, et durant toute la phase de réalisation.

I — La mise en place des *structures administratives* illustre bien cet empirisme. La logique aurait voulu que la question du support communal soit posée et résolue en premier. Or non seulement, elle ne fut pas résolue avant la question de l'organisme aménageur, mais bien après. En effet les premiers établissements publics ont vu le jour en avril 1969, tandis que les premiers organismes communautaires de la loi du 10 juillet 1970 ont été mis en place en janvier 1973.

Pendant trois ans, c'est une organisation informelle qui a poursuivi les études et permis les premières acquisitions de terrains. Ensuite dans l'attente de la constitution d'un organisme maître d'ouvrage, les établissements publics ont dû improviser des solutions pour trouver les subventions et les emprunts nécessaires à la réalisation des équipements d'infrastructure et de superstructure. L'idée de créer un « ensemble urbain », véritable organisme public recouvrant l'ensemble du territoire des collectivités locales concernées par la ville nouvelle, était apparu dès le départ. Mais ce projet, maintes fois remanié, ne fut jamais présenté à l'Assemblée nationale. Il a été repris sous une forme différente dans la loi du 10 juillet 1970.

La seule interprétation qui peut expliquer le manque d'enthousiasme à poser le problème politique au départ, c'est que les respon-

---

(1) A. Chalandon, Allocution à l'occasion de l'inauguration de la déviation de Pontoise, 19 novembre 1968.

sables ont jugé nécessaire d'affirmer les villes nouvelles sur le terrain et de les rendre techniquement crédibles, avant de les émanciper en remettant leur gestion aux élus.

II — La mise en œuvre des *principes d'urbanisme* est aussi empirïque.

Ces principes ont été d'abord définis dans le schéma directeur de la région parisienne et ont subi par la suite un certain nombre de remaniements.

Le schéma initial de 1965 faisait mention de deux villes nouvelles dans la région de Trappes. Or, conformément aux observations des différentes instances consultées, les perspectives d'urbanisation de cette zone ont été revues.

En janvier 1969, le préfet de la région parisienne a pu proposer un schéma modifié où la ville nouvelle de Trappes apparaît avec un centre unique, le centre de Saint-Quentin-en-Yvelines, autour duquel sont disposées les principales unités urbaines futures (1).

De même, les modifications apportées à l'égard de la ville nouvelle projetée de Tigery-Lieusaint, ont pour eu but de modifier la localisation de la ville nouvelle en orientant les activités et les initiatives en fonction des urbanisations existantes dans la région de Melun-Sénart (2).

Cet empirisme dans la façon de poser les problèmes du schéma directeur de la région parisienne, se retrouve dans les objectifs fixés par les schémas de structures ou les SDAU qui définissent le cadre des réalisations de chaque ville. Ainsi, à Évry, la ville nouvelle a dû prendre en considération l'opération Grigny II de 5 700 logements, alors que cette opération d'initiative privée entendait se localiser sur les terrains d'une zone d'activité déjà programmée, et aboutissaït à modifier le tracé des transports tel qu'il avait été prévu initialement dans le schéma de la ville (3). De la même manière, il faut remarquer que l'aménageur n'a pu empêcher l'implantation dans la ville nouvelle d'un super-monoprix contraire au schéma directeur. Enfin si aucun travail d'infrastructure n'avait été prévu sur les terrains de la commune de Bondoufle, « secteur rural protégé », cela n'a pas empêché l'implantation de 1 000 logements au titre du concours de la maison individuelle (3).

Si la réalisation n'est pas toujours conforme aux prévisions du schéma d'urbanisme, il faut observer un certain pragmatisme dans les différents projets des villes nouvelles. En effet chaque ville nouvelle possède une autonomie totale pour choisir des partis d'aménagement et pour concevoir les réalisations. En conséquence les villes nouvelles

---

(1) *La ville nouvelle de Trappes*, in *Tech. et Arch.*, op. cit.
(2) *La ville nouvelle de Melun-Sénart*, in *Tech. et Arch.*, op. cit.
(3) *Cf.* C. LAVIOLLE, *mémoire*, op. cit.

seront à terme très différentes les unes des autres; on note même parfois une certaine concurrence ou des incompatibilités entre les différents partis adoptés.

## 4. L'improvisation de certains mécanismes de réalisation

Nous observons aussi une façon d'agir très empirique durant toute la phase de réalisation. C'est essentiellement dans le montage des mécanismes financiers que les difficultés, et donc l'improvisation de certaines solutions, ont été le plus grandes. Nous avons abordé ces mécanismes en parlant, dans le titre premier, du financement de la voirie, de l'assainissement, et des équipements de superstructure (1). Les solutions ont été trouvées petit à petit et souvent de façon toute provisoire, comme nous l'avons vu à propos de l'assainissement. Cette façon de travailler très pragmatique consiste à résoudre les problèmes qui se présentent, un à un, en évitant toute systématisation ou doctrine préétablie. Ainsi pour le secrétaire général (2),

> tout au long des cinq dernières années ont été abordés simultanément les problèmes d'urbanisme et d'équipements mais aussi le problème des structures communales, celui de la fiscalité locale, des procédures financières, de la coordination interministérielle, des centres commerciaux... les interactions entre ces différents éléments étant systématiquement étudiées et faisant progressivement l'objet de mesures spécifiques.

## 5. Portée de cette stratégie

Certains détracteurs critiqueront cette façon d'agir peu administrative. On peut objecter d'une part sur le fond que c'était peut-être la seule façon de commencer les villes nouvelles, en l'absence de consensus politique unanime à leur sujet. D'autre part sur la forme, l'empirisme choque, car il est assez inhabituel dans une administration où les mécanismes sont en général bien structurés et hiérarchisés. Venant en concurrence avec de tels mécanismes, la stratégie de l'administration des villes nouvelles se révèle donc comme plus efficace. Enfin si cette façon d'agir peut parfois paraître peu conforme aux usages et coutumes administratifs, elle ne se situe pourtant jamais en dehors de la légalité et des règles administratives.

---

(1) *Cf.* Titre I, chapitre 2, section 2.
(2) J. E. Roullier, *Réflexions sur les villes nouvelles, Bul. PCM*, mars 1971.

Certes, on peut reprocher aux responsables de n'avoir pas su attendre justement que le consensus se fasse autour de l'idée de villes nouvelles. Mais un tel consensus était peut-être plus difficile à obtenir sur une idée abstraite que sur un prototype, une maquette déjà partiellement réalisée, qui lui donne quelque crédibilité et valeur. D'autre part, tout retard en matière d'urbanisme, particulièrement en région parisienne ne pouvait que rendre les problèmes encore plus ardus, sinon impossibles à résoudre, dans l'avenir.

## Section II
# LE DÉPASSEMENT DE LA MISSION INITIALE

## 1. L'affirmation du rôle du SGVN

### A. LE SGVN ET LA STRATÉGIE DES GRANDS CORPS DE L'ÉTAT DANS LE DÉVELOPPEMENT URBAIN

a) *La stratégie du corps des ingénieurs des ponts et chaussées dans le développement urbain*

Dans un livre sur *La création des directions départementales de l'Équipement*, J. C. Thœnig et E. Friedberg consacrent un chapitre spécial aux « ingénieurs des ponts et chaussées et l'investissement de la ville (1) » dont il parait intéressant de relever quelques grands thèmes.

Le premier thème est celui de l'intérêt récent des ingénieurs pour l'aménagement de la grande ville. En effet, ils « tentent de se faire valoir comme les experts les plus aptes à s'occuper des problèmes urbains ».

Le deuxième thème traité est que les « ingénieurs des ponts » ne sont pas contre l'utilisation de la pluridisciplinarité comme méthode d'action; ils affirment même que « l'urbanisme moderne exige un travail d'équipe et de coopération de plusieurs disciplines du savoir humain ». Mais ils ont une conception hiérarchique de la pluridisciplinarité, c'est-à-dire que, si les membres de leur équipe peuvent formuler des idées et élaborer des solutions audacieuses, les « rapports avec l'environnement et notamment avec la classe politique leur sont complètement interdits. Ils sont confinés dans la création urbaine ».

_____

(1) J. C. THŒNIG et E. FRIEDBERG, *La création des DDE*, Groupe de sociologie des organisations, Paris, 1970, CNRS.

Le troisième thème présenté dans ce livre est celui du « monopole de ce corps ». En effet, pour préserver leur rôle d'experts en urbanisme, une des premières conditions consiste à être, au sein de l'appareil de l'État, le seul corps de hauts fonctionnaires s'occupant de l'aménagement urbain. Ce résultat est en grande partie acquis par l'absorption du ministère de la Construction et par la mise sous contrôle du ministère de l'Équipement. D'autre part, pour que ce monopole soit efficace, il faut que les collectivités locales demeurent dans un certain état de dépendance et que l'État garde toutes ses prérogatives et sa puissance.

En définitive, le modèle d'organisation administrative qu'ils installent en milieu urbain paraît reproduire les caractéristiques essentielles du modèle rural, c'est-à-dire : un quadrillage serré de l'espace géographique, assurant une présence à portée immédiate du problème ; l'insertion dans la vie locale par le double rôle d'agences locales qui représentent l'État et qui travaillent pour le compte des collectivités locales ; le contrôle monopolistique des instruments de l'expertise technique ; le relais privilégié entre l'appareil d'État central et la société locale.

Pour résumer la position de ce « grand corps » de l'État : « l'aménagement urbain doit devenir la priorité pour l'Équipement et reléguer au second rang les attributions « classiques » telles que la gestion des infrastructures de transport, la politique du logement ».

### b) *Le SGVN et cette stratégie*

Actuellement au secrétariat du GCVN, il n'y a qu'un seul « ingénieur des ponts » et, sur les neuf villes nouvelles françaises, cinq sont dirigées par un ingénieur des ponts. C'est donc assez librement que le secrétaire de ce groupe peut écrire dans le Bulletin de l'association professionnelle des ingénieurs des ponts :

> Je l'écris en connaissant les lecteurs auxquels je m'adresse, il est important que les villes nouvelles ne deviennent pas le monopole d'un corps, quel qu'il soit. Actuellement, sur neuf villes nouvelles, cinq sont dirigées par un ingénieur des ponts et chaussées, deux par un fonctionnaire de l'administration des Finances, une par un inspecteur général venant de l'ancien ministère de la Construction, une par un fonctionnaire venant du corps des administrateurs de la France d'outre-mer. Cette diversité, dans les nombreux contacts qui se nouent, est stimulante et enrichissante pour tous. Elle permet d'échapper, d'une manière dont il faut espérer qu'elle n'est pas provisoire, aux cloisonnements dont nous souffrons trop souvent (1).

La première constatation que l'on peut faire à partir de cette composition, c'est que l'organisation des villes nouvelles permet une certaine collaboration des divers corps entre eux.

_____

(1) J. E. ROULLIER, *Les villes nouvelles*, in *Bul. PCM, op. cit.*

J. C. Thœnig n'envisage pas une telle collaboration, car il écrit que « les généralistes de l'ENA ne coopèrent pas avec les ingénieurs des Ponts, et ceux-ci n'ont de cesse de se protéger contre ceux-là »; ou encore :

> Chaque élite vit une guerre froide contre les autres élites : elle s'enferme derrière les barrières, dénonce tout « double emploi » et se rebelle contre toute intrusion étrangère... Pour concevoir l'action urbaine de l'État, par exemple, le corps des ingénieurs des Ponts doit se priver de faire appel à une véritable coopération avec le généraliste de l'ENA, avec le corps préfectoral, avec les urbanistes de la construction, etc.

Ces propos sont donc tout à fait contredits par la collaboration qui s'instaure au groupe central des villes nouvelles. Mais il convient de noter les limites et la précarité d'une collaboration forcée et imposée, dans la mesure où ce sont les corps issus de l'ENA qui ont pris l'initiative de la création et imposé les règles du jeu aux « ingénieurs des ponts ».

D'autre part cette prise en charge du phénomène d'urbanisation par le groupe des villes nouvelles ne va pas sans poser quelques difficultés à l'extérieur, comme nous l'avons signalé à propos d'une certaine concurrence qui règne parfois entre les DDE et les MEAVN, ou entre le secrétariat du groupe interministériel à la préfecture de la région parisienne et le service régional de l'Équipement.

En définitive, les villes nouvelles ne sont-elles pas le moyen pour les administrateurs issus de l'ENA, en créant de nouvelles règles du jeu, de s'intéresser activement à l'aménagement urbain, jusque-là monopolisé par les ingénieurs?

## B. LE SGVN ET LA CRÉATION D'UN NOUVEAU MODÈLE D'URBANISATION

L'objectif des villes nouvelles est « d'apporter quelque chose de neuf à l'urbanisme français (1) ». Les villes nouvelles apportent cette « nouveauté » dans trois domaines.

Le premier, c'est *une nouvelle approche des problèmes de développement* des très grandes agglomérations urbaines. Le développement en « tache d'huile », en effet, ne paraissait connaître d'autres solutions que celle d'installer brutalement un barrage au travers du courant, comme l'avait tenté le PADOG pour l'agglomération parisienne, ou de construire délibérément à l'écart du courant. Pour M. Ahtik :

> Il s'agit donc d'une volonté délibérée de se placer d'emblée au cœur des contradictions que représentent les choix fondamentaux

---

(1) J. E. ROULLIER, *Les villes nouvelles*, in *Bul. PCM, op. cit.*, mars 1971.

concernant la conception urbaine. Néanmoins, ces options de principe doivent s'articuler sur des objectifs opératoires souples, adaptés au contexte local particulier et aux possibilités d'évolution multiples (1).

Le deuxième apport des villes nouvelles consiste en *un changement dans l'échelle d'intervention*. On passe de la construction d'un quartier de 10 000 logements au maximum à la création d'une ville de plus de 150 000 logements. Ce changement d'échelle entraîne inéluctablement un changement dans la nature de l'intervention publique. Il s'agit : de concentrer le maximum d'efforts sur la création du centre urbain, de mener une action d'ensemble pour créer les conditions favorables à l'éclosion d'une véritable vie urbaine, notamment au plan de l'emploi et des loisirs, et d'assurer l'aménagement et l'équipement des terrains qui permettront d'accueillir les logements.

Le troisième apport des villes nouvelles est de constituer « un terrain privilégié pour une expérimentation raisonnée et efficace, c'est-à-dire tenant compte des contraintes techniques et économiques de notre temps ».

Les expériences ont lieu dans le domaine de l'urbanisme, comme l'ont montré le concours d'Évry I qui représente 7 000 logements et un volume de travaux de 1,2 milliard de francs à réaliser sur cinq ans, et celui du Vaudreuil qui va permettre l'industrialisation des 4 000 premiers logements du « germe de ville ». De même les villes nouvelles posent le problème de l'apport de techniques neuves au développement urbain, comme celles des télécommunications, téléinformatique et télé-distribution. Par ailleurs, elles permettent la réalisation d'« équipements intégrés », comme le centre « d'Élancourt-Maurepas » à Saint-Quentin, ou l'« Agora » d'Évry.

Dans la mesure où les villes nouvelles apportent effectivement quelque chose de neuf, elles peuvent prétendre devenir un nouveau modèle d'urbanisation. Pour M. J. E. Roullier (2) :

> Beaucoup reste à faire également, et c'est sans doute le plus important pour l'avenir, pour faire profiter les collectivités existantes des résultats des expériences engagées, pour en tirer des leçons applicables de manière plus souple et plus légère, à des opérations de moindre envergure, notamment dans les villes moyennes. La formule des villes nouvelles n'est pas une panacée. Elle cherche à résoudre certains problèmes spécifiques dans certaines grandes agglomérations modernes. Mais ses enseignements seront à terme d'un profit plus large.

Si le groupe central réussit à créer un nouveau modèle d'urbani-

---

(1) M. AHTIK, *La création des villes nouvelles*, in *Sociologie du travail*, octobre-décembre 1969.
(2) J. E. ROULLIER, *Réflexions sur les villes nouvelles*, *op. cit.*, p. 27.

sation, son rôle initial va se transformer. Soit qu'il disparaisse après avoir indiqué une nouvelle voie offerte à l'administration tout entière si celle-ci veut éviter les blocages de l'ancien système, soit qu'il se maintienne en s'étoffant de plus en plus.

## 2. Limites au rôle joué par le SGVN

### A. SUR LE PLAN TECHNIQUE ET FINANCIER

> Le premier âge des villes nouvelles a été assurément un « âge technocratique ». L'idée était trop neuve, la conscience collective inexistante pour qu'il pût en être autrement. Il faut néanmoins se garder de tout jugement hâtif... Nous avons fait des efforts originaux pour associer, le plus en avant possible, les groupements de promoteurs à la conception même de l'ensemble (1).

L'administration s'est rendu compte de la nécessité technique d'associer les promoteurs-constructeurs, mais cette association même permet aux promoteurs d'exercer une forte pression sur l'administration.

a) *La nécessité d'associer* les promoteurs-constructeurs s'impose à l'administration

Tout d'abord ils contribuent à « lancer » la ville au sens commercial du terme. D'autre part, l'administration doit programmer les équipements collectifs financés ou non sur fonds publics, et il est difficile de faire en sorte qu'emplois et logements soient livrés au moment voulu, ne serait-ce que parce que l'industriel attendra le logement et le promoteur l'emploi. Ce problème de programmation ne peut être résolu que si « les constructeurs, désireux de voir le projet mené vite et bien, constituaient par eux-mêmes une sorte de « pont » entre la ville et les employeurs et contribuaient à l'incitation qu'il faudra entreprendre à l'égard des industriels (2) ».

Enfin cette association est une source d'économies, car des financements privés viennent soulager les opérations d'aménagement.

> Plutôt que de tout faire par elle-même, la puissance publique pourrait accepter les propositions des promoteurs tendant à ce que des quartiers de la ville nouvelle soient confiés aux constructeurs, bien avant le stade de la construction (3).

_____

(1) M. DOUBLET, *Paris—Normandie*, 6 mai 1971.
(2) C. LAVIOLLE, *mémoire, op. cit.*, p. 86.
(3) LAVIOLLE, *ibid.*

En définitive, un des objectifs de cette association est de s'assurer que les réalisateurs acceptent de prendre en charge, sur le plan financier, le risque que les autorités publiques ont pris sur le plan intellectuel.

En contrepartie, la *nécessité de s'organiser* s'impose aux promoteurs. En effet, il faut souligner qu'on ne traite pas de grandes opérations comme celle des villes nouvelles avec les mêmes méthodes que pour un « droit à construire » de quelques centaines de logements, ou un marché de travaux publics, si important soit-il.

Les promoteurs, après avoir manifesté une certaine hostilité à l'encontre du schéma directeur et des « ZAD » en 1965, ont compris l'intérêt d'une concertation plus étroite avec l'administration, non seulement au stade de l'exécution comme cela avait été le cas dans les ZUP, mais dès la phase d'élaboration des projets.

Les formes d'organisation des promoteurs et les contrats passés avec les organismes aménageurs sont de nature et de portée différentes selon les villes nouvelles. Pour le secrétaire général adjoint des villes nouvelles, il s'agit « ici d'une méthode d'attribution de petits programmes ; là, de la mise au concours d'opérations importantes comme les 7 000 logements d'Évry ou d'un centre commercial régional ; ailleurs de l'organisation d'une chasse gardée pendant une période d'études en commun ; ailleurs encore d'un droit de priorité pour la passation du contrat de ZAC pour une partie du programme donné ». C'est ainsi qu'à Évry, sept promoteurs furent désignés le 23 mars 1968 par M. P. Delouvrier comme « promoteurs-conseils » de la mission d'Évry. A Saint-Quentin-en-Yvelines, une société civile d'études, « la SETRA », constitue le support juridique de l'intervention de quatre groupes de promoteurs. A Marnes-la-Vallée, un groupement d'intérêt économique : l'UCAN a été créé le 7 juillet 1969. Au Vandreuil une convention d'études passée entre l'État et le Groupe animé par la Banque de Paris et des Pays-Bas associe le groupe constructeur des 4 000 premiers logements à l'EPA au sein d'un comité paritaire qui coordonne et oriente les études.

**b)** *Cette organisation permet aux promoteurs d'influencer certaines décisions de l'administration.*

L'histoire des relations entre l'administration et les promoteurs est faite de périodes de tiédeur, suivies de périodes de réconciliation.

L'année même de la mise en place de cette coopération, la préfecture de la région parisienne faisait remarquer : « Il serait dommage que l'outil précieux que constituent pour les missions les groupes de promoteurs-conseils soit faussé en monopolisant entre leurs mains les programmes de construction (1). » Faisant le bilan, certains promoteurs cessèrent de se réunir, comme ce fut le cas pour le « conseil

---

(1) *Cf.* C. LAVIOLLE, *mémoire, op. cit.*, p. 88.

des promoteurs » placé auprès de la mission de Trappes en 1969, car la concertation n'était acceptée que dans la mesure où elle leur permettait, à l'issue des réunions, de solliciter très activement une attribution de terrains auprès du directeur de la mission. Aussi l'administration dut-elle revenir sur certains principes. Dans une lettre au préfet de la région parisienne, en date du 5 octobre 1970, le ministre de l'Équipement consacrant cette évolution, recommandait de reconnaître aux groupes financiers « plutôt qu'un droit de préférence dans l'attribution des droits de construire, un droit de priorité dans la présentation des offres de réalisation des ZAC successives (1) ».

Dans la ville nouvelle d'Évry les promoteurs en sont parfois arrivés à imposer directement leurs souhaits à l'établissement public en demandant que leur équipe soit attributaire de la majeure partie des lots et que, sur les 2 500 logements que comportent les opérations Champtier du Coq et Courcouronnes, 2 000 soient confiés aux différents membres du groupe et 500 seulement à des candidats extérieurs.

A Saint-Quentin-en-Yvelines, tirant les conséquences de la participation du groupe de promoteurs aux études portant sur l'aménagement du secteur central de la ville nouvelle, une lettre du préfet de région en date du 20 octobre 1970 prévoyait que : le groupe serait associé aux études portant sur l'« unité urbaine centrale » de la ville nouvelle, qu'il disposerait d'un droit de priorité dans la présentation des offres de réalisation des ZAC, à concurrence de 75 % des logements à construire, que les projets sur des zones périphériques qui seraient de nature à mettre en danger la réalisation du centre-ville feraient l'objet d'un examen attentif auquel ce groupe serait associé (2).

c) *La portée de l'Association des promoteurs*

De la constatation qu'il existe une certaine pression des promoteurs sur l'administration, il est difficile de conclure avec C. Laviolle que l'on « assiste ainsi à une véritable démission de l'administration face au secteur privé (3) » ou d'en déduire qu'on aboutit à « un dessaisissement inéluctable (4) ». D'une part les accords passés, ou en voie de l'être, expérimentent plutôt un équilibre de poids et de contre-poids, d'engagements mutuels assortis de contreparties, dans des conditions telles que les forces économiques peuvent être canalisées au meilleur profit des villes nouvelles. D'autre part, si la politique de l'État à l'égard des villes nouvelles manque parfois de cohérence, ce qui permet aux groupes financiers de faire prévaloir leur propre point de vue, en contrepartie l'administration des villes nouvelles peut

---

(1) Rapport ENA, *La ville nouvelle de Saint-Quentin*, 1971. p. 25.
(2) *Cf.* Rapport ENA, *La ville nouvelle de Saint-Quentin, op. cit.*
(3) C. LAVIOLLE, *mémoire, op. cit.*
(4) Rapport ENA, *op. cit.*

utiliser ces groupes de promoteurs comme moyen de contraindre l'État à s'engager davantage en faveur des villes nouvelles. Enfin, l'expérience non négligeable des constructeurs permet aux études parfois très théoriques des MEAVN de tenir compte des aspects opérationnels d'un problème.

Pour reprendre une théorie de M. Crozier, le système de relations établi entre la « puissance publique » et ses interlocuteurs contient de nombreuses zones d'incertitude qui permettent à la fois aux groupes financiers de dessaisir l'administration de certaines de ses compétences et à l'administration des villes nouvelles — compte tenu de l'absence de cohérence de la politique nationale à leur égard — de profiter de l'influence des groupes financiers pour se réserver une certaine marge d'autonomie, voire de décision. En conclusion :

> Devant la rareté des moyens à la disposition de l'État, l'appel aux intérêts privés est un moindre mal qu'il faut cultiver, mais aussi encadrer dans des limites qui permettent à l'administration de maintenir son rôle et son influence (1).

## B. SUR LE PLAN POLITIQUE (2)

Dans un univers par définition complexe et différencié, l'univers urbain, l'administration est loin de la réalité locale et apparaît de plus en plus comme une machine impersonnelle, rigide, technocratique. Or le dessaisissement des élus ne fait qu'accentuer les difficultés.

Car le système administratif constitue souvent une protection à l'abri de laquelle les hommes politiques se réfugient pour n'avoir pas à prendre de décisions ; cette carence du système politique justifie alors l'intervention d'une administration seule dépositaire de l'intérêt général.

En conséquence, si le concours de l'État reste nécessaire et l'intervention de la région parisienne fondamentale pour permettre la croissance des villes nouvelles, une prise en charge directe de celles-ci, à supposer même qu'elle fût possible, serait malsaine et conduirait quasi inéluctablement à une situation bureaucratique et irresponsable (3).

La collaboration des collectivités locales devient donc tout à fait nécessaire, que ce soit pour des raisons techniques ou politiques. A un certain stade de leur développement, les villes nouvelles ne peuvent trouver leur assise et leur équilibre que grâce à une prise en charge par les collectivités locales.

---

(1) J. C. THœNIG, *La création des DDE, op. cit.*, p. 290.
(2) *NB*. Le rôle des collectivités locales fait l'objet de la 2ᵉ partie de cette recherche et nous ne l'abordons ici que pour situer le problème.
(3) J. E. ROULLIER, in *Tech. et Arch.*, *op. cit.*, p. 112.

# Recherche du support des collectivités locales pour la prise en charge des villes nouvelles

*L'examen du rôle des collectivités locales, dans cette seconde partie, nous amène à nous référer pour l'essentiel à l'examen des textes. En effet l'action des collectivités locales ne fait que commencer, puisque les organismes communautaires créés en application de la loi du 10 juillet 1970 ont été mis en place en janvier 1973 dans la plupart des villes nouvelles.*

*Certes les premiers établissements publics existent depuis 1969 et peuvent déjà être examinés avec l'éclairage que donne la pratique. Il n'en demeure pas moins que ces « aménageurs » ne trouveront leur rôle et leur portée véritables que dans le système de relations qui va s'établir entre eux et les organismes communautaires de la loi du 10 juillet 1970.*

*Nous allons examiner comment les collectivités locales sont associées à la maîtrise d'ouvrage des villes nouvelles (titre I) avant de voir de quelle façon elles participent à l'organisme aménageur (titre II).*

# Les collectivités locales et la maîtrise d'ouvrage des agglomérations nouvelles

# 7
# Recherche
# d'un maître d'ouvrage
# pour les équipements publics

## Section I

## LE SUPPORT COMMUNAL
## EST NÉCESSAIRE EN MATIÈRE D'ÉQUIPEMENT

> Dans le système administratif français, la commune est respon-
> sable des opérations d'aménagement (directement ou par voie de
> concession) comme de la réalisation de la plupart des équipements
> publics (1).

S'il est possible en principe de réaliser des acquisitions foncières
et des opérations d'aménagement en se passant du support communal,
une telle situation ne saurait être que provisoire, car la mission d'un
organisme d'aménagement est limitée dans le temps et par définition.
Comme on l'a écrit « les limites de l'opération directe de l'État sont
apparues à ce stade dans le grand ensemble de Massy-Antony (2) ».

En effet, les communes ont seules l'initiative et les compétences
voulues pour construire et gérer certains équipements. Pour qu'un
aménageur puisse les entreprendre, il faut qu'il y soit habilité par une
convention de la commune ou d'un syndicat intercommunal. En effet,
c'est la commune qui est seule compétente pour prendre en charge
le projet, faire préparer son étude, solliciter son agrément et son financement, demander les subventions et les emprunts et passer les marchés.
Et

> si l'on peut rechercher dans les règles relatives à l'obligation du
> service scolaire la possibilité de surmonter ces obstacles pour la
> construction des groupes scolaires, ils sont absolus du fait de la régle-
> mentation nouvelle pour les établissements du second degré (2).

---

(1) *Rapport* de la Commission de l'équipement urbain du Vᵉ Plan.
(2) Note n° 486-63 de M. LEWANDOWSKI sur les *ZUP de l'agglomération parisienne, op. cit.,* p. 45.

D'autre part si, pour certains équipements sportifs, culturels et sociaux, l'initiative peut venir du département ou du district, les associations privées chargées de les gérer ne disposent d'aucune ressource pour le faire, tant que les habitants nouveaux ne sont pas là.

De toute façon, les organismes d'aménagement n'ont aucune compétence pour assumer des tâches de gestion. Il est donc indispensable qu'à la fin de leur mission soit assurée la prise en charge définitive des ouvrages et des bâtiments par des collectivités locales. Seules celles-ci ont compétence pour incorporer la viabilité dans le domaine communal, pour assurer l'entretien et le fonctionnement des services publics pour lesquels les constructions ont été édifiées et pour prendre en charge les financements complémentaires.

En conséquence, pour concevoir et réaliser une ville nouvelle, il faut s'appuyer sur deux types de structures :

— une structure d'aménagement qui soit responsable de la mobilisation des sols, de la coordination du financement, de l'exécution de certains travaux d'aménagement et de la coordination générale de toutes les opérations. Cette structure a la responsabilité de la conception et de la création de la ville, mais elle ne gère pas. C'est donc un organisme technique de durée limitée ;

— une collectivité publique ou un groupe de collectivités publiques qui soit maître d'ouvrage définitif de tous les équipements d'infrastructure ou de superstructure et qui participe à leur financement pour en assurer ultérieurement la gestion et l'entretien.

## Section II

# INSUFFISANCE DES STRUCTURES COMMUNALES TRADITIONNELLES

Les villes nouvelles ont un caractère plus national et régional que local.

Le support local peut paraître inadapté d'un point de vue technique, si l'on considère l'émiettement communal pour réaliser une telle opération. Il l'apparaît d'autant plus sur le plan politique, si l'on considère que « les élus des communes représentent les intérêts des populations rurales qui ne sont en aucune façon ceux qui président à la création d'une agglomération nouvelle (1) ».

_____

(1) A. HEYMANN, _Les villes nouvelles_, _AJDA_, nº 9, 20 septembre 1971, p. 446.

## 1. L'émiettement des collectivités locales

La paralysie de nombreuses ZUP, ainsi que l'étude des conditions de réalisation des villes nouvelles, montrent que le système communal conduit à une situation inextricable lorsqu'une grande opération d'urbanisme est à cheval sur plusieurs petites communes rurales ou semi-rurales. En effet,

> aucun aménagement d'ensemble cohérent n'est possible par suite de l'enchevêtrement des limites communales ancestrales : le centre commercial construit en A profite à la seule commune A, le lycée construit en B est supporté par la seule commune B. Bref chaque commune est amenée à réagir en fonction de ses intérêts propres, à demander son centre commercial et sa zone industrielle, à rejeter sur ses voisines les équipements les plus coûteux (1).

Cette situation conduit à la paralysie d'un système communal condamné, en quelque sorte, à adopter une attitude négative. Car il est difficile de libérer des crédits d'anticipation dans une situation où « la pression des besoins insatisfaits rend difficile de dégager les sommes souvent modestes qui permettraient de préparer l'avenir (2) » et « il y a forcément un décalage entre les ambitions d'un projet futuriste et les préoccupations des élus gestionnaires du présent (3) ».

## 2. Formules traditionnelles de regroupement communal et villes nouvelles

### A. LES FORMULES

Les formules traditionnelles de regroupement des communes peuvent paraître excellentes sur le plan théorique, mais la pratique est parfois assez décevante.

La première formule, celle du « syndicat de communes » a vu sa compétence étendue, par une ordonnance du 5 janvier 1959, à une « vocation multiple ». Les services gérés par un « SIVOM » sont énumérés dans la délibération institutive et concernent en général l'assainissement, la voirie, la construction d'établissements scolaires, les transports. Les dépenses sont couvertes par des taxes perçues sur les usagers des différents services et par des contributions obligatoires versées par les communes associées. Cette formule a eu un relatif

---

(1) *Rapport* de la C. équip. urb. du Vᵉ Plan.
(2) J. E. ROULLIER, *Les grands problèmes*, op. cit., p. 108.
(3) J. BRENAS, *Le statut juridique et le rôle des collectivités locales*, in *L'expérience française des villes nouvelles*, op. cit. p. 177.

succès, car les élus préfèrent ce type d'action concertée à la disparition de leur commune, sous forme de « fusion ». Mais son inconvénient majeur est « de créer un échelon supplémentaire d'examen des affaires et parfois d'ajouter à la complexité de l'administration sans traiter les problèmes essentiels d'une agglomération (1) ».

La seconde formule, celle du « district urbain », s'est révélée fort utile pour regrouper des communes rurales sur un objectif précis de coopération, en espérant voir celle-ci s'étendre par la suite. Mais, si cet établissement public avait la possibilité, en théorie, de remplacer les contributions volontaires des communes par des centimes communautaires, il a dû finalement se plier aux règles de comptabilité publique et faire transiter les centimes en question par les communes. En définitive, la « plupart du temps les districts sont surtout de simples gérants de quelques services ou des chargés d'études. En effet, la solidarité des finances nécessaire à celle des actions a manqué (1) ».

Une autre forme de regroupement des collectivités locales est celle de la « communauté urbaine », créée par la loi du 31 décembre 1966. Cette formule est prévue pour les agglomérations de plus de 50 000 habitants. La loi du 10 juillet 1970 a repris cette solution, en entendant lui conférer les mêmes avantages que ceux donnés à la formule du syndicat communautaire. La loi du 31 juillet 1971 a synthétisé l'ensemble de ces formules et tenté d'aboutir dans chaque département à un plan rationnel de regroupement des communes.

En définitive, quatre catégories de causes peuvent expliquer les difficultés d'application de ces formules. Certaines tiennent à la nature même des compétences définies par la décision institutive. Celles-ci ne peuvent donc résoudre des problèmes de structure. D'autre part l'absence d'autonomie financière de ces organismes n'a jamais permis une péréquation des charges et des ressources. Sur un autre plan, l'expérience montre qu'il est difficile d'obtenir un équilibre, dans la composition de l'organisme délibérant, entre la ville chef-lieu et les communes avoisinantes. Enfin il est inutile d'insister sur l'importance des oppositions entre les communes, tenant aux facteurs politiques.

## B. L'APPLICATION DE CES FORMULES DANS LES VILLES NOUVELLES

La formule du syndicat intercommunal à vocation multiple (SIVOM) a permis d'entamer les opérations d'équipement et de préparer la mise en place des futurs organismes communautaires propo-

---

(1) G. Belorgey, *Le gouvernement et l'administration de la France*, A. Colin, p. 285.

sés par la loi du 10 juillet 1970. Prenons à titre d'exemple, les villes nouvelles de la région parisienne.

A Melun-Sénart, il existe depuis le 10 février 1970 un syndicat intercommunal « pour l'étude du développement urbain » des sept communes du secteur [rive droite de la Seine, dans le département de l'Essonne.

A Cergy-Pontoise, il existe depuis le 17 mars 1969 un syndicat intercommunal à vocation multiple, qui regroupe les communes de Cergy, Éragny, Osny, Pontoise, Saint-Ouen-l'Aumône.

A Saint-Quentin-en-Yvelines, il existe depuis le 7 avril 1967 un syndicat intercommunal à vocation multiple, qui regroupe les communes de Coignières, Élancourt, Maurepas, La Verrière.

A Marne-la-Vallée, il existe depuis le 24 octobre 1969 un syndicat intercommunal à vocation multiple pour l'étude et l'aménagement du « secteur 2 », qui regroupe : Champs-sur-Marne, Torcy, Croissy-Beaubourg, Émerainville, Collegien, Lognes, Noisiel.

Le SIVOM de la région d'Évry existe depuis le 16 mars 1966 et regroupe les quatre communes de l'établissement public : Évry, Courcouronnes, Bondoufle, Ris-Orangis. Ce syndicat a accepté la maîtrise d'ouvrage des programmes d'assainissement primaire et de certains équipements de superstructure de la ville nouvelle, contre l'assurance que des facilités financières lui seraient consenties par le ministre des Finances (1).

Mais comme le déclarait au Sénat le président de l'établissement public de Cergy-Pontoise, lors des débats sur la loi du 10 juillet 1970 :

> Je suis préoccupé, vous le savez, par la publication de ce texte qui nous fait aujourd'hui terriblement défaut. Je présidais hier encore une réunion d'un syndicat intercommunal que j'ai créé pour l'aménagement de la ville nouvelle; nous nous rendons compte à chaque réunion que ce syndicat intercommunal ne nous donne pas les moyens de travailler comme nous le devrions le faire (2).

Pourquoi ces formules traditionnelles paraissent-elles inadéquates dans les villes nouvelles?

Les causes en sont multiples; elles vont de la constatation de la pluralité des syndicats en place dans les villes nouvelles (3), à l'inconvénient que crée l'absence de solidarité financière entre les communes.

La constitution d'un SIVOM représente la première étape nécessaire pour la mise en place des grands réseaux. En sa qualité d'établissement public, il peut contracter des emprunts, recevoir des subventions et percevoir le produit des taxes et contributions correspondant

---

(1) Délibérations du SIVM d'Évry des 9 janvier 1970 et 24 avril 1970 sur l'assainissement.

(2) A. CHAUVIN, *Déb. Sénat*, *J. O.* du 10 juillet 1970, p. 1312.

(3) 21 syndicats à Saint-Quentin; 29 syndicats à Melun-Sénart.

aux services assurés. Mais cet objet limité ne permet pas de résoudre l'ensemble des problèmes de gestion d'une ville nouvelle qui ne peuvent être fractionnés entre toutes les communes intéressées.

D'autre part, le problème fiscal est déterminant, car le budget de la ville nouvelle va être de dix ou vingt fois supérieur à celui de l'ensemble des communes concernées. Les formules existantes ne permettent pas de résoudre les inégalités fiscales dues à la localisation des équipements, zones industrielles, centres commerciaux. Et surtout les formules traditionnelles viennent répercuter automatiquement, sur les habitants préexistants, les charges résultant de la ville nouvelle, par le jeu de la fiscalité locale.

Aussi, s'il était important que les subventions d'équipement aux villes nouvelles accordées par l'État fassent l'objet d'une individualisation dans la loi de finance annuelle, il paraît tout aussi important, sur le plan local, d'individualiser les recettes et les dépenses qui se rattachent à la construction et à l'aménagement de l'agglomération nouvelle.

Seule, la formule existante de la « Communauté urbaine » paraît adoptée à la construction d'une ville nouvelle, comme le montre actuellement l'expérience suivie à Lille-est. Si la proposition de loi Boscher n'en permettait pas le libre choix par les communes, la loi du 10 juillet 1970 introduit cette possibilité.

En définitive, les regroupements commerciaux, tels que prévus dans la loi du 10 juillet 1970, paraissent les mieux à même de réaliser l'individualisation budgétaire et fiscale souhaitable en ville nouvelle.

## Section III

# RECHERCHE D'UNE SOLUTION ADAPTÉE AUX AGGLOMÉRATIONS NOUVELLES

Pour la Commission de l'équipement urbain du Vᵉ Plan

il n'existe pas d'autre solution que d'isoler administrativement la zone considérée des communes préexistantes. C'était l'objet de l'ordonnance trop timide de 1959 sur les « secteurs de communes ». Il convient d'aller jusqu'au bout du raisonnement et d'envisager la création de véritables « communes nouvelles ». Le territoire nécessaire à l'implantation de la « ville nouvelle » serait ainsi détaché des communes préexistantes, pour être érigé en commune nouvelle. Celle-ci serait soumise à un régime administratif provisoire au cours des premières années de construction. Puis les nouveaux habitants éliraient un conseil municipal selon les règles du droit commun (1).

_____

(1) Commission de l'équipement urbain du Vᵉ Plan, *op. cit.*

Cette idée de la commission se rapportait à la mise en place d'une administration provisoire constituée par un conseil d'administration d'un « secteur de communes », formule prévue par l'ordonnance du 5 janvier 1959 précitée.

Le secteur de communes est créé pour une durée de cinq ans maximum sans renouvellement prévu. Il est chargé de la gestion d'un certain nombre de services publics. Il peut percevoir les taxes et redevances correspondant aux services assurés (art. 2). Les maires des communes concernées restent investis dans le domaine territorial du secteur de communes de leurs pouvoirs de police et d'état civil (art. 3). La gestion est assurée par une commission administrative composée de représentants des conseils municipaux intéressés, des habitants du nouvel ensemble et des organismes constructeurs (art. 4). Assez curieusement l'article 5 prévoit que le secteur de communes est soumis « aux lois et règlements concernant la tutelle et la gestion financière et comptable des communes ». Un règlement d'administration publique devait préciser les conditions de mise en œuvre de l'ordonnance. Il n'a jamais vu le jour, car celle-ci souffrait de vices congénitaux.

En effet, en 1965 on a songé à utiliser le secteur de communes pour la construction des villes nouvelles et on a constaté qu'une refonte du texte original s'imposait. D'abord, la durée de vie de cinq ans est dérisoire, car elle est très inférieure à la durée d'amortissement d'emprunts éventuels et à la durée de la construction matérielle d'un ensemble important de logements. Ensuite la vocation de constructeur du secteur de communes n'était pas évidente. En définitive il fallait assurer au secteur de communes des ressources financières plus larges, par exemple par transfert des impôts communaux. Dès lors, un mécanisme de désignation par voie d'élection des membres de la commission administrative devenait nécessaire.

Après deux ans d'hésitations, le gouvernement reprit en 1968 cette idée, sous la forme d'un avant-projet de loi, portant « propositions tendant à améliorer le fonctionnement des institutions communales (1) ». Le titre VI de ce projet, concernant les villes nouvelles, permettait de créer un ensemble urbain, véritable commune nouvelle, par décret en Conseil d'État. Cet « ensemble » était géré au départ par un « conseil » composé de personnalités nommées par décret, auxquelles venaient s'ajouter, puis se substituer, les représentants élus de la population nouvelle, au fur et à mesure de la construction des nouveaux logements. Il pouvait cependant s'associer avec les communes préexistantes au sein d'un syndicat de droit commun.

Les principales objections faites à ce projet portaient sur l'amputation des territoires communaux et la mise en place au début des opérations d'un conseil nommé par décret.

_____

(1) *Projet Fouchet* du 15 mai 1968, doc. AN 812, 15 mai 1968.

Consultée, l'Association des maires de France présentait un ensemble de contre-propositions le 26 mars 1968. Il s'agissait d'offrir aux communes la possibilité de sauvegarder leur existence et leur contrôle sur la réalisation de la ville nouvelle, en acceptant, avec un « syndicat communautaire d'aménagement », une formule d'association ou « de communauté réduite aux acquêts (1) » ; la réalisation de la ville nouvelle étant prise en charge par ce syndicat avec péréquation totale des recettes et des dépenses afférentes. C'est seulement au cas où les communes refuseraient de s'associer dans ce « syndicat communautaire » que le gouvernement retrouverait la liberté de créer un « ensemble urbain » pour réaliser la ville nouvelle.

L'Assemblée nationale ayant été dissoute, après les événements de mai 1968, ce projet ne fut pas repris par la suite dans sa conception originelle. Mais il devait pourtant servir de modèle, à quelques modifications près, à la proposition de loi déposée par M. Boscher le 12 juillet 1968 (2).

Cette proposition dut attendre dix-huit mois pour être discutée au Parlement en décembre 1969. Adoptée en première lecture et sans grande modification par l'Assemblée nationale (3), elle se voyait fortement discutée et amendée au Sénat (4). Ce dernier, sensible aux atteintes portées à l'autonomie communale, parvint à influencer les députés. Conséquence paradoxale, « en prétendant à tout prix défendre les libertés locales, les parlementaires ont adopté un texte d'une extrême complexité qui rendra finalement plus facile l'intervention des techniciens qu'on avait voulu écarter (5) ».

La loi fut définitivement adoptée par le Sénat en troisième lecture, le 30 juin 1970, la clôture de la session parlementaire ayant précipité et facilité l'accord entre les assemblées.

---

(1) J. E. ROULLIER, *Les grands problèmes, op. cit.*, p. 113.
(2) Proposition de loi Boscher, AN, *Doc.* 142, 12 juillet 1968.
(3) *J. O.*, déb. AN, 19 décembre 1969.
(4) Plus de 80 amendements devaient être déposés au Sénat.
(5) R. DRAGO, *Cours de science administrative*, cours de droit 1970-1971, p. 175.

# 8
# La maîtrise d'ouvrage
# des agglomérations nouvelles
## dans la loi du 10 juillet 1970 [1]

Il faut noter que la loi emploie le terme d'agglomération nouvelle et non de ville nouvelle. Dans un article sur les *structures administratives des villes nouvelles*, MM. Gaschignard et Roullier expliquent ce problème de terminologie par trois raisons essentielles [2]. La première, c'est que la loi Boscher pourrait s'appliquer en principe à d'autres ensembles que les neuf villes nouvelles, sous condition d'avoir un programme de plus de 10 000 logements, et d'être prévus au plan de développement économique et social. La seconde, c'est qu'il n'y a pas nécessairement coïncidence géographique entre la « ville nouvelle » et « l'agglomération nouvelle » et, dans certaines villes nouvelles particulièrement étendues, il a été créé plusieurs agglomérations nouvelles. La troisième raison, c'est qu'une ville nouvelle peut exister sans entraîner nécessairement la création d'une agglomération nouvelle; ce qui est le cas actuellement de la ville nouvelle de Lille-est où les communes ont préféré recourir à la fusion et faire réaliser les principaux équipements par la communauté urbaine de Lille.

Ce problème de terminologie étant précisé, il faut examiner le texte de la loi, en considérant que

> le législateur a voulu maintenir un certain équilibre entre les principes d'une autorité découlant de l'intérêt que pouvait présenter la création des villes nouvelles sur le plan national et le respect des libertés locales traditionnelles [3].

---

(1) P. Boury, *La création et l'administration des villes nouvelles recoivent un statut*, MTP bât., 25 juillet 1970, p. 35. J. Sauvaire, *La création et la réalisation des villes nouvelles*, AJPI, n° 9, du 10 septembre 1971, 9 p. A. Heymann, *Les villes nouvelles*, AJDA, n° 9 du 20 septembre 1971, 19 p. J. Morand, *Le statut des agglomérations nouvelles en France*, JCP, 1971, I. 2420, 6 p. J. Hourticq, *Les agglomérations nouvelles*, in Rev. adm. (4), 141, mai-juin 1971, 5 p.
(2) J. C. Gaschignard et J. E. Roullier, *Les structures administratives des villes nouvelles*, ADM, n° 77, novembre 1972.
(3) P. Boury, *op. cit.* p. 36.

Cet équilibre, conforme au souci des autorités administratives (1), rejoint celui d'élus locaux, comme M. Boscher, voulant assurer

> la cohérence dans le cadre de l'aménagement retenu et faire en sorte que s'y regroupent à la fois les responsabilités politiques, les responsabilités administratives et les responsabilités financières... et que des dispositions réglementaires interviennent à ce propos de manière à simplifier considérablement la mise en œuvre d'une politique de villes nouvelles sur le plan financier (2).

La loi du 10 juillet 1970 répond à ces deux impératifs en créant une *maîtrise d'ouvrage double* : celle d'un organisme regroupant les collectivités locales, d'une part (3), et celle de l'État, qui ayant commencé les villes nouvelles, n'entend pas pour autant se départir de ses responsabilités initiales, de l'autre.

## Section I

# LA MAITRISE D'OUVRAGE D'UN ORGANISME REGROUPANT LES COLLECTIVITÉS LOCALES

Pour les auteurs de la loi, il convenait :

> que les responsables de l'opération aient la possibilité de tenir à l'écart, s'ils le jugent nécessaire, les habitants de la partie des communes qui ne seront concernées par des opérations d'urbanisation que par les effets du voisinage (4).

Aussi la loi prévoit-elle de séparer les populations existantes des populations nouvelles, en définissant un « périmètre d'urbanisation (5) ».

La seconde idée de base de la loi du 10 juillet 1970 est d'offrir l'alternative suivante aux collectivités locales : accepter la responsabilité administrative et financière de la ville nouvelle en choisissant une formule de coopération (syndicat communautaire d'aménagement

---

(1) J. E. ROULLIER, *Les grands problèmes*, op. cit., p. 160.
(2) *J. O.*, déb. An., 18 décembre 1969, pp. 50-41.
(4) Communauté urbaine, syndicat communautaire d'aménagement, ensemble urbain.
(5) A. Bord, *J. O.*, déb. Sénat, 16 avril 1970, p. 222.
(6) Loi de 1970, art. 3; décret n° 71-896 du 27 octobre 1971.

ou communauté urbaine), ou refuser cette responsabilité en laissant une « zone d'agglomération nouvelle » se détacher de leurs territoires et constituer un « ensemble urbain ».

# 1. Un dispositif original fondé sur les notions de « périmètre d'urbanisation » et de « zone d'agglomération nouvelle »

## A. LE PÉRIMÈTRE D'URBANISATION

Le point de départ de l'application de la « loi Boscher » et le fondement des mécanismes juridiques et financiers sont la délimitation par décret en Conseil d'État d'un « périmètre d'urbanisation ».

### a) *La signification du périmètre d'urbanisation*

Le « périmètre d'urbanisation » correspond approximativement aux zones vierges à urbaniser dans la ville nouvelle (1). En conséquence, il ne saurait être confondu ni avec le périmètre d'action de l'établissement public, ni avec les périmètres de « déclaration d'utilité publique » (DUP), de zone d'aménagement différé (ZAD) ou de zone d'action concertée (ZAC).

Le « périmètre d'urbanisation » n'est pas non plus une nouvelle frontière communale, d'autant qu'il ne coïncide pas nécessairement avec les frontières communales. Il cerne les zones où l'urbanisation nouvelle (habitation, activités, loisirs) est appelée à se développer.

C'est du reste sur l'absence de coïncidence entre le « périmètre d'urbanisation » et les limites territoriales des communes que portèrent de façon directe ou indirecte le plupart des débats parlementaires sur la loi de 1970.

En effet, pour le secrétaire d'État,

> A moins de changer très profondément la nature de l'opération « ville nouvelle », ce qui ne serait pas, bien sûr, de l'intérêt des communes, il faudra bien distinguer d'une manière ou d'une autre la part que prendront les uns et les autres dans l'entreprise. Par quels artifices y parviendrons-nous? La solution, la plus claire et donc la plus simple, n'est-elle pas d'individualiser la gestion de la zone (2)?

Par contre, pour le rapporteur de la Commission des lois du Sénat, il ne devrait pas y avoir de différence entre le périmètre de la

---

(1) J. E. ROULLIER, *Les grands problèmes, op. cit.*, p. 113.
(2) A. Bord, *J. O.*, déb. Sénat, 15 mai 1970, p. 405.

zone d'agglomération nouvelle et le périmètre territorial des communes, car

> il faut éviter que la zone ne comprenne des morceaux de communes, soit que la commune soit coupée en deux par le périmètre de la zone, soit qu'à l'intérieur du périmètre de la zone des îlots soient exclus de l'administration de l'agglomération nouvelle. De ce double fait naîtraient des complications épouvantables et c'est pourquoi notre commission préconise qu'il y ait juxtaposition du périmètre de la zone de l'agglomération nouvelle et des limites territoriales des communes (1).

C'est finalement à la suite d'une proposition de M. Chauvin de laisser « la possibilité de faire coïncider les limites de l'agglomération avec les limites territoriales » des communes que fut adopté l'article 6 de la loi de 1970 (2).

Cet article prévoit que, lorsque le périmètre d'urbanisation, dont les limites ont été précisées dans le « rapport préalable » du gouvernement, ne coïncide pas avec le territoire des communes, celles-ci peuvent demander, à une majorité spéciale (3), la création d'une *zone d'agglomération nouvelle* se confondant avec leurs limites territoriales et qu'un arrêté préfectoral viendra confirmer. Mais les communes restent libres de ne pas faire cette demande et le périmètre d'urbanisation pourra être distinct de leurs limites territoriales, ce que constatera pareillement un arrêté préfectoral (4).

Cependant, la portée véritable du « périmètre d'urbanisation » dépendra de la structure communautaire choisie par les communes pour leur regroupement.

Dans le cas d'un « syndicat communautaire d'aménagement » ou d'une « communauté urbaine », ce périmètre isole, du point de vue des compétences, du budget et de la fiscalité, les anciens et les nouveaux habitants.

Dans le cas de « l'ensemble urbain », ce périmètre agit comme une nouvelle frontière communale, isolant les parties du territoire des communes à urbaniser et les détachant pour constituer une nouvelle commune, baptisée provisoirement « ensemble urbain ».

Mais, quel que soit l'organisme communautaire choisi, il se crée une individualisation budgétaire et fiscale à l'intérieur du « périmètre d'urbanisation ».

Cette « individualisation » au niveau local, que l'on peut rapprocher de l'idée qui a conduit à individualiser les villes nouvelles dans le budget national, signifie qu'il n'y a plus qu'un seul principal fictif,

---

(1) M. Mignot, *J. O.*, déb. Sénat, 16 avril 1970, p. 218.
(2) M. A. Chauvin, *J. O.*, déb. Sénat, 14 mai 1970, p. 411.
(3) 50 % des communes représentent les deux tiers de la population ou 50 % de la population répartie sur les deux tiers des communes.
(4) Loi de 1970, art. 6, 2°.

distinct des principaux fictifs communaux, qu'une seule fiscalité locale directe et qu'un seul budget d'équipement, distinct des budgets communaux. Une telle pratique peut paraître tout à fait « exorbitante » du droit commun, car à la différence des principes adoptés pour les communautés urbaines, il est créé un véritable monopole fiscal, au profit de l'organisme communautaire, et non plus une simple juxtaposition de centimes communautaires aux centimes communaux.

Cette spécificité budgétaire présente un double intérêt. Le premier est qu'elle permet d'assurer une péréquation des recettes et des dépenses sur l'ensemble de la zone d'agglomération nouvelle, ce qui devrait supprimer en principe les querelles financières et les inégalités de localisation des zones industrielles, des centres commerciaux et des équipements collectifs les plus coûteux. Le deuxième intérêt d'une telle individualisation de la zone est

la garantie pour les communes que la dotation de l'État sera calculée d'une manière convenable et que, hors de la zone, les habitants des communes ne se verront pas imposer des contributions disproportionnées avec leurs ressources, ce qui serait parfaitement inéquitable... L'individualisation des zones permettra d'y voir clair dans les comptes, pour tout le monde, et je crois, en vérité, que c'est cela qui préoccupe le Sénat (1).

En pratique, une telle conception peut rester théorique, pour ne pas dire impraticable, car pour reprendre un exemple donné par M. Mignot, comment va se traduire sur le plan budgétaire la gestion d'une exploitation d'une ligne d'autobus « qui traverse successivement une partie située en dehors du périmètre, puis une autre comprise dans celui-ci et de nouveau une zone extérieure ? » (2)

b) *Délimitation*

— *Procédure suivie* pour fixer le périmètre d'urbanisation.

A la différence de la procédure adoptée pour la création des zones à urbaniser en priorité (ZUP), la délimitation du périmètre d'urbanisation est décidée par décret en Conseil d'État (3).

Mais, préalablement à cette fixation, les communes et le conseil général sont consultés sur la base d'un dossier. Celui-ci comprend un rapport : expliquant la « cohérence et le sens des objectifs à atteindre (4) », énumérant les communes intéressées (5) et joignant un certain nombre de plans délimitant le périmètre proposé. Les communes

(1) M. A. Bord, *J. O.*, déb. Sénat, 15 mai 1970, p. 405.
(2) M. M. Mignot, *J. O.*, déb. Sénat, 16 avril 1970, p. 218.
(3) Loi de 1970, art. 3.
(4) Décret n° 71-896 du 27 octobre 1971, art. 1, 2, 3, *J. O.* du 9 novembre 1971.
(5) Décret n° 71-896, art. 4, 2°.

ont trois mois pour donner leur avis, avant que le périmètre ne soit définitivement fixé par décret. Faisant suite à ce décret, s'ouvre une nouvelle phase de consultations pendant quatre mois, à l'issue desquelles les collectivités locales doivent choisir l'organisme de gestion de la ville nouvelle qui leur paraît le mieux adapté : syndicat communautaire d'aménagement, communauté urbaine ou ensemble urbain.

Pendant le même délai, si le « périmètre d'urbanisation » ne coïncide pas avec leurs limites territoriales, les communes intéressées, en application de l'article 6 de la loi, pourront demander à la majorité qualifiée prévue à l'article 5 (soit deux tiers des communes représentant plus de 50 % de la population ou 50 % des communes représentant plus des deux tiers de la population) (1) que, pour l'ensemble d'entre elles, la « zone d'agglomération nouvelle » soit mise en coïncidence avec leurs limites territoriales.

— *Quelle est la portée de « l'avis »* des collectivités locales dans cette procédure (2)?

Le rôle des collectivités territoriales est limité à un « avis », qui ne lie absolument pas le gouvernement et « il semble que ces précisions visent plutôt à éclairer la décision des collectivités locales de participer à la réalisation de l'agglomération nouvelle que la décision même de création (3) ». Cependant, comme le signalait M. Chauvin au Sénat, « l'avis des uns et des autres est recueilli. C'est une disposition importante et si l'administration voulait passer outre à l'avis des élus, je souhaiterais bonne chance à ceux qui voudraient faire les villes nouvelles (4) ».

## B. PORTÉE DE L'ASSIETTE TERRITORIALE CHOISIE DANS LES DOMAINES BUDGÉTAIRES ET FISCAUX

Les débats parlementaires firent apparaître des divergences entre les maires concernés par la création d'une ville nouvelle qui, au fond, traduisaient une dualité d'analyse sur la signification financière des villes nouvelles pour les communes sur le territoire desquelles elles s'implantaient (5).

Certains, comme M. Chauvin, maire de Pontoise, voient dans la ville nouvelle une charge financière, qui ne peut être supportée par les anciens habitants. Ce point de vue est partagé par M. Héon, conseil-

(1) Décret n° 71-896, art. 4, 2°.
(2) Cette majorité ,que l'on retrouve à plusieurs reprises exigée par la loi pour les choix à faire de la part des communes, est celle prévue par l'ordonnance du 5 janvier 1959, permettant la constitution de syndicats à vocation multiple.
(3) A. HEYMANN, *op. cit.*, p. 448.
(4) *J. O.*, déb. Sénat, 15 mai 1970, p. 412.
(5) A. HEYMANN, *op. cit.*, p. 458.

ler général de la Seine-Maritime, qui transpose le raisonnement, fait par M. Chauvin pour les communes de la région parisienne, aux petites communes rurales de province (1).

A l'inverse, M. Mignot, maire de Versailles, concerné par la ville nouvelle de Saint-Quentin, pensant que l'effort financier de l'État sera concentré sur les villes nouvelles et que les habitants anciens en profiteront, voulait la coïncidence automatique des limites de la zone d'urbanisation nouvelle et des limites communales (2).

La loi du 10 juillet 1970 concilie les deux points de vue, puisque l'article 6 donne aux communes la possibilité de faire coïncider leurs limites communales et les limites de la « zone d'agglomération nouvelle ».

Mais cette solution de compromis, si elle peut paraître heureuse sur le plan des principes, n'est pas pour éclaircir en pratique une situation déjà particulièrement obscure. En effet, « la diversité des compétences exercées par le syndicat communautaire rendra bien compliqué le calcul de la part des dépenses intéressant le territoire extérieur à la zone (3) » et il semble que, du point de vue budgétaire, « le découpage d'une commune en deux parties, l'une intérieure et l'autre extérieure à la zone d'agglomération nouvelle, risque d'être l'origine d'innombrables difficultés et même de conflits (3) ». D'autre part, l'établissement d'un budget divisé en deux parties (4) a été « dénoncé comme créateur de difficultés quasi insurmontables ». Pourtant il avait les préférences du gouvernement désireux de contrôler l'usage fait de sa dotation (5).

Pour la clarté de l'exposé, il convient de distinguer deux cas : celui où les collectivités locales entendent conserver la séparation entre la population ancienne et la population nouvelle, et celui où elles choisissent de rendre solidaires ces deux types de population.

a) *Solidarité des populations anciennes et des populations nouvelles*

Cette solidarité existe lorsque la « zone d'agglomération nouvelle » coïncide avec les limites territoriales des communes. C'est en principe le cas lorsqu'une communauté urbaine existante se décide à prendre en charge la création de l'agglomération nouvelle (6), ou lorsque les collectivités locales demandent à la majorité qualifiée que le « périmètre d'urbanisation » coïncide avec leurs limites territoriales (7),

(1) *J. O.*, déb. Sénat, 14 mai 1970, pp. 409 et suiv.
(2) M. Mignot, Doc. Sénat, 182, p. 8.
(3) M. J. Raybaud, déb. Sénat, 16 avril 1970, p. 219.
(4) Loi de 1970, art. 14.
(5) M. A. Bord, *J. O.*, déb. Sénat, 16 avril 1970, p. 221.
(6) Loi de 1970, art. 4, 2°.
(7) Loi de 1970, art. 6.

ou lorsqu'un « ensemble urbain » constitué volontairement correspond à leurs limites territoriales.

Une communauté urbaine existante désire prendre en charge la *création de l'agglomération* (1).

La construction d'une agglomération nouvelle constitue alors l'une des opérations d'aménagement prises en charge par la communauté, comme n'importe quelle autre opération qui entrerait dans ses compétences.

L'intégralité du territoire d'une communauté urbaine est soumise au même régime financier et fiscal, qu'il s'agisse du régime en vigueur pour les communes ou de celui établi par la loi du 31 décembre 1966 (2). En ce cas, il n'y a pas de différence de régime entre les populations anciennes et les populations nouvelles.

Cependant une communauté urbaine peut décider de ne pas appliquer la spécificité budgétaire et fiscale, en se référant à l'article 15-III de la loi Boscher, qui prévoit qu'en ce cas, les communes conservent leur pouvoir fiscal à l'intérieur de la zone d'agglomération nouvelle et les contributions qu'elles perçoivent normalement au titre de la taxe sur les salaires (3).

*L'application de l'article 6 à un syndicat communautaire d'aménagement ou à une communauté urbaine*

La solidarité entre les populations anciennes et les populations nouvelles devient totale. Le budget et l'assiette fiscale de l'organisme communautaire couvrent alors l'ensemble du territoire des communes.

Si l'on prend le budget d'un tel organisme, que trouve-t-on au poste de la gestion et à celui des investissements?

Les dépenses de gestion correspondent aux compétences transférées des collectivités locales (4) et les dépenses d'investissement correspondent aux compétences obligatoires ou transférées à l'organisme communautaire.

Au poste des « investissements », l'on retrouve les recettes normales comme les subventions, les dons, les legs, les emprunts, la participation des promoteurs, les revenus des biens, mais aussi les recettes exceptionnelles correspondant aux avantages financiers spécifiques des villes nouvelles (6). Au poste de la « gestion », on trouve des « centimes » dont le « principal fictif » est celui de l'ensemble du territoire communal. Ces centimes sont levés directement et exclu-

---

(1) Loi de 1970, art. 4, 2°.
(2) Loi du 31 décembre 1966, créant les communautés urbaines.
(3) Loi de 1970, art. 15, III.
(4) Loi de 1970, art. 13; loi 31 décembre 1966, art. 4, 5.
(5) Loi de 1970, art. 15, II; loi du 31 décembre 1966, art. 29 à 37, 39 et 40.
(6) Loi de 1970, art. 25.

sivement par le comité du syndicat ou par le conseil de la communauté urbaine. Le versement représentatif de la taxe sur les salaires (VRTS) est beaucoup plus avantageux que celui du régime général, car on multiplie par six personnes les logements en chantier pour calculer la population (1).

Parallèlement les budgets des communes demeurent. Mais ils ne retracent que des dépenses de fonctionnement courantes et sont alimentés par une allocation mensuelle de l'organisme communautaire, à l'exclusion de toute perception de centimes communaux ou de VRTS (2).

b) *Séparation des populations anciennes et des populations nouvelles*

Cette séparation apparaît lorsque la zone d'agglomération nouvelle ne coïncide pas avec les limites territoriales des communes. En ce cas, un arrêté du préfet constate la coïncidence des limites de la « zone d'agglomération nouvelle » avec celles du « périmètre d'urbanisation (3) ».

### 1° Le budget de la population nouvelle

Les habitants nouveaux ne sont assujettis qu'à la seule imposition de l'organisme communautaire, c'est-à-dire que les communes ne peuvent plus percevoir de « centimes » à l'intérieur de la zone d'agglomération nouvelle.

Le syndicat communautaire d'aménagement, de même que la communauté urbaine, doivent établir un budget en deux parties (4).

Une première partie retrace les recettes et les dépenses afférentes à la réalisation des équipements et à la gestion des services à l'intérieur de la zone d'agglomération nouvelle ou, le cas échéant, des recettes ou des dépenses se rapportant directement hors de cette zone à sa réalisation. Cette partie du budget est analogue au budget établi dans le cas de « solidarité des populations » (voir p. 159).

La deuxième partie retrace les dépenses et les recettes du syndicat ou de la communauté urbaine, autres que celles retracées dans la première partie, c'est-à-dire celles qui se rapportent aux agglomérations existantes.

Dans le cas du syndicat communautaire, la nature des dépenses et leur volume peuvent être très variables ; ils seront fonction des compétences énumérées par le syndicat dans sa décision institutive (5).

---

(1) Loi de 1970, art. 15-II ; décret nos 72-33 et 72-34 du 10 janvier 1972, *J. O.* du 14 janvier 1972.
(2) Loi de 1970, art. 15-II.
(3) Loi de 1970, art. 6, 2°.
(4) Loi de 1970, art. 14.
(5) Loi de 1970, art. 12.

Dans le cas de la communauté urbaine, cette partie du budget sera nécessairement assez importante, puisque de nombreuses compétences sont transférées de droit à une communauté urbaine (1).

Les dépenses seront couvertes, selon les règles habituelles, par des centimes syndicaux (2) ou communautaires (3), prélevés sur la base d'un « principal fictif » correspondant à la somme des principaux fictifs afférents à chacune des communes.

En cas d'ensemble urbain, le budget est analogue à un budget communal, compte tenu des recettes exceptionnelles d'investissement (4) et du régime particulier du VRTS (5).

### 2º Le budget de la population ancienne

Les fractions de commune extérieures à l'agglomération nouvelle continuent à dépenser et à percevoir leurs ressources habituelles dans la partie de leur territoire située en dehors de la zone nouvelle. En particulier, elles recouvrent les « centimes » sur la base du principal fictif correspondant à ces portions de territoires. De même, le VRTS est recouvré dans les conditions du droit commun, c'est-à-dire compte tenu de l'impôt sur les ménages perçu sur ce territoire et d'un coefficient de 4 par logement en chantier.

D'autre part, à l'intérieur de la zone d'agglomération nouvelle, les communes existantes se chargent des dépenses et des recettes non assurées ou perçues par le syndicat communautaire ou la communauté urbaine.

Enfin, en cas « d'ensemble urbain », les budgets communaux des agglomérations existantes subsistent, mais les centimes sont recouvrés sur la base du principal fictif correspondant à leur territoire et le VRTS l'est dans les conditions du droit commun.

## 2. Le choix d'une structure communautaire

Après fixation par décret du périmètre d'urbanisation et dans le délai de quatre mois imparti, les communes peuvent soit accepter de prendre en charge l'aménagement de la nouvelle agglomération et choisir alors une formule de coopération, syndicat communautaire ou communauté urbaine, soit refuser la maîtrise d'ouvrage de l'opération projetée et voir alors la zone d'agglomération nouvelle se détacher de leur territoire pour constituer un ensemble urbain.

---

(1) Loi de 1966, art. 4.
(2) Art. 149 du Code de l'administration communale.
(3) Loi de 31 décembre 1966, art. 29 à 40.
(4) Loi de 1970, art. 25.
(5) Loi de 1970, art. 15, II.

## A. LES FORMULES DE COOPÉRATION INTERCOMMUNALE

a) *Une communauté urbaine existante décide de prendre en charge l'aménagement*

L'article 4 de la loi de 1970 prévoit la possibilité pour une communauté urbaine existante de « prendre en charge l'aménagement de l'agglomération nouvelle ». On a dit que « cette hypothèse est la plus simple, car elle ne remet pas en cause les structures locales et l'on peut penser que les communautés urbaines existantes y auront recours (1) ».

Cependant, deux cas peuvent se présenter. Lorsque le périmètre d'urbanisation est entièrement compris dans l'aire géographique d'une communauté urbaine, l'aménagement de l'agglomération ne pose pour celle-ci aucun problème particulier. Lorsque le périmètre d'urbanisation n'est compris qu'en partie dans le territoire d'une communauté urbaine, un décret en Conseil d'État doit modifier son aire géographique afin d'y inclure la totalité des communes intéressées par l'aménagement de l'agglomération nouvelle (2). Dans cette deuxième hypothèse, une nouvelle répartition des sièges du conseil de la communauté est prévue dans les conditions fixées par l'article 15 de la loi du 31 décembre 1966 (3). Comme le prévoit la loi de 1966, la communauté urbaine exerce les compétences définies aux articles 4 et 5.

Loin de constituer une structure d'accueil toute prête, la communauté urbaine de la loi de 1966 doit s'adapter pour devenir la communauté urbaine telle que prévue comme maître d'ouvrage d'une agglomération nouvelle. La difficulté de cette adaptation explique en partie la non-application de la loi du 10 juillet 1970 à Lille-est.

b) *Choix entre un « syndicat communautaire d'aménagement » et une « communauté urbaine »*

### 1º Les conditions de création

Pour la création d'un « syndicat communautaire » ou d'une « communauté urbaine », les collectivités locales doivent se soumettre aux conditions de majorité qualifiée, déjà mentionnées (2/3 — 50 %; 50 % — 2/3). Ce sont les conditions de majorité habituelles qui s'appliquent. Pour un syndicat, l'autorisation de création est donnée par arrêté du ministre de l'Intérieur. Pour une communauté urbaine, la décision de création est prise par un décret simple lorsque

---

(1) J. MORAND, *op. cit.*, 10.
(2) Loi de 1970, art. 4, 2º.
(3) Loi de 1966, art. 15 : « La répartition des sièges du conseil s'effectue par accord entre les conseils municipaux intéressés... Cet accord doit intervenir dans un délai de trois mois à compter de la publication du décret fixant le périmètre de l'agglomération... ».

toutes les communes ont donné leur accord et par un décret en Conseil d'État, à défaut.

Mais dans les deux cas, la création n'est vraiment définitive que si l'organisme passe, dans les quatre mois de sa constitution, une « convention » avec l'établissement aménageur. A défaut, un ensemble urbain est constitué d'office.

## 2° Les conditions de gestion (1)

La nature juridique de ces deux organismes est celle d'un établissement public à caractère administratif, doté de la personnalité morale et de l'autonomie financière.

Le système initialement prévu par la loi, en ce qui concerne la composition du « comité syndical » est un système intermédiaire entre le droit commun des syndicats de communes et celui des communautés urbaines. Elle est, en effet, fixée par les statuts adoptés selon les règles de majorité mentionnées pour la décision de création (deux tiers C — 50 % population ou 50 % C — deux tiers population). Chaque commune est représentée par des membres de son conseil municipal et dispose au minimum d'un délégué. Il est précisé qu'aucune commune ne peut disposer de la majorité absolue. Cependant, un accord amiable de répartition des sièges est souhaité et les critères proposés à cet effet se rapportent à l'intérêt direct de chaque commune à la réalisation de l'opération et au chiffre de population. A défaut d'accord, une répartition automatique intervient, à raison de deux délégués par commune.

Pour la composition du « conseil » de la communauté urbaine, ce sont les règles traditionnelles qui s'appliquent. Le principe en est l'élection au scrutin majoritaire à deux tours des délégués des communes (soit 50 membres lorsqu'il y a moins de 200 000 habitants et 70 membres lorsqu'il y a plus de 200 000 habitants). A défaut, les communes sont représentées proportionnellement à leur population, telle qu'elle ressort du recensement de 1968.

Le système de représentation prévu pour le « comité » syndical, s'il a l'avantage de donner aux municipalités existantes le contrôle de la ville nouvelle, conduit en pratique à des problèmes difficiles qu'il convient d'analyser.

En cas de désaccord, la règle de deux représentants par commune risque de conduire à des résultats contestables, lorsque les écarts de population entre les communes sont importants. Avec ce système, la commune de Pontoise, par exemple, qui représente la moitié de la population actuelle, risque d'avoir moins du dixième des sièges. D'autre

---

(1) Syndicat communautaire : loi de 1970, art. 9, art. II; Code de l'administration communale : art. 142 (dernier al.) et art. 144 à 146.
Communauté urbaine : loi de 1970, art. 4; loi de 1966, art. 15 à 20.

part, comme les habitants d'un nouveau quartier à cheval sur plusieurs communes continuent de voter dans les communes supports, cela risque à la fois de bouleverser certains des conseils municipaux existants et de conduire à une représentation dispersée des habitants de la ville nouvelle.

Enfin il y a dans cette formule le germe d'une situation malsaine qui pourrait conduire, à l'extrême, à faire voter le budget de la ville nouvelle par les anciens habitants et réciproquement à faire voter le budget de certaines communes par les nouveaux habitants. Prenons, à titre d'exemple, l'hypothèse d'application de la formule syndicale à la ville nouvelle du Vaudreuil. Si le « comité » est composé, à la suite d'un défaut d'accord entre les communes, de deux représentants pour chacune des huit communes de la ville nouvelle et compte tenu de ce qu'en 1977, par exemple, il y aura 15 000 habitants nouveaux, situés pour l'essentiel sur deux communes seulement, les deux communes en question, qui constitueront environ les trois quarts de la population totale, ne disposeront que de quatre sièges sur seize au comité syndical. En ce cas, les nouveaux habitants seront minoritaires au « comité syndical » pour voter le budget de la ville nouvelle, mais disposeront paradoxalement de la majorité absolue au conseil municipal des deux premières communes. Ils voteront donc les budgets municipaux pour la partie des communes située en dehors du territoire de la ville nouvelle. Ce qui revient à dire que les nouveaux habitants voteront seuls des impôts qu'ils ne paieront pas et des dépenses qui ne leur profiteront pas.

Cependant la composition du comité syndical est modifiée lors des élections municipales en fonction d'un recensement partiel précédant ces élections; la composition du « conseil communautaire » est modifiée lors des élections municipales, des recensements généraux de population et en cas d'adjonction de communes.

### 3° Les compétences

*Étendue des compétences*

Les compétences de l'article 4 de la loi du 31 décembre 1966 sont obligatoires, que ce soit pour le « syndicat » ou la « communauté (1) ». Elles concernent l'urbanisme et la planification, l'urbanisation, le logement, les lycées et collèges, les locaux scolaires dans les ZAC, les transports urbains, l'eau, l'assainissement, la salubrité, la voirie et le stationnement.

Les compétences de l'article 5 de la loi du 31 décembre 1966 sont obligatoires seulement pour le syndicat communautaire, mais sont facultatives pour la communauté urbaine. Elles concernent les équi-

---

(1) Loi de 1970, art. 13.

pements culturels, sportifs et socio-éducatifs, sanitaires et sociaux, les espaces verts, l'éclairage public.

D'autre part, les équipements autres que ceux qui sont énumérés aux articles 4 et 5 de la loi de 1966, ainsi que la gestion de certains services communaux (1) peuvent être transférés au conseil de la communauté ou au comité syndical, après accord des conseils municipaux intéressés.

*Champ d'application de ces compétences*

Les compétences énumérées ci-dessus s'appliquent à l'intérieur de la « zone d'agglomération nouvelle », c'est-à-dire sur l'ensemble du territoire des communes si une demande conforme a été présentée par les communes intéressées à la majorité qualifiée dans les quatre mois du décret de création de l'agglomération nouvelle (2). Sinon, elles ne s'appliquent que sur le seul périmètre d'urbanisation.

La différence la plus marquante entre les formules du « syndicat communautaire » et de la « communauté urbaine » apparaît à l'extérieur du périmètre d'urbanisation, c'est-à-dire vis-à-vis des agglomérations actuelles. La formule du syndicat paraît plus souple pour les agglomérations actuelles que celle de la communauté urbaine. En effet, ne sont transférées au « syndicat » que les attributions inscrites volontairement dans les statuts ou que les communes acceptent ultérieurement, au coup par coup, de remettre au syndicat (3). De la sorte, le syndicat communautaire joue vis-à-vis des communes anciennes le rôle d'un syndicat ordinaire à vocation multiple (SIVOM).

Par contre, la communauté urbaine opère un transfert de compétences au profit de son conseil, pour toutes les attributions énumérées à l'article 4 de la loi de 1966 et de façon facultative pour les attributions énumérées à l'article 5 de ladite loi. La communauté urbaine réalise donc une intégration plus poussée des compétences communales, car celle-ci se fait sur la totalité de leur territoire.

Il faut rappeler que les compétences du syndicat communautaire et celles de la communauté urbaine, dans la zone d'agglomération, sont subordonnées à l'établissement d'une convention avec un organisme aménageur. Sinon le périmètre d'urbanisation est détaché des territoires communaux, pour constituer un ensemble urbain, second mode de réalisation de l'agglomération nouvelle.

## B. UNE NOUVELLE COMMUNE : L'ENSEMBLE URBAIN

Si les collectivités locales refusent la maîtrise d'ouvrage de la ville nouvelle, le « périmètre d'urbanisation » est exterritorialisé et érigé en « ensemble urbain ».

---

(1) Loi du 31 décembre 1966, art. 6.
(2) Loi de 1970, art. 6.
(3) Loi de 1970, art. 12.

Pour les responsables du projet de loi, l'ensemble urbain est un établissement public préfigurant la commune nouvelle. On ne pouvait envisager de créer une commune classique, car il n'y a au départ pratiquement pas d'habitants, donc pas d'électeurs et pas de contribubuables (1).

Pour les sénateurs, l'ensemble urbain est « un monstre juridique ». C'est « une tentative de créer de nouvelles entités territoriales administrées autoritairement par des représentants directs du pouvoir et placés là pour appliquer sa politique (2) ». Sa procédure d'administration paraît de « nature anticonstitutionnelle et antidémocratique et portant atteinte à l'autonomie et aux libertés communales (3) ».

En fait, comme l'écrit M¹ˡᵉ Heymann « l'ensemble urbain n'entre pas dans une catégorie juridique : le texte se borne à lui attribuer la personnalité morale et le soumet au régime des communes (4) ». Plutôt qu'un « établissement public », c'est, comme le dit M. Zimmermann dans son rapport « une institution *sui generis* (5) » qui est, en fait, une nouvelle commune. Cependant, cet établissement public se rapproche du « secteur de commune » prévu par l'ordonnance du 5 janvier 1959 (6).

Pour MM. Gaschignard et Roullier « l'ensemble urbain constitue pratiquement, dès le premier jour, une commune de plein exercice, détachée des communes préexistantes (7) ».

L'inconstitutionnalité d'une telle création ne paraît pas très fondée (8). En effet, si l'ensemble urbain surajoute aux collectivités locales déjà existantes une collectivité nouvelle, cela ne paraît pas en contradiction avec l'article 72, alinéa 1, de la constitution, qui permet au législateur de créer toutes les collectivités territoriales autres que les communes, les départements et les territoires d'outre-mer. Et cela d'autant plus que l'ensemble urbain n'est qu'un système d'administration provisoire devant par la suite devenir une commune.

a) *Les conditions de création d'un ensemble urbain*

Deux cas de création d'un ensemble urbain sont envisagés.

Le premier, dit de « l'ensemble urbain *volontaire* », est le choix offert aux communes qui peuvent décider à l'unanimité d'avoir recours

---

(1) J. BRENAS, *Le statut juridique et le rôle des collectivités locales*, Fondation nationale des sciences politiques, *op. cit.*, p. 180.
(2) M. J. Eberhard, déb. Sénat, 16 avril 1970, p. 227.
(3) *Ibid.*, déb. Sénat, 28 mai 1970, p. 551.
(4) M¹ˡᵉ A. HEYMANN, *op. cit.*, p. 450.
(5) M. M. Zimmermann, rapport 1280, doc. AN, p. 24.
(6) *Cf.* chapitre 1, section 3 (Le précédent des « secteurs de commune »).
(7) GASCHIGNARD et ROULLIER, *Les structures administratives des villes nouvelles*, Adm., n° 77, novembre 1972.
(8) M¹ˡᵉ J. MORAND, *op. cit.*, 17.

à cette formule (1). Cette option offerte aux communes ne paraît pas théorique, car elle fut demandée au Sénat par M. Héon, conseiller général de l'Eure qui envisageait cette solution pour la ville nouvelle du Vaudreuil. Il lui paraissait difficile d'y adopter le « syndicat communautaire », compte tenu de la surface financière des collectivités locales (2).

Le deuxième cas de constitution d'un ensemble urbain est celui où les communes ont refusé de constituer un syndicat communautaire ou une communauté urbaine dans le délai requis de quatre mois, ou que, ces organismes ayant été créés, ils n'ont pas passé la « convention » prévue avec l'établissement public dans un nouveau délai de quatre mois (3).

b) *Les conditions de gestion* (4)

L'ensemble urbain est administré provisoirement par un « conseil » composé de manière différente, suivant qu'il se rapporte à un ensemble urbain demandé par les communes ou à un ensemble urbain imposé aux communes. Dans les deux cas, il comprend initialement neuf membres.

*L'ensemble urbain volontaire* a un conseil composé de quatre membres désignés par une « assemblée spéciale » réunissant les conseillers municipaux en exercice. Les cinq autres membres sont nommés par le conseil général (le conseiller général du canton sur lequel se trouve l'ensemble urbain étant membre de droit).

Il fallait en effet enlever à l'ensemble urbain « volontaire », le caractère de « véritable repoussoir » qu'il a dans la loi lorsqu'il est constitué d'office (5). Seul, M. Mignot critiqua la composition de l'ensemble urbain « volontaire », en faisant remarquer qu'étant une hypothèse de disparition des communes, il serait géré en définitive par des élus privés de mandat. Mais le gouvernement déposa un amendement identique à celui de M. Héon et l'Assemblée nationale suivit sans difficulté le Sénat sur ce point.

L'Assemblée nationale prévoyait de faire nommer par décret les neuf membres du Conseil de l'ensemble urbain dit « d'office (6) », car elle trouvait impraticable tout système qui aurait confié la gestion de l'agglomération nouvelle à des élus, par principe hostiles à celle-ci (7). Mais une telle « nomination » était suspecte d'inconstitutionnalité, car l'alinéa 2 de l'article 72 de la constitution énonce que les collectivités « s'administrent librement par des conseils élus »,

---

(1) Loi de 1970, art. 5.
(2) *J. O.*, déb. Sénat, 28 mai 1970, p. 535.
(3) Loi de 1970, art. 7.
(4) Loi de 1970, art. 20, 22, 21.
(5) M. Héon, *J. O.*, déb. Sénat, 28 mai 1970, p. 535.
(6) Loi de 1970, art. 20, *b*.
(7) M. Zimmermann, doc. AN, 1280, 1969-1970, p. 26.

et les principes généraux de droit prescrivent que « seule une assemblée peut voter l'impôt (1) ». Aussi les contre-propositions du Sénat qui consistaient à confier l'administration de l'ensemble urbain à neuf conseillers généraux élus par le conseil général (ceux des cantons de l'ensemble urbain étant membres de droit) eurent gain de cause, en troisième lecture.

Le « conseil » de l'ensemble urbain ainsi formé est complété progressivement par des membres élus selon un mécanisme qui permet d'assurer la représentation des nouveaux habitants. Le complément du conseil se fait à trois reprises avec trois membres élus de la nouvelle population : la première fois lorsque 2 000 logements sont occupés, la deuxième fois deux ans après cette première élection et la troisième fois deux ans après la seconde élection. Lorsque l'ensemble urbain est érigé en commune, soit trois ans au plus tard après la dernière de ces élections, un conseil municipal est formé, cette fois dans les conditions du droit commun.

L'évolution de l'ensemble urbain consiste à transformer en commune ce qui était au départ la « dentelle urbanistique » du périmètre d'urbanisation. Il peut y avoir quelques problèmes, car la frontière initiale du périmètre d'urbanisation doit tenir compte de considérations techniques, psychologiques ou politiques, qui peuvent se révéler artificielles au bout de quelques années. Cependant les anciennes communes peuvent préférer, après le bouleversement résultant de la création de la ville nouvelle, s'associer avec celle-ci en une communauté urbaine, ou préférer cette fois la fusion.

c) *Compétences d'un ensemble urbain*

A l'intérieur du périmètre fixé par décret (2), l'ensemble urbain jouit de la plénitude des attributions municipales sous réserve que son budget soit toujours approuvé par l'autorité de tutelle. Il a donc le même régime juridique, administratif, financier et fiscal qu'une nouvelle commune.

Le texte de la loi qui concerne l'ensemble urbain laisse certains points obscurs : les communes avoisinantes ont-elles la possibilité de s'associer avec l'ensemble urbain dans un « syndicat »? L'ensemble urbain a-t-il la possibilité d'exercer des prestations de services pour les communes situées à l'extérieur du périmètre d'urbanisation? L'ensemble urbain succède-t-il aux syndicats et districts existants? Les communes existantes auront-elles droit à une compensation pour la perte de leurs recettes engendrée par la création de l'ensemble urbain? Les réponses peuvent se référer aux solutions adoptées pour les communautés urbaines.

---

(1) Voir M. J. Raybaud, déb. Sénat, 16 avril 1970, p. 220.
(2) Loi de 1970, art. 20.

## Section II

# LA MAITRISE D'OUVRAGE DE L'ÉTAT

La « maîtrise d'ouvrage » n'a pas seulement pour but d'assurer le support juridique d'une opération, mais de créer un support financier par la mise en commun des recettes et des dépenses qui en résultent.

Si la création d'un organisme regroupant les collectivités locales favorise une meilleure harmonisation, elle laisse entièrement subsister le problème quantitatif. Le budget de la ville nouvelle va être dès le départ bien supérieur à celui de l'ensemble des communes concernées. Or son assiette fiscale est très faible, puisqu'il n'y a encore ni habitant, ni activité sur le territoire de la ville nouvelle. En conséquence,

> la mise en place des villes nouvelles risque de devenir une illustration particulièrement frappante de la crise des finances locales et des risques, à défaut de ressources propres suffisantes, de dépendance des communes vis-à-vis des ministères (1).

Certes, si la mise en place d'une organisme communautaire améliore considérablement la situation initiale en redonnant la maîtrise d'ouvrage aux collectivités locales, celle-ci reste insuffisante, puisqu'elle requiert l'aide constante de l'État, dont les administrations entendront en fait conserver une partie du contrôle des opérations.

Il convient donc de s'interroger sur la part de contrôle que l'État entend garder dans les villes nouvelles.

## 1. L'État décide du début et de la fin des opérations

Comme nous l'avons vu dans le première partie de cette étude, aucun acte juridique précis ne permet de déterminer le moment où a été prise la décision de démarrer une ville nouvelle. La loi du 10 juillet 1970 n'éclaircit guère la situation, si ce n'est qu'elle prévoit que la création d'une agglomération nouvelle est décidée par un décret fixant un « périmètre d'urbanisation ». On confère ainsi le label « ville

---

(1) M<sup>lle</sup> J. MORAND, *op. cit.*, p. 24.

nouvelle », avec les avantages qu'il comporte à une opération comme celle de Melun-Sénart, par exemple, mais on ne le fait pas pour Créteil, qui sur le plan qualitatif a les caractéristiques d'une ville nouvelle. Pourquoi L'Isle-d'Abeau près de Lyon est-elle une ville nouvelle, mais non Villeneuve-Eschirolles près de Grenoble ?

Si l'absence de participation des collectivités locales à la décision de création peut paraître justifiée, on peut se demander, en revanche, si le Parlement ne devrait pas se prononcer sur la nécessité d'entreprendre des opérations d'une telle ampleur, dont le coût ne manquera pas d'avoir des incidences sérieuses sur les finances publiques (1). En ce sens, un amendement déposé au Sénat prévoyait que les projets de création seraient « fixés par le plan de développement économique et social, dont l'approbation est soumise au Parlement (2) ». Mais l'article 2 de la loi de 1970 dispose seulement que le Plan devra prévoir « les moyens de réalisation des villes nouvelles », disposition qui ne permet qu'un contrôle, sommaire et a posteriori, par le Parlement d'opérations déjà en cours.

En vertu du principe du parallélisme des formes, c'est un décret qui fixe la date à laquelle les opérations de construction et d'aménagement seront considérées comme terminées (3). Ce décret interviendra au maximum vingt-cinq ans après le décret de création, sur proposition ou après avis du comité du syndicat communautaire ou du conseil de la communauté urbaine et après avis des conseils municipaux des communes intéressées.

## 2. En accordant les dispositions financières favorables, l'État devient responsable de l'équilibre financier des opérations

> Pour réussir l'opération « villes nouvelles » une volonté persévérante et cohérente s'impose, aussi bien de la part des pouvoirs publics, notamment de l'État, que des collectivités locales (4).

Cette volonté de l'État, sous-jacente dans les débats parlementaires, est exprimée dans la loi de 1970, sous le titre IV intitulé *Dispositions diverses*. Or c'est en fait, le titre qui « traite » le problème fondamental, celui de l'aide qu'entend donner l'État aux agglomérations nouvelles

---

(1) J. MORAND, *op. cit.*, p. 7.
(2) *J. O.*, déb. Parl., Sénat, 15 mai 1970, p. 407.
(3) Loi de 1970, art. 18.
(4) M. Boscher, *J. O.*, déb. AN, 18 décembre 1969, p. 5041.

sous trois formes différentes : les avantages en capital, le régime particulier des emprunts, les avantages concernant les recettes de gestion.

## A. AVANTAGES EN CAPITAL

L'article 25 de la loi Boscher dispose que les aménagements et les équipements, afférents à l'urbanisation nouvelle, bénéficieront de « dotations en capital » de l'État et que les montants de ces dotations seront fixés en fonction des bilans prévisionnels de l'agglomération nouvelle.

Le Sénat a élargi le projet initial qui ne prévoyait qu'une seule dotation en demandant que l'agglomération nouvelle puisse bénéficier, de la part de l'État, de plusieurs dotations en capital, compte tenu du fait que « l'aide de l'État sera nécessairement fractionnée dans le temps ».

> Les dotations ainsi prévues permettront, en l'absence de matière fiscale, d'équilibrer le budget de l'agglomération nouvelle pendant la période de démarrage des opérations. Elles seront évaluées au vu de plusieurs bilans prévisionnels successifs, et non pas, comme le prévoyait le texte adopté par l'Assemblée, au vu du seul bilan prévisionnel global d'origine (1).

Mais l'étendue et la périodicité de ces versements ne sont nullement indiquées. Certaines directives et déclarations antérieures du ministère de l'Équipement et du logement permettent de penser que l'aide de l'État ne serait que provisoire, visant à permettre le démarrage des opérations, et destinée à être relayée rapidement par un bilan positif des opérations de la ville nouvelle (2). D'autre part, l'attribution d'une dotation pourrait être facultative et destinée à pallier « les insuffisances financières découlant de la comparaison des ressources et des dépenses probables qui se rattachent normalement à l'opération envisagée (3) ».

Mais surtout pour le gouvernement, il convenait d'éviter

> que la rédaction du texte législatif laisse subsister une ambiguïté en permettant de penser que tout au long de la construction de la ville nouvelle, et quelles que soient les conditions réelles de son équilibre financier, il y ait obligation de verser une dotation en capital supplémentaire lors de l'examen de chacun des bilans successifs et notamment des tout derniers (4).

Cette absence de précision sur les modalités d'octroi des « dota-

---

(1) M. Mignot, doc. Sénat, 2e sess., no 182, 1969-1970, p. 31.
(2) Cf. Directive no 2 du 8 juillet 1969, op. cit.
(3) A. Bord, J. O., déb. AN, 18 déc. 1969, p. 5050.
(4) J. O. déb. Sénat, 16 avril 1970, p. 220.

tions en capital » laisse une bonne marge de manœuvre aux administrations intéressées par les villes nouvelles et plus spécialement au Groupe central des villes nouvelles, dont la mission est : « de proposer les décisions concernant les dotations en capital et la cohérence des programmes annuels de financement sur crédits publics (1) ».

A défaut de précision, on ne peut formuler que des hypothèses sur le contenu probable de ces dotations, qui recouvriront sans doute :
— la subvention de fonctionnement allouée à l'établissement public en tant qu'agence d'urbanisme et organisme technique de l'agglomération nouvelle ;
— le financement à 100 % de la voirie primaire, même lorsque celle-ci a un caractère communal ;
— les avances remboursables affectées aux premiers travaux d'assainissement ;
— la rétrocession gratuite, ou à prix réduit, des terrains d'emprise des équipements publics, c'est-à-dire des terrains acquis sur crédits budgétaires.

Pour l'ensemble de ces dotations et comme cela s'est déja passé en matière d'assainissement, il est probable que l'État fasse transiter ses crédits aux établissements publics d'aménagement par le biais de « conventions (2) » tripartites, afin de lier les organismes communautaires de la « loi Boscher » aux établissements publics déjà en place. C'est ainsi que le ministère de l'Aménagement du territoire a été autorisé par le ministère des Finances à verser par anticipation sur l'échéance des annuités d'emprunt aux établissements publics pour le compte des organismes communautaires, des crédits de paiement, dans la limite du montant des autorisations de programme constituant la dotation en capital.

A la différence des villes nouvelles britanniques, qui bénéficient d'un financement unique sous forme d'un prêt annuel à long terme, il semble que les organismes français auront à recourir d'abord aux modes de financement classiques et que seule la preuve de leur insuffisance déclenchera le mécanisme de dotations (3).

Au titre des avantages en capital accordés par l'État, il faut signaler aussi que des subventions d'équipement seront accordées au taux maximum chaque année, leur montant figurant dans un document annexé à la loi de finances (4). L'amendement du Sénat, demandant une individualisation dans la loi de finances pour que le contrôle du Parlement s'effectue directement, ne fut pas suivi. Cependant la directive du Premier ministre, relative « aux procédures applicables aux

---

(1) *Cf.* « Ciatar » du 26 mai 1970, rapporté par J. E. ROULLIER, *Les grands problèmes, op. cit.*, p. 115.
(2) Art. 25, 5.
(3) M. J. E. ROULLIER, *op. cit.*, p. 158.
(4) Loi de 1970, art. 25, 3e al.

investissements publics à réaliser dans les villes nouvelles », constitue un progrès considérable pour la mise en œuvre de cette individualisation (1).

## B. RÉGIME PARTICULIER DES EMPRUNTS

Le remboursement des emprunts par les collectivités locales pose un problème, car ils sont accordés en France à beaucoup plus court terme que dans les autres pays industrialisés. Les prêts concernant les opérations d'équipement ont une durée de six ans, avec différé d'amortissement de trois ans (2), alors que des prêts similaires sont consentis en Grande-Bretagne pour quarante ans, en Suède comme aux États-Unis pour quinze ans. L'expérience anglaise montre que pendant dix ans l'organisme aménageur ne peut ni payer les intérêts des emprunts souscrits, ni les rembourser, et que pendant les dix années suivantes seul le paiement des intérêts est possible (3).

Aussi, dans le cas des villes nouvelles, a-t-il été admis par décision conjointe des différents ministères intéressés que l'État et le district prendraient en charge les premières annuités des prêts contractés par les établissements publics au nom des collectivités locales, tant pour les infrastructures primaires que pour certains équipements de superstructure. Ce « différé d'amortissement » s'applique depuis 1970 et devrait durer jusqu'à la fin du VIᵉ Plan. Normalement ce n'est qu'en 1976 que devraient apparaître les premières charges de remboursement des sommes avancées par l'État pour les collectivités locales. Or il semble que, pour les contrats d'emprunt signés en 1972 et 1973, il y aurait renoncement de l'État à demander le remboursement des sommes affectées par lui à la couverture des premières annuités.

D'autre part l'article 25 de la loi de 1970 accorde la garantie de l'État et des collectivités publiques pour les emprunts engageant la responsabilité des communes vis-à-vis des organismes publics de crédit (4). Cette formule, comme le fit remarquer le président du Sénat, est curieuse, car elle laisse entendre que l'État n'est pas une collectivité publique (5). Elle est beaucoup moins précise que celle de M. Boscher, qui prévoyait que l'État accorderait sa garantie aux organismes responsables de l'aménagement des villes nouvelles vis-à-vis des établissements de crédit (6).

---

(1) *Directive* nᵒ 10063 du 23 septembre 1971 (voir ce problème dans la 1ʳᵉ partie, GCVN).

(2) Rapport de la commission des finances, AN, doc. 64, 1966-1967, 28 septembre 1969, p. 1755.

(3) M. COTTEN, *Les problèmes administratifs et financiers posés pour la réalisation des villes nouvelles*, *MTP*, 22 février 1969.

(4) Loi de 1970, art. 25, 4ᵉ al.

(5) *J. O.*, déb. Sénat, 30 juin 1970, p. 1317.

(6) *J. O.*, déb. AN, 18 décembre 1969, p. 5050.

## C. AVANTAGES CONCERNANT LES RECETTES DE GESTION

Sur le plan fiscal, étant donné l'absence d'habitants et d'activités, l'assiette fiscale d'une ville nouvelle est quasi inexistante au démarrage. Aussi la loi du 10 juillet 1970 prévoit-elle une façon spéciale de calculer les attributions dues au titre du versement représentatif de la taxe sur les salaires (VRTS) pour les villes nouvelles.

a) *Le mécanisme général du VRTS* (rappel)

Remplaçant l'ancienne taxe locale sur le chiffre d'affaires, supprimée le 1er janvier 1968, le VRTS est un produit du budget de l'État, qui est réparti aux communes chaque année de la façon suivante (1). Une première forme d'attribution se fait au prorata des attributions passées ou garanties au titre de la taxe locale (2). Une seconde forme d'attribution se fait depuis 1969, au prorata de « l'impôt sur les ménages » de l'année précédente (3).

En région parisienne, ce régime est rendu complexe par l'intervention d'un fonds de péréquation, le « fonds d'égalisation des charges des communes » (FEC) créé par la loi nº 64-707 du 10 juillet 1964. Ce fonds prélève la différence entre le montant de la part locale revenant dans le système national à l'ensemble des communes de la région parisienne et le montant de leurs attributions passées ou garanties en taxe locale. Les sommes ainsi prélevées sont redistribuées aux différentes communes de la région, en fonction de critères tels que la population, le taux d'imposition et le degré d'urbanisation (4).

b) *Régime particulier applicable aux villes nouvelles* (5)

La loi de 1970 et ses décrets d'application peuvent permettre aux villes nouvelles de connaître pendant leur création, une majoration des recettes annuelles au titre du VRTS qui pourrait être de l'ordre de 30 à 45 %.

En premier lieu, les répartitions soumises à un critère démographique sont effectuées en fonction de recensements annuels de population (6) et d'une population « fictive » calculée à raison de six personnes par logement en chantier.

En second lieu, dans le cadre des attributions du FEC, une attribution garantie fictive au titre de l'ancienne taxe sur les salaires est accordée aux nouveaux habitants (7). Elle est égale au minimum garanti

---

(1) Loi du 6 janvier 1966.
(2) Dégressive d'année en année, cette formule prendra fin en 1989.
(3) Voir décret nº 67-863 du 29 septembre 1967, formule progressive d'année en année, elle représentera en 1990 l'intégralité de la recette.
(4) Loi du 2 août 1961 créant une taxe spéciale d'équipement en RP.
(5) Loi de 1970, art. 15, II, décret nos 72-33 et 72-34 du 10 janvier 1972, *J. O.* du 14 janvier 1972.
(6) Décret nº 72-33 du 10 janvier 1972.
(7) Décret nº 72-34 du 10 janvier 1972.

par habitant en 1967 au titre de la taxe locale sur le chiffre d'affaires (soit 47 F), multiplié par le nombre d'habitants (en tenant compte

En troisième lieu, pour le coefficient d'abattement jouant sur les prélèvements et les répartitions du FEC, seul sera retenu le coefficient le plus élevé en vigueur dans la zone d'agglomération nouvelle (1).

Pour calculer l'impôt des ménages servant de base au calcul du prélèvement et des répartitions du FEC au titre de la première année de fonctionnement du budget de l'organisme communautaire, on a renoncé à appliquer l'article 15 de la loi de 1970 prévoyant qu'il serait calculé au prorata des impôts des ménages au cours de l'année même, pour en revenir au régime général du calcul sur l'année précédente.

La loi du 23 décembre 1972 précise que les agglomérations nouvelles peuvent demander l'intégration fiscale progressive prévue à l'article 1380 bis du Code des impôts, complété par l'article 13 de la loi n° 71-588 du 16 juillet 1971; et que les exonérations de patente antérieures à la création des agglomérations nouvelles sont maintenues pour la quotité et la durée initialement prévues.

Il faut noter enfin que, dans l'hypothèse où l'équilibre du premier budget d'une agglomération nouvelle se révèlerait impossible à réaliser dans le cadre d'une pression fiscale raisonnable, le ministère des Finances pourrait autoriser l'utilisation d'une fraction limitée de la dotation en capital, correspondant à la prise en charge des premières annuités d'emprunt, qui devrait être reconstituée sur les budgets des exercices suivants de cette collectivité.

## D. L'ÉTAT OBLIGE L'ORGANISME COMMUNAUTAIRE A PASSER UNE « CONVENTION » AVEC L'ÉTABLISSEMENT PUBLIC D'AMÉNAGEMENT

Pour M. J. Éberhard,

> le syndicat communautaire ne sera pas un organisme aménageur, mais un organisme payeur, ne serait-ce que par l'obligation qui lui est faite de passer une convention avec un établissement public créé spécialement à cet effet (2).

L'ensemble urbain, comme le syndicat communautaire ou la communauté urbaine doivent conclure dans les quatre mois suivant leur création une convention avec un organisme mentionné à l'article 78-1 du Code de l'urbanisme et de l'habitation (2).

Le caractère obligatoire donné aux relations avec l'organisme aménageur s'explique pour deux raisons. La première, c'est que le refus de concéder l'aménagement n'est pas une hypothèse théorique

---

(1) Loi 1970, art. 15, II, 5°.
(2) J. Eberhard, *J. O.*, déb. Sénat, 16 avril 1970, p. 227.

depuis que des municipalités ont usé de cette possibilité pour paralyser certaines ZUP (1). La deuxième, c'est que les établissements publics d'aménagement sont déjà en place et qu'il paraît indispensable de prévoir dès le départ les relations entre deux organismes, qui peuvent apparaître à certains égards comme concurrents.

La sanction pour le retard ou le refus de passer cette convention est la création d'un ensemble urbain par voie autoritaire (2), ou le remplacement du conseil de l'ensemble urbain comportant des représentants des communes par un conseil n'en comportant pas (3).

D'autre part la convention en question doit être conforme à une « convention-type », sinon elle est « soumise à approbation (4) ». Si elle comporte des clauses particulières, celles-ci ne doivent pas déroger aux clauses de la convention-type, ni en limiter la portée (5).

Cette convention établissant les règles du jeu entre l'organisme communautaire et l'établissement public a un caractère particulièrement important.

A la différence de la loi de 1970, qui n'écartait pas la possibilité de choisir une société d'économie mixte comme organisme d'aménagement, puisqu'elle parlait de « l'un des organismes mentionnés à l'article 78-1 », le décret de 1971 ne parle que des « seuls établissements publics d'aménagement ».

---

(1) Exemple de la commune de Vitry.
(2) Loi de 1970, art. 7, 1° et 2°.
(3) Loi de 1970, art. 21.
(4) Loi de 1970, art. 10, 2°.
(5) Décret n° 71-898 du 27 octobre 1971, art. 2, *J. O.* du 9 novembre 1971.

# 9
# L'application de la loi du 10 juillet 1970

S'il a fallu cinq ans, de 1965 à 1970, pour aboutir à la « loi Boscher », il aura fallu attendre le mois d'octobre 1971 pour que soient publiés les premiers décrets d'application (1).

La décision d'appliquer la loi a été prise par le Groupe central des villes nouvelles le 5 janvier 1972. Cette décision a tenu compte de deux contraintes. Sur le plan politique les responsables pensaient qu'une consultation des collectivités locales ne saurait intervenir après le mois de juillet 1972, compte tenu des échéances électorales de mars 1973. Sur le plan technique il fallait mettre en place le dispositif institutionnel pour le 1er janvier 1973, début de la nouvelle année civile, afin que les avantages fiscaux et financiers prévus par la loi puissent jouer à compter de cette date. Compte tenu des étapes administratives à franchir et des délais de consultation prévus, il faut compter environ une année pour aboutir à la création d'une agglomération nouvelle.

## Section I

## LA PROCÉDURE D'APPLICATION DE LA LOI DU 10 JUILLET 1970

La loi sur les agglomérations nouvelles prévoit un calendrier comportant deux phases distinctes. La première aboutit à la création de « l'agglomération nouvelle » par décret en Conseil d'État. La seconde est une période de choix ouvert aux collectivités locales entre les différentes formules de regroupements proposés.

---

(1) Décret nos 71-896, 71-897, 71-898 du 27 octobre 1971.

## 1. Création d'une « agglomération nouvelle »

La création d'une agglomération nouvelle est décidée par un décret en Conseil d'État qui définit un périmètre d'urbanisation.

Ce décret est pris après consultation des collectivités locales intéressées selon la procédure suivante.

Les établissements publics préparent des projets de périmètre d'urbanisation et un dossier de consultation, comprenant un rapport général sur les objectifs de la ville nouvelle, un plan au 1/20 000 du périmètre d'urbanisation, des plans schématiques au 1/5 000 de l'agglomération nouvelle ainsi que des bilans prévisionnels des opérations d'aménagement (1). Le responsable de la procédure administrative étant le ministère de l'Intérieur, c'est lui qui saisit, sous couvert des préfets, les communes et les conseils généraux intéressés. Les communes et le conseil général ont alors un délai de trois mois pour donner leur avis sur le périmètre d'urbanisation et demander d'éventuelles modifications.

En effet, comme nous l'avons vu, ce périmètre peut comprendre des communes entières ou des fractions de commune : l'esprit de la loi étant de « le limiter aux terrains vierges nécessaires à l'urbanisation, les villages et bourgs existants restant à l'extérieur du périmètre (2) ». Aussi les communes peuvent-elles demander, lors de cette consultation, que leur territoire soit entièrement inclus dans le périmètre d'urbanisation. Cette extension a été demandée par certaines communes à Berre, L'Isle-d'Abeau, et Saint-Quentin-en-Yvelines.

La consultation achevée, les trois ministères intéressés (Intérieur, Finances, Équipement), après avis des préfets concernés, fixent la position du gouvernement sur le projet de décret adoptant le périmètre d'urbanisation et la liste des communes concernées. Après examen du Conseil d'État, un décret fixe de façon définitive le périmètre d'urbanisation et crée l'agglomération nouvelle (3).

## 2. Choix ouvert aux collectivités locales

A compter de la publication du décret instituant l'agglomération nouvelle, les communes concernées doivent, dans un délai de quatre mois, se prononcer sur : l'organisme qu'elles souhaitent mettre en place pour la gestion de l'agglomération nouvelle et l'assiette territoriale qu'elles entendent lui conférer par rapport à leurs limites territoriales (4).

(1) Décret n° 71-896 du 27 octobre 1971, art. 1, 2, 3, *J. O.* du 9 novembre 1971.

(2) J. C. GASCHIGNARD, J. E. ROULLIER, *Les structures administratives des villes nouvelles*, Adm., n° 77, novembre 1972, p. 122.

(3) Voir la répartition de la population des communes composant les agglomérations nouvelles du tableau publié par le *J.O.* du 26 janvier 1974.

(4) Loi de 1970, art. 6.

Si le choix entre une formule syndicale ou communautaire se fait à la majorité qualifiée déjà mentionnée, le choix d'un ensemble urbain demande un vote à l'unanimité des communes. En ce qui concerna l'éventuelle application de l'article 6 de la loi, la décision se fait à le même majorité qualifiée.

A l'issue de cette nouvelle consultation, l'organisme choisi par les communes est mis en place : par arrêté du ministre de l'Intérieur s'il s'agit d'un syndicat communautaire d'aménagement; par décret simple s'il y a accord de toutes les communes; sinon par décret en Conseil d'État s'il s'agit d'une communauté urbaine ou d'un ensemble urbain.

D'autre part, en application de l'article 6 de la loi de 1970, un arrêté préfectoral vient fixer les limites de la zone d'agglomération nouvelle, conformément à la demande des communes ou, à défaut de demande des communes, conformément au périmètre d'urbanisation.

Enfin, si les communes n'ont pas choisi dans les délais fixés la formule du syndicat communautaire ou celle de la communauté urbaine, ou si ces organismes n'ont pas accepté de passer une convention avec l'établissement public, un ensemble urbain est créé par décret en Conseil d'État.

## Section II

# L'APPLICATION DE LA LOI DU 10 JUILLET 1970 DANS LES DIFFÉRENTES VILLES NOUVELLES

## 1. Cergy—Pontoise (1)

La consultation des dix-sept « communes intéressées » a été lancée par une lettre du préfet du Val-d'Oise le 12 février 1972. Il s'agit des communes de : Boisemont, Boissy-l'Aillerie, Cergy, Courdimanche, Ennery, Éragny, Génicourt, Jouy-le-Moutier, Menucourt, Méry-sur-Oise, Neuville-sur-Oise, Osny, Pierrelaye, Pontoise, Puiseux-Pontoise, Saint-Ouen-l'Aumône, Vauréal. Ces communes ont exprimé des avis divers sur le périmètre qui leur était proposé. Dix ont accepté

---

(1) M. LACHENAUD, *Un exemple d'application de la loi du 10 juillet 1970*, in *Adm.*, n° 77, novembre 1972, p. 125.

le principe d'une intégration dans le périmètre d'urbanisation en demandant des rectifications sur son tracé. Une commune a accepté le périmètre tel qu'il était proposé; cinq communes ont demandé à ne pas faire partie de l'agglomération nouvelle. Pour M. Lachenaud, secrétaire de l'établissement public,

> sur le plan politique, il a été tenu très largement compte, à la suite de réunions successives entre le préfet et les maires intéressés, des demandes de modification du périmètre lorsqu'elles ne remettaient pas en cause fondamentalement le projet de développement de la ville nouvelle. Aussi deux communes situées à la périphérie (Génicourt et Ennery) ont été sorties du périmètre et les diverses demandes de rectification ont été satisfaites à 70 % environ.

Le décret en Conseil d'État fixant le périmètre d'urbanisation et créant l'agglomération nouvelle de Cergy-Pontoise est paru le 11 août 1972 (1).

A compter de cette date, les conseils municipaux ont disposé d'un délai de quatre mois pour se prononcer sur les conditions de réalisation de l'agglomération nouvelle. Le ministre de l'Intérieur, par arrêté du 18 décembre 1972, a autorisé la création d'un syndicat communautaire d'aménagement entre les communes de Boisemont, Boissy-l'Aillerie, Cergy, Courdimanche, Éragny, Jouy-le-Moutier, Menucourt, Méry-sur-Oise, Neuville-sur-Oise, Osny, Pierrelaye, Pontoise, Puiseaux-Pontoise, Saint-Ouen-l'Aumône, Vauréal. Cet arrêté a approuvé d'autre part la décision institutive précisant un certain nombre de points : le mode de répartition des sièges au sein du comité syndical; les compétences du syndicat à l'extérieur de la zone d'agglomération nouvelle; l'adoption d'une clé de répartition pour les dépenses engagées par le syndicat et qui intéressent indistinctement les anciens et les nouveaux habitants.

## 2. Évry

Le contexte politique étant très délicat dans le périmètre de la ville nouvelle d'Évry, la procédure d'application de la loi Boscher a été retardée par rapport aux dates prévues dans les autres villes nouvelles. Alors que l'établissement public de cette ville nouvelle a compétence sur quatre communes : Bondoufle, Courcouronnes, Évry et Ris-Orangis, le périmètre d'urbanisation de l'agglomération nouvelle créé par décret du 9 mars 1973 intéresse les communes de Bondoufle, Courcou-

---

(1) *J. O.* du 12 août 1972.

ronnes, Évry, Le Coudrey-Montceau et Lisses. A ce jour, on ne sait pas quelle formule de regroupement vont choisir ces différentes communes. Pour M. Boscher,

> il s'agit de mettre en place des organismes nouveaux avec ceux qui sont volontaires pour les accepter, en forçant la main à telle ou telle commune opposante seulement dans la mesure où son inclusion est une absolue nécessité pour l'existence même de la ville nouvelle (1).

## 3. Étang-de-Berre

La ville nouvelle de l'Étang-de-Berre connaît la même complexité sur le plan de l'application de la loi du 10 juillet 1970 que sur celui de l'organisation des services de l'État. En effet, à côté de l'établissement public recouvrant les communes de Fos, Istres, Miramas, Vitrolles, le ministre de l'Équipement a créé une mission d'aménagement et d'équipement de la région Fos-Étang de Berre (MIAFEB) à compétence plus étendue que celle de la Mission d'aménagement de l'étang de Berre (MAEB) qui disparaît. Sur le plan politique, les communes se sont regroupées par affinités politiques et selon des formules assez peu orthodoxes par rapport à ce qui avait été prévu dans la loi.

En effet, si trois communes, Fos-sur-Mer, Istres, et Miramas ont accepté de constituer l'agglomération nouvelle du « Nord-ouest de l'étang de Berre (2), et de se regrouper en un syndicat communautaire d'aménagement (3), dont la formation est d'ailleurs contestée au Conseil d'État par Fos-sur-Mer; les autres communes. bien que concernées par l'opération de Fos, ont refusé l'agglomération nouvelle et se sont regroupées en un syndicat intercommunal à vocation multiple. Il s'agit des communes de Martigues, Port-de-Bouc et Saint-Mitre. Cependant pour permettre le succès de l'opération de Fos, le ministre de l'Équipement a décidé d'accorder à ces communes les mêmes avantages que si elles avaient joué le jeu de la loi du 10 juillet 1970. En effet, ces communes bénéficieront du programme finalisé, d'un différé d'annuité de deux ans sur les emprunts à long terme souscrits au titre du programme finalisé; de l'absence d'autofinancement pour les équipements du programme finalisé; du bénéfice de la « ligne » réservée à l'aménagement de la région de Fos dans le plan de charge de la Caisse des dépôts. Par ailleurs, il est prévu que des subventions exceptionnelles soient accordées à Port-de-Bouc et à Saint-Mitre pour leur permettre de maintenir l'augmentation de la fiscalité locale dans des limites acceptables. Enfin les équipements réalisés bénéficieront de

---

(1) *J. O* du 3 janvier 1973, p. 141.
(2) Décret du 11 août 1972, *J. O.* du 12 août 1972, p. 3722.
(3) Arrêté Intérieur du 18 décembre 1972, *J. O* du 3 janvier 1973, p. 141.

majorations de subventions allant jusqu'à 20 % selon les dispositions de la loi du 16 juillet 1971 sur les fusions et regroupements de communes.

En outre, vingt-quatre communes, dont les trois précitées, ont constitué un syndicat intercommunal de coordination présidé par le maire de Marseille. En définitive, en ce qui concerne Fos,

> l'une des pièces du dispositif prévu par le gouvernement, l'application de la loi Boscher sur les villes nouvelles n'a pas atteint son but. Cette loi qui contraint les communes à se regrouper et à mettre dans un pot commun leur fiscalité, moyennant une aide financière exceptionnelle de la part de l'État, se heurte à l'hostilité de la majorité des élus (1).

## 4. L'Isle-d'Abeau

L'application de la loi Boscher à L'Isle-d'Abeau a été facilitée par la création en janvier 1971 d'un syndicat intercommunal d'aménagement de la ville nouvelle de L'Isle-d'Abeau (SIAVNIA). Ce syndicat regroupant vingt communes a laissé la place au syndicat communautaire prévu par la loi du 10 juillet 1970.

Une première consultation officieuse en janvier 1972 avait permis de connaître la position des maires avant que ne soit lancée la phase officielle de consultations prévue par la loi Boscher le 7 février 1972.

L'agglomération nouvelle de l'Isle-d'Abeau a été créée par le décret du 11 août 1972 (2) et comprend vingt-deux communes, dont la moitié environ est totalement comprise dans le périmètre d'urbanisation; il s'agit des communes de Bourgoin-Jallieu, Chamagnieu, Domarin, Four, Frontanas, Grenay, La Verpillière, l'Isle-d'Abeau, Panossas, Roche, Ruy, Satolas-et-Barce, Saint-Alban-de-Roche, Saint-Chef, Saint-Hilaire-de-Brens, Saint-Marcel-Bel-Accueil, Saint-Quentin-Fallavier, Saint-Savin, Vaulx-Milieu, Vénérieu et Villefontaine.

Ces communes se sont regroupées selon la formule du syndicat communautaire, autorisé par arrêté du 26 décembre 1972 (3).

## 5. Lille-est

La spécificité de cette ville nouvelle repose sur l'existence d'un support juridique et financier : la communauté urbaine de l'agglomération lilloise, créée en 1966, et dont le périmètre est beaucoup plus large que celui de la ville nouvelle, puisqu'il couvre 89 communes.

---

(1) E. MALLET, *Les embarras de Fos*, in *Le monde* du 31 mars 1973, p. 33.
(2) Décret du 11 août 1972, *J. O* du 12 août 1972, p. 8721.
(3) M. Intérieur, arrêté du 26 décembre 1972, *J. O.* du 11 janvier 1973, p. 501.

Bien que le recours à cette formule ait été prévu dans la loi de 1970 pour constituer une agglomération nouvelle, il eût fallu recréer une communauté urbaine modifiée selon la loi Boscher pour faire bénéficier la ville nouvelle des avantages prévus dans cette loi au profit des agglomérations nouvelles. Il n'existe donc pas d'agglomération nouvelle dans la ville de Lille-est. Celle-ci utilise la communauté urbaine de l'agglomération lilloise pour financer les équipements qui sont normalement de son ressort (1). En ce qui concerne les équipements résiduels à la charge des communes, ils sont pris en charge par la commune de Villeneuve-d'Ascq, qui a été constituée par la fusion des communes de Flers, d'Ascq et Annappes pour bénéficier des subventions prévues par la loi du 16 juillet 1971 sur les fusions et regroupements de communes (2). Cette organisation montre qu'il peut exister une ville nouvelle sans création d'agglomération nouvelle.

## 6. Marne-la-Vallée

Le périmètre de la ville nouvelle s'étend sur 15 200 ha environ et comporte vingt et une communes réparties entre trois départements : Seine-Saint-Denis, Val-de-Marne, Seine-et-Marne. Cette situation avait obligé les urbanistes à découper leurs études en quatre secteurs et donc à mener à bien quatre schémas directeurs différents.

L'urbanisation de cette ville nouvelle commençant dans les secteurs 1 et 2, le problème d'application de la loi du 10 juillet 1970 s'est posé à leur sujet en priorité.

Le secteur 1 ne comprend que la commune de Noisy-le-Grand, les procédés de regroupement en agglomération nouvelle étaient sans objet, dans la mesure où il paraissait impossible de regrouper cette commune, située dans le département de la Seine-Saint-Denis, avec les communes du secteur 2 situées dans le département du Val-de-Marne.

Les communes du secteur 2 s'étaient regroupées depuis le 24 octobre en un syndicat intercommunal à vocation multiple pour l'étude et l'aménagement de ce secteur. Aussi, après un avis favorable du conseil général de Seine-et-Marne en date du 2 mai 1972, le décret du 11 août 1972 porte création de l'agglomération nouvelle de Marne-la-Vallée-Val-Maubué. Les communes de Champs-sur-Marne, Croissy-Beaubourg, Émerainville, Lognes, Noisiel et Torcy se sont regroupées en un syndicat communautaire d'aménagement autorisé par un arrêté en date du 14 décembre 1972 (3).

---

(1) Loi du 31 décembre 1966, art. 4 et 5.
(2) Loi n° 71-588 du 16 juillet 1971, *J. O.* du 18 juillet 1971.
(3) M. Intérieur. Arrêté du 14 décembre 1972, *J. O.* du 21 décembre 1972, p. 13263.

## 7. Melun—Sénart

Le périmètre d'établissement public prévu à Melun-Sénart pourrait porter sur dix-huit communes, situées sur deux départements : la Seine-et-Marne et l'Essonne (1).

Nous retrouvons donc les mêmes difficultés que pour la ville nouvelle de Marne-la-Vallée et la même nécessité de prévoir plusieurs agglomérations nouvelles. Trois agglomérations nouvelles ont été créées par des décrets du 9 mars 1973 (2). Il s'agit de l'agglomération nouvelle du « Grand-Melun » intéressant les communes de Cesson, Le Mée, Melun, Nandy, Savigny-le-Temple, Seine-Port, et Vert-Saint-Denis; de l'agglomération nouvelle de « Rougeau-Sénart » intéressant les communes d'Étiolles, Morsang-sur-Seine, Saintry-sur-Seine, Saint-Germain-lès-Corbeil, Saint-Pierre du Perray, Soisy-sur-Seine et Tigery; et l'agglomération nouvelle de « Sénart-Villeneuve » intéressant les communes de Combs-la-Ville, Lieusaint, Moissy-Cramayel et Réau.

## 8. Saint-Quentin-en-Yvelines

Bien que le périmètre de la ville nouvelle de Saint-Quentin-en-Yvelines soit aussi très étendu puisqu'il couvre plus de 7 540 ha, la création d'une seule agglomération nouvelle a pu se faire dès le 11 août 1972 (3).

Les communes concernées, quoique très réticentes puisqu'elles déclarèrent « regretter de devoir se constituer en un syndicat communautaire », se sont regroupées selon cette formule de peur de se voir appliquer la formule de l'ensemble urbain. Ce syndicat autorisé par un arrêté du 21 décembre 1972 (4) regroupe les communes de Bois-d'Arcy, Coignières, Élancourt, Guyancourt, Magny-les-Hameaux, Maurepas, Montigny-le-Bretonneux, Plaisir, Trappes, La Verrière, Voisins-le-Bretonneux.

## 9. Le Vaudreuil

La formule de l'ensemble urbain volontaire avait été prévue dans la loi du 10 juillet 1970, pour le Vaudreuil, compte tenu de ce que cette formule semblait avoir les faveurs des élus du département de l'Eure.

---

(1) L'Épa de Melun-Sénart a été créé par décret du 15 octobre 1973.
(2) Décret du 9 mars 1973, *J. O.* du 14 mars 1973, pp. 2767 et 2768.
(3) Décret du 11 août 1972, *J. O.* du 22 août 1972, p. 8721.
(4) Décret n° 72-1109 du 11 août 1972, du 11 décembre 1972, *J. O.* du 14 décembre 1972, p. 1289.

Une fois créée l'agglomération nouvelle du Vaudreuil, entre les communes d'Incarville, Léry, Portejoie, Poses, Saint-Étienne-du-Vauvray, Saint-Pierre-en-Vauvray, Tournedos-sur-Seine, et Le Vaudreuil (1), il semblait logique que ces communes retiennent la formule qui avait été prévue pour elles. Aussi le décret du 11 décembre 1972 créait-il, par modification des limites territoriales des communes concernées, un ensemble urbain (2).

Cette nouvelle commune détachée des communes préexistantes, est rattachée au canton de Pont-de-l'Arche, et elle s'intègre dans le syndicat mixte du Vaudreuil constitué entre les communes, le département de l'Eure et l'établissement public de la Basse-Seine.

Si les collectivités locales ont la possibilité d'assurer la responsabilité politique ou la « maîtrise d'ouvrage » des villes nouvelles, en se regroupant dans les organismes communautaires prévus dans la loi du 10 juillet 1970, elles sont en outre appelées à jouer un rôle important au sein de l'organisme aménageur mis en place pour conduire les travaux.

---

(1) Décret du 11 août 1972, *J.O.* du 22 août 1972 p. 8271.
(2) Décrets n° 72-1109 11 août 1972, et du 11 décembre 1972, *J. O.*du 14 décembre 1972, p. 1289.

# La participation des collectivités locales à l'organisme d'aménagement

# 10

# La recherche d'une structure d'aménagement

## Section I

## LA NÉCESSAIRE CRÉATION D'UN AMÉNAGEUR

### 1. Les tâches incombant à un aménageur (1)

Il incombe à l'organisme chargé de réaliser une opération d'urbanisme d'assurer :
— l'accord des diverses parties intéressées sur le principe et les grandes lignes de l'opération;
— les études préparatoires qui comportent la préparation des conventions d'études, le choix des techniciens chargés d'étudier les infrastructures et les superstructures et l'examen des résultats de ces études;
— la mise en place des moyens d'exécution de l'opération, sur le plan technique (établissement d'un plan-masse, élaboration des programmes), sur le plan des opérations foncières (acquisitions à l'amiable ou par expropriation et sur le plan financier, bilan prévisionnel, dossiers FDES et FNAFU).

Il convient ensuite d'assurer l'exécution des travaux et de procéder à la cession des terrains équipés.

Cette énumération non exhaustive laisse percevoir que le rôle essentiel de l'aménageur est d'assurer la direction générale d'une opération en orchestrant l'action des divers intéressés tant au stade de la préparation qu'à celui de la réalisation.

---

(1) V. Commission de l'équipement urbain du Vᵉ Plan : *Les organes d'exécution.*

## 2. La situation initiale adoptée dans les villes nouvelles est hybride

L'organisation associant une Mission d'aménagement et un établissement foncier (ou DDE pour certaines villes nouvelles de province) a duré environ trois ans pour chaque ville nouvelle.

L'organisme ainsi créé est hybride, puisqu'il associe une mission d'études sans pouvoirs juridiques et financiers à un établissement foncier qui acquiert les terrains pour l'essentiel sur crédits budgétaires. De plus il est incomplet, puisque les collectivités locales demeurent « spectatrices d'opérations qui ne peuvent aboutir qu'avec leur participation active (1) ».

Une telle situation est d'autant moins satisfaisante que, dès le départ en région parisienne, le conseil d'administration du district avait subordonné l'octroi de sa garantie financière à la définition rapide de formules d'aménagement associant les collectivités locales. La solution est donc de substituer aux différents partenaires un « organisme unique, ayant la personnalité morale et le caractère industriel et commercial susceptible de mener les études et la politique d'aménagement foncier » (1).

La mise en place d'un tel organisme se justifie par dessus tout « par la nécessité d'une direction d'ensemble et d'une coordination permanente des études et des procédures (2) ».

## 3. La leçon de l'organisation administrative des villes nouvelles anglaises (3)

La responsabilité des villes nouvelles est assurée en Grande-Bretagne par un établissement public, la *Development corporation*, dont l'organisation suit d'assez près les recommandations de la Commission Reith.

On peut se demander pourquoi en Grande-Bretagne les collectivités locales n'ont pas été chargées directement de la construction des villes nouvelles. Peut-être a-t-on jugé que, les villes nouvelles devant être construites sur le territoire de plusieurs comtés, la coordination de l'action de leurs conseils serait difficile? Peut-être a-t-on songé à l'avenir à long terme de la ville nouvelle? Il est difficilement imaginable qu'à la fin de sa construction la ville nouvelle soit découpée en tronçons par les limites administratives traditionnelles. Mais il semble surtout que le gouvernement travailliste n'ait eu qu'une confiance

---

(1) J. E. ROULLIER, *Les grands problèmes, op. cit.*, p. 112.
(2) J. BRENAS, *Le statut juridique*, in *L'expérience française, op. cit.*
(3) Desmond HEAP, *An outline of planning law*, Sweet et Max Well, 1963, 240 p.

limitée dans les collectivités locales tenues par les conservateurs et qu'il ait préféré mettre sur pied un organisme dont il aurait plus sûrement le contrôle.

## A. LA MISSION DE LA « CORPORATION »

La « corporation » doit « assurer la conception et la réalisation de la ville nouvelle. Elle a pour mission de faire tout ce qui apparaît nécessaire ou opportun pour les besoins de la ville ou pour les besoins annexes (1) »; c'est-à-dire acheter les terrains à l'amiable ou par expropriation, construire tout bâtiment à usage industriel, commercial, ou d'habitation et réaliser les principaux équipements d'infrastructure.

## B. LA STRUCTURE DE LA « CORPORATION »

La « corporation » comprend un conseil d'administration de cinq à neuf membres, nommés par le ministre de l'Urbanisme après consultation des collectivités locales. Ce conseil a, sous réserve d'une importante tutelle ministérielle, les pleins pouvoirs. Il nomme le directeur général, décide les emprunts, définit la politique générale, approuve le plan-masse, détermine les tranches annuelles d'investissement. C'est le directeur général qui recrute tout le personnel dont il peut avoir besoin.

Le fonctionnement de la « corporation » fait apparaître deux problèmes principaux : les relations avec les collectivités locales et les conditions de fonctionnement.

Disposant de certaines des prérogatives des collectivités locales, la « corporation » ne doit pas se substituer à elles. En effet les collectivités locales conservent leurs attributions et restent seules à lever les impôts locaux. C'est par exception qu'après accord du ministère, certaines corporations ont pu se substituer à elles pour effectuer les travaux et percevoir les taxes correspondantes. D'autre part la corporation peut subventionner les collectivités locales pour les inciter à réaliser certaines opérations.

En fait, la collaboration entre les collectivités locales et la *development corporation* est surtout nécessaire pour assurer la réalisation en temps utile des équipements; sur le plan administratif, il n'y a pas de risque de conflit, puisque les collectivités conservent toutes leurs prérogatives et ont en général été amenées à ouvrir des bureaux annexes dans la ville nouvelle (2).

L'essentiel des ressources de la *corporation*, lui permettant de payer les intérêts et les annuités des emprunts contractés auprès du Trésor, provient des loyers.

___

(1) *New town Act*, 1946, art. 3.
(2) P. MERLIN, *Politique d'urbanisme et villes nouvelles*, t. I, p. 28. IAURP,

En principe ceux des logements permettent seulement d'amortir les charges d'acquisition des terrains et de construction. Aussi la charge des équipements généraux de la ville est-elle supportée par les loyers des commerces, des usines et des bureaux. Mais la *corporation* n'assure ainsi l'équilibre financier des opérations qu'au bout d'une vingtaine d'années. Aussi des prêts à long terme du Trésor étaient-ils nécessaires. Ces prêts sont à soixante ans, avec différé d'amortissement. Leur taux a été en moyenne de 5 % pour les villes nouvelles de la première génération et de plus de 6 % pour les villes des seconde et troisième générations.

Le système anglais peut apparaître séduisant par sa simplicité, car la *corporation* est seule responsable de l'opération, confondant ainsi les responsabilités de maître d'ouvrage et de maître d'œuvre. Cependant il est loin d'être parfait. En effet les difficultés de relations, qui existaient déjà avec les collectivités locales, risquent de s'accroître avec les villes nouvelles de la troisième génération, édifiées sur des zones beaucoup plus vastes, mettant en jeu un nombre accru de collectivités locales (onze à Petersborough, contre trois à Harlow). D'autre part, la dépréciation rapide de la livre sterling a particulièrement servi les villes nouvelles de la première génération.

Aussi l'adaptation en France d'un tel système ne peut être que partielle et doit s'effectuer sans perdre de vue l'ordonnancement juridique français, qui sépare les responsabilités de maître d'ouvrage et de maître d'œuvre.

Quant au précédent suédois, il n'est guère transposable en France. En effet les villes nouvelles de Stockholm sont réalisées par des communes de dimensions et de capacités de financement inconnues dans notre pays.

## Section II

# LES SOLUTIONS OFFERTES PAR L'ARTICLE 78-1 DU CODE DE L'URBANISME

Selon l'article 78-1 du Code de l'urbanisme et de l'habitation et le décret du 19 mai 1959,

> l'aménagement d'agglomérations nouvelles et de zones d'habitation ou de zones industrielles peut être réalisé par des établissements publics ou concédé à des sociétés d'économie mixte, dont plus de 50 % du capital est détenu par des personnes morales de droit public et dont les statuts comportent des clauses types fixées par décret en Conseil d'État (1).

---

(1) Décret du 19 mai 1959, *J. O.* du 2 juin 1959.

D'autre part, la loi du 10 juillet 1970 précise que le comité du syndicat communautaire ou le conseil de la communauté urbaine doit passer une convention

> avec l'un des organismes mentionnés à l'article 78-1 du CUH en vue de la réalisation des travaux et ouvrages incombant au syndicat ou à la communauté urbaine sur la zone susvisée et nécessaires à l'aménagement de l'agglomération nouvelle (1).

La réglementation de 1959 paraît suffisamment souple et libérale pour permettre les adaptations nécessaires au caractère exceptionnel des villes nouvelles; il convient néanmoins de préciser les aptitudes comparées des deux types d'organismes en cause.

# 1. Aptitudes comparées des sociétés d'économie mixte (SEM) et des établissements publics d'aménagement (EPA)

## A. LE POUVOIR DE DÉCISION

Dans les deux cas, le mode de désignation et les règles de fonctionnement sont fixés de façon à permettre une certaine souplesse.

### a) *L'établissement public* (2) (EPA)

Le conseil d'administration de l'EPA doit être composé, à concurrence de la moitié au moins, de membres représentant « les collectivités et établissements publics intéressés ». La représentation des établissements publics intéressés permet d'équilibrer la composition du conseil de façon à ne pas laisser aux collectivités locales une possibilité constante d'arbitrage. C'est ainsi que le conseil d'administration de l'EPAD comprend au titre des collectivités, la chambre de commerce de Paris et le syndicat des usagers de la RATP (3).

Les modalités de désignation du président sont fixées par les statuts. Le président est élu par le conseil d'administration à l'EPAD et à l'EPBS, mais nommé par décret à l'AFTRP (4). Les modalités de désignation du directeur, ainsi que les pouvoirs du conseil, sont fixés de façon statutaire.

---

(1) Loi du 10 juillet 1970, art. 10.
(2) L. JACQUIGNON, *Le droit de l'urbanisme*, p. 154, Eyrolles, 1969.
(3) *L'établissement public d'aménagement de la Défense*, décret nº 58-815 du 9 septembre 1958.
(4) L'Agence foncière et technique de la région parisienne, décret nº 62-479 du 14 avril 1962, *J. O.* du 18 avril 1962.

b) *La société d'économie mixte* (1) (SEM)

La participation des collectivités territoriales et des groupements de ces collectivités au capital social doit être supérieure à 50 % sans pouvoir excéder 65 % du capital. Il n'existe pas actuellement de SEM, du type prévu par l'article 78-1, qui soit à participation majoritaire de l'État.

## B. LES MODES D'INTERVENTION

La compétence d'un aménageur est limitée aux acquisitions et travaux nécessaires à l'opération, ce qui exclut donc les équipements et l'exploitation des services publics.

a) *L'établissement public*

L'établissement public est créé par un décret en Conseil d'État, qui en détermine l'objet, la durée et la zone d'activité territoriale (2). Ce décret donne à l'EPA les compétences voulues pour réaliser les opérations d'aménagement nécessaires, sans avoir à passer de « conventions ». Il est donc aménageur de droit.

b) *La société d'économie mixte*

Une SEM est constituée selon le droit commun des sociétés anonymes, sous réserve des dispositions applicables aux participations des collectivités publiques (2). Une telle société n'est qu'un cadre juridique et son intervention est liée aux conventions de « concession », approuvées par arrêté préfectoral ou ministériel, que l'État, le département ou la commune passent avec elle. Cet impératif tend à réduire l'autonomie de l'organisme aménageur et le rend plus sensible aux aléas locaux. Il entraîne notamment la limitation du périmètre d'intervention aux communes ou groupements de communes, favorables à l'opération et qui acceptent de signer les conventions correspondantes.

## C. LES CONDITIONS DE FONCTIONNEMENT

Opposées sur le plan juridique, les règles statutaires aboutissent en pratique à des résultats analogues.

a) *L'établissement public*

Le régime financier et comptable est celui des établissements publics communaux (3). A ce titre, les fonctions d'agent comptable

---

(1) V. circ. du 17 août 1964, *J. O.* du 6 septembre 1964 et J. E. GODCHOT, *Les SEM et l'aménagement du territoire*, 1966.

(2) Les statuts doivent comporter les clauses types du décret nº 60-553 du 1er juin 1960.

(3) Décret nº 59-1225 du 19 octobre 1959.

sont confiées par le préfet, après avis du trésorier-payeur général, soit à un comptable direct du Trésor, soit à un agent comptable spécial nommé sur proposition du conseil d'administration. Le contrôle de la gestion est, en outre, exercé conjointement par le préfet du département et le contrôleur d'État (1).

b) *La société d'économie mixte*

Le régime financier et comptable est celui du droit privé. Cependant le contrôle de l'État s'exerce dans des conditions analogues à celles prévues pour l'établissement public par l'intermédiaire du commissaire du gouvernement et du contrôleur d'État.

## 2. Choix d'une solution adaptée aux villes nouvelles

### A. LA SOCIÉTÉ D'ÉCONOMIE MIXTE

a) *Formule pratiquée dans les ZUP et les ZAC*

La formule de « l'économie mixte » a connu une fortune remarquable, à la suite de la décision prise en 1959 de confier la réalisation des ZUP à ce type de sociétés.

Les SEM sont l'outil de réalisation de la plupart des ZUP et des ZAC qui ont vu le jour depuis 1960. La décision de recourir à cette formule peut s'expliquer par diverses raisons : le désir d'associer les collectivités locales à ces opérations pour leur faire prendre dès le départ leurs responsabilités, la préoccupation d'alléger les responsabilités des services de l'administration et enfin le désir de réduire la part de financement assumée jusque-là sur des crédits FNAFU immobilisés pour une durée indéterminée. Cette formule a rencontré un certain nombre de critiques venant principalement de l'administration.

On leur reproche de ne pas avoir toujours réglé les problèmes de collaboration organique que l'on souhaitait voir se réaliser.

On rappelle que certaines collectivités locales ont été encore plus opposées à la constitution d'une SEM qu'au principe même d'un aménagement, en refusant les engagements financiers auxquels est subordonnée l'intervention d'une telle société (2); que les délais ont été considérablement allongés; que

> si la SEM apporte un élément administratif et technique nouveau, elle ajoute une instance supplémentaire dans le concert très malaisé qui doit être déjà réalisé entre les administrations trop nombreuses et les collectivités locales, sans alléger les procédures (3),

---

(1) Décret du 26 mai 1955.
(2) M. LEWANDOWSKI, *Note sur les ZUP*, du 30 octobre 1964, *op. cit.*, p. 69.
(3) *Ibid.*

et que les rivalités politiques sont transposées au sein des sociétés d'économie mixte lorsque celles-ci dépassent le cadre local.

Toutes ces critiques font un mauvais procès à une formule, qui ne saurait à elle seule corriger les inconvénients des divisions administratives, ni surtout remplacer l'absence de moyens financiers que connaissent les collectivités locales françaises.

Par contre la SEM a le grand mérite de laisser la maîtrise d'ouvrage aux collectivités locales décidées à agir dans le domaine de leur urbanisation, en leur donnant une souplesse de gestion qu'elles n'auraient pas par une intervention directe.

b) *Les difficultés d'application de ce modèle dans les villes nouvelles*

Ce modèle, qui présente des avantages de souplesse certains, paraît mieux répondre aux objectifs d'urbanisation d'une ville moyenne qu'à ceux d'une ville nouvelle.

En effet les villes nouvelles répondent à des considérations « d'intérêt national et régional ». Tandis qu'une société d'économie mixte correspond au schéma habituel des opérations montées dans un cadre communal et son intervention est liée aux « conventions de concession » que les communes passent avec elle. Ce traité de concession, dans le cas d'une ville nouvelle, risque de limiter le périmètre d'intervention aux seules communes favorables à l'opération et, créant autant de concédants que de communes concernées, l'accord risque d'être difficile à obtenir.

Certes dans le cas d'une ville nouvelle, une partie des travaux pourrait faire l'objet de concessions de l'État. Mais un tel partage supposerait une répartition préalable des biens et des travaux entre les concédants, ce qui poserait des problèmes délicats de définition. On peut évidemment résoudre le problème en créant une société uniquement concessionnaire de l'État dans laquelle ce dernier serait, de plus, majoritaire. Mais un tel système serait inacceptable pour les collectivités locales et enlèverait toute signification à la notion même d'économie mixte.

En définitive, les circonstances ne paraissent pas recommander l'usage de la concession pour les villes nouvelles, car « la multiplicité des communes concernées, leur caractère rural ou semi-rural et leur absence de moyens financiers ne laissent aucun espoir d'aboutir (1) ».

## B. L'ÉTABLISSEMENT PUBLIC D'AMÉNAGEMENT

Comme nous l'avons vu, l'EPA dispose de la pleine capacité juridique et financière dès sa création. D'autre part cette formule « permet d'associer pour une longue période l'État et les collectivités locales (2) » et organise un dialogue direct et équilibré entre les élus locaux concernés et les fonctionnaires responsables.

---

(1) J. E. ROULLIER, *Les grands problèmes, op. cit.*, p. 112.
(2) Rapport de la commission de l'Équipement urbain pour le V$^e$ Plan.

Il contribue à mettre l'accent sur le caractère national et exceptionnel de l'opération d'aménagement. Pour M. Brenas, si le gouvernement a opté pour cette formule, c'est pour des raisons qui paraissent tenir

> à la volonté de prévenir une influence excessive au sein de l'organisme aménageur d'intérêts privés disposant de moyens financiers et techniques importants (1).

Dans ses directives du 24 octobre 1968, le Premier ministre tranchait en disant que :

> La réalisation des villes nouvelles concerne directement les communes sur le territoire desquelles elles s'implantent, mais aussi d'autres collectivités plus vastes et notamment les agglomérations urbaines dont elles doivent compléter le développement; il est indispensable d'assurer la participation effective de ces différentes collectivités à l'œuvre entreprise. Mais, d'autre part, l'ampleur et la durée de la tâche, le souci de prendre en compte les intérêts et les besoins d'une population future qui ne peut encore se faire représenter, la nécessité de résoudre les problèmes de procédure et de financement, le grand nombre de communes directement concernées et l'insuffisance de leurs moyens financiers conduisent à confier à l'État certaines prérogatives. Aussi le gouvernement a-t-il retenu, conformément aux conclusions du rapport de la Commission de l'Équipement urbain pour le Ve Plan, la formule de l'établissement public d'aménagement, prévue par l'article 78-1 du Code de l'urbanisme et de l'habitation. Elle permet en effet d'associer pour une longue période l'État et les collectivités locales.

## Section III

# UN HEUREUX PRÉCÉDENT A L'ASSOCIATION DES COLLECTIVITÉS LOCALES : LA « COMMISSION MIXTE » D'ÉLABORATION DES SCHÉMAS DIRECTEURS D'AMÉNAGEMENT ET D'URBANISME (SDAU)

Nous avons vu dans la première partie de cette étude que les premiers schémas d'urbanisme des villes nouvelles, les « schémas de structures », étaient préparés par les missions d'étude sans que les collectivités locales soient associées à leur élaboration. Mais en application de la

---

(1) J. BRENAS, *op. cit.*, p. 182.

loi foncière, un décret du 28 mai 1969 prévoit une commission qui associe les représentants élus des communes aux représentants des services de l'État pour élaborer en commun les SDAU, qui prennent le relais des « schémas de structures ». (1)

## 1. Procédure d'élaboration des schémas directeurs d'aménagement et d'urbanisme (SDAU) (2)

Le premier stade de cette procédure est la constitution d'une « commission mixte » par arrêté du préfet de région.

Cette commission comprend des représentants élus des communes ou des établissements publics territoriaux et des représentants des services de l'État.

> Lorsque, en raison de leur nombre, les communes ne peuvent être toutes représentées directement au sein de cette commission, celles d'entre elles qui ne le sont pas sont réunies en un ou plusieurs groupes pour désigner leurs représentants à la commission (3).

Cette commission est chargée de mettre au point un projet de schéma directeur. Lorsqu'il est adopté par la commission mixte, le projet de SDAU doit, après consultation des services publics non représentés au sein de celle-ci, être soumis par le préfet à la délibération des conseils municipaux intéressés, ainsi qu'aux organes délibérants des établissements regroupant ces communes.

Les conseils municipaux disposent d'un délai de trois mois pour délibérer et donner leur avis sur le projet en question. A la suite de ces délibérations, le préfet saisit « pour avis » le comité consultatif économique et social (CCES) et le conseil d'administration du district. Le SDAU est définitivement approuvé par un décret simple sur rapport des ministres intéressés, ou par décret en Conseil d'État lorsque des avis défavorables se sont manifestés.

## 2. Un exemple de fonctionnement de cette procédure : les villes nouvelles de la région parisienne

Pour la ville nouvelle de Saint-Quentin-en-Yvelines, le préfet des Yvelines a réuni dès l'été 1969 les principaux responsables des collectivités et des services intéressés pour constituer une commission mixte officieuse. Cette commission a pris pour base de travail des études

---

(1) Décret n° 69-551 du 28 mai 1969, *J. O.* du 8 juin 1969.
(2) Circ. du 4 décembre 1969, *J. O.* du 25 janvier 1970.
(3) Décret du 28 mai 1969, art. 8, 2e al.

préliminaires de la Mission, rassemblées dans un « livre blanc », présentant différentes hypothèses et options d'aménagement. Cette commission mixte a été constituée officiellement par arrêté du préfet de la région parisienne en date du 12 janvier 1971 (1).

Pour la ville nouvelle de Marne-la-Vallée, la commission d'élaboration du SDAU du secteur 2 a été arrêtée le 9 décembre 1970. Cette commission, à la suite d'une dizaine de réunions, a permis d'élaborer un SDAU qui a été approuvé par arrêté du préfet de la région parisienne le 9 août 1971.

Pour la ville nouvelle de Melun-Sénart, une commission officieuse a d'abord été mise en place avec les préfets, les directeurs départementaux de l'équipement et de l'agriculture, et dix-sept élus. Cette commission a été officialisée et élargie par un arrêté du 28 janvier 1970. La composition de cette commission mixte est intéressante, puisqu'on y trouve à côté des membres désignés par l'État : un représentant élu par le conseil municipal de chaque commune couverte par le schéma, un mandataire des communes « intéressées » par le schéma, quelques personnalités qualifiées, les représentants des chambres de commerce, d'agriculture et des métiers des deux départements. La commission a constitué trois sous-commissions correspondant aux trois grands secteurs d'urbanisation, du « grand-Melun », du « Val-d'Yerres-Lieusaint-Moissy » et du « Bords-de-Seine-rive-droite ».

Pour le président de cette commission :

> Cette concertation continue s'est avérée très féconde; généralement bien averties des problèmes d'urbanisme et d'équipement, les municipalités ont concrètement et dans toute l'acception du terme, *participé* aux études, analyses et recherches; nul problème n'est resté dans l'ombre et les divergences de vues ont été rares et éphémères (2).

Ce jugement du maire de Melun a une portée particulièrement importante, lorsque l'on sait l'opposition à laquelle s'était heurté le premier projet de Tigery-Lieusaint.

A la différence de la procédure des schémas de structures, qui a surtout été utilisée dans les villes de Cergy-Pontoise et Evry, la nouvelle procédure permet donc réellement aux collectivités locales de participer à l'élaboration du principal document d'urbanisme et de ne pas se trouver au moment de la consultation mises devant le fait accompli.

Mais surtout, cette « commission mixte », lorsque l'établissement public n'est pas encore créé, est un précédent susceptible d'habituer les élus à travailler avec les représentants de la mission et de l'État, comme ils auront à le faire au sein du conseil d'administration de l'établissement public.

---

(1) Arrêté n° 71-2 du 12 janvier 1971, *R. actes préfecture RP*, n° 24, 1971.
(2) M. JACQUET, *Un exemple de franche concertation avec les élus*, in *Bul. PCM*, n° sp., mars 1971, p. 73.

# 11

# Un organisme aménageur : l'établissement public d'aménagement des villes nouvelles (EPA)

## Section I

### LES COLLECTIVITÉS LOCALES SONT ASSOCIÉES PARITAIREMENT A L'ÉTAT

De 1969 à 1970 ont été créés les premiers établissements publics d'aménagement des villes nouvelles. Ainsi l'établissement de la ville nouvelle de Lille-est a été créé par un décret du 11 avril 1969; celui d'Évry par décret du 12 avril 1970 (1); celui de Cergy-Pontoise par décret du 16 avril 1969 (2); celui de Saint-Quentin-en-Yvelines par décret du 21 octobre 1969 (3). Les autres villes nouvelles ont dû attendre 1972 pour avoir un tel organisme aménageur : l'établissement public de la ville nouvelle de L'Isle-d'Abeau a été créé par décret du 10 janvier 1972 (4); celui du Vaudreuil par décret du 9 juin 1972 (5); celui de Marne-la-Vallée par décret du 17 août 1972 (6); celui des rives de l'Étang-de-Berre par décret du 6 mars 1973 (7). L'établissement public de la ville nouvelle de Melun-Sénart a été créé par le décret n° 73-968 du 15 octobre 1973 (8).

En effet la collaboration des collectivités locales est devenue nécessaire, non seulement pour prendre en charge les travaux d'infrastruc-

---

(1) Décret n° 69-356 du 12 avril 1969, *J. O.* du 22 avril 1969.
(2) Décret n° 69-358 du 16 avril 1969, *J. O.* du 22 avril 1969.
(3) Décret n° 70-974 du 21 octobre 1970, *J. O.* du 27 octobre 1970.
(4) Décret n° 72-27 du 10 janvier 1972, *J. O.* du 13 janvier 1972, p. 573.
(5) Décret n° 72-478 du 9 juin 1972, *J. O.* du 15 juin 1972, p. 6061.
(6) Décret n° 72-770 du 17 août 1972, *J. O.* du 24 août 1972, p. 9096.
(7) Décret n° 73-240 du 6 mars 1973, *J. O.* du 7 mars 1973, p. 2516.
(8) Décret n° 73-968 du 15 octobre 1973, *J.O.* du 17 octobre 1973.

ture, mais surtout pour créer les équipements de superstructure, comme les écoles, dont elles sont traditionnellement responsables. Mais cette participation

> ne peut se concevoir qu'en collaboration avec l'État et les autres collectivités ou organismes concernés car, seules, elles n'ont ni les moyens de toute nature, mais surtout financiers et en personnel, ni parfois le désir de jouer un rôle de pointe avec tous les risques que comporte une telle opération (1).

Nous nous proposons d'examiner la façon dont les collectivités locales sont associées à l'État au sein de l'établissement public et de voir si cette association a modifié les rapports entre les deux partenaires.

## 1. Création d'un établissement public (EPA)

La création d'un établissement public se fait par décret en Conseil d'État, « après avis du ou des conseils généraux intéressés et après consultation des conseils municipaux intéressés (2) ».

Quelle est la portée de ces « avis » ?

Pour constituer l'EPA d'Évry, cinq communes ont été consultées. Le contexte local est caractérisé par l'existence de deux catégories de communes, les unes communistes hostiles à la ville nouvelle, les autres plutôt favorables, regroupées derrière le député-maire d'Évry, M. Boscher (3). Seule une commune communiste, celle de Lisses, a été consultée car sa participation semblait indispensable à la cohérence de l'aménagement. Elle a du reste donné un avis défavorable à son entrée dans le périmètre d'établissement public et le conseil général de l'Essone a demandé le 25 novembre 1968 « qu'aucune commune ne soit comprise dans l'établissement public contre son gré ». En définitive, le périmètre retenu par le Conseil d'État s'étend sur 2 500 h et concerne le territoire de quatre communes : Bondoufle, Courcouronnes, Évry, Ris-Orangis.

Pour constituer l'EPA de Cergy-Pontoise, vingt et une communes réparties sur deux départements ont délibéré. Dans le département des Yvelines, deux communes consultés ont émis des avis défavorables, qui ont entraîné celui du conseil général le 11 octobre 1968. A la

_____

(1) J. VAUJOUR, *Le plus grand Paris*, PUF, p. 132.
(2) Décret du 19 mai 1959, art. 2 (voir le schéma de procédure de création en annexe).
(3) Voir *mémoire* LAVIOLLE, *op. cit.*, p. 71.

suite de cet avis, le gouvernement a exclu du périmètre de l'établissement public la commune d'Andrésy.

Dans le département du Val-d'Oise, dix-neuf communes ont été consultées, mais seules les onze communes qui ont donné un avis favorable ont été rattachées à l'établissement public, conformément à l'avis du conseil général du 29 mai 1968.

Pour constituer l'EPA de Saint-Quentin-en-Yvelines, dix communes consultées ayant donné leur avis favorable, le conseil général du département des Yvelines donna son avis favorable le 16 janvier 1970.

Le 13 janvier 1971, le conseil général de l'Isère donnait un avis favorable à la constitution d'un EPA à L'Isle-d'Abeau, dont le périmètre recouvre le territoire des vingt-trois communes concernées par la ville nouvelle. Le périmètre de l'EPA du Vaudreuil porte sur les communes d'Incarville, Léry, Porte-Joie, Poses, Saint-Étienne-du-Vauvray, Saint-Pierre-du-Vauvray, Tournedos-sur-Seine, et Le Vaudreuil. Il a été arrêté après avis favorable du conseil général de l'Eure en date du 14 décembre 1970.

Vingt et une communes situées dans trois départements : la Seine-Saint-Denis, le Val-de-Marne, et la Seine-et-Marne constituent le périmètre de l'établissement public de Marne-la-Vallée, qui recouvre ainsi l'ensemble des communes concernées par la ville nouvelle.

La mise en place de l'établissement public des « Rives de l'Étang-de-Berre » n'a pas été sans poser quelques problèmes politiques et administratifs alors que la ville nouvelle intéresse environ douze communes, le périmètre de l'EPA porte seulement sur cinq communes : Fos, Istres, Marseille, Miramas et Vitrolles. Il faut signaler à ce propos que la ville de Marseille refuse de siéger au conseil d'administration de l'EPA, car elle estime que l'administration, forte de l'appui des communes favorables à la majorité, pourra imposer ses décisions. Aussi, pour pouvoir intervenir malgré tout sur les communes concernées par l'aménagement des rives de l'Étang-de-Berre qui ne sont pas du ressort de l'EPA, le Premier ministre a-t-il créé le 28 mars 1973 une Mission interministérielle pour l'aménagement de la région de Fos-Étang-de-Berre, ( MIAFEB ), dont le périmètre d'intervention comprend les aires des SDAU d'Arles et des rives nord, ouest et est de l'étang de Berre; c'est-à-dire toutes les communes directement touchées par l'opération de Fos.

Le directeur de la MIAFEB (1) est responsable sous l'autorité directe du préfet de la coordination des différents services de l'État en ce qui concerne l'étude et la réalisation des opérations d'aménagement, la programmation des équipements et la mise en œuvre des financements publics nécessaires.

Il est par ailleurs, chargé sous l'autorité du directeur départemental

---

(1) M. R. Damiani, ingénieur des ponts et chaussées.

de l'Équipement de traiter par délégation, et dans le périmètre d'intervention de la Mission, toutes les affaires de la compétence du service départemental.

Cette situation de dédoublement organique entre un EPA et une mission est exceptionnelle en villes nouvelles; aussi peut-on craindre qu'à défaut d'avoir précisé suffisamment leurs rapports, il y ait double emploi entre eux.

En définitive, il apparaît que les différents décrets fixant les périmètres ont tenu compte du désir des collectivités de s'associer ou non au sein de l'établissement public, en ayant parfaitement conscience qu'il était vain de vouloir associer une collectivité locale contre son gré.

## 2. Structures d'un EPA

### A. COMPOSITION DU CONSEIL D'ADMINISTRATION

Plusieurs formules peuvent être envisagées (1).

La première formule consistait à désigner un nombre égal de représentants de l'État et de représentants « des collectivités locales et établissements publics ». La seconde formule consiste à répartir en trois fractions égales des représentants de l'État, des représentants des collectivités locales, des « personnalités qualifiées ». Les « personnalités » pourraient être parallèlement membres de la délégation de l'ensemble urbain, ce qui permettrait d'assurer des relations plus étroites entre l'établissement public et l'ensemble urbain. La troisième formule, préconisée par les collectivités locales, consiste à assurer la représentation majoritaire du conseil général et des conseils municipaux. Mais

> il n'a pas été jugé possible de suivre certains conseils généraux qui avaient souhaité que les collectivités locales aient la majorité, en même temps d'ailleurs qu'ils demandaient que l'intégralité des dépenses fût prise en charge par l'État (2).

D'autre part, la seconde formule n'est pas conforme au décret du 19 mai 1959.

Finalement, le premier décret de création, en date du 12 avril 1969, prévoit une composition paritaire du conseil d'administration (3). Sur

---

(1) C. Laviolle, *Mémoire, op. cit.*, p. 58 et CE, 28 avril 1971, « Syndicat intercommunal pour la sauvegarde du patrimoine rural et la défense des intérêts des propriétaires et exploitants agricoles de la région de Pontoise », *AJDA*, n° 12, 20 décembre 1971, p. 663.

(2) J. Brenas, *op. cit.*, p. 183.

(3) Décret n° 69-356 du 12 avril 1969, art. 5.

un conseil d'administration de quatorze membres (1), sept membres représentent l'État et sept membres représentent les collectivités locales et les établissements publics.

Les représentants de l'État au conseil d'administration sont désignés à raison de :

— deux membres par le ministre de l'Aménagement du territoire, de l'équipement, du logement et du tourisme;
— deux membres par le ministre de l'Économie et des finances;
— deux membres par le ministre de l'Intérieur;
— un membre par le ministre des Affaires culturelles.

En ce qui concerne les membres représentant les collectivités locales, une représentation au deuxième degré est assurée, lorsque les communes sont trop nombreuses pour être toutes représentées au conseil d'administration.

Ce n'est le cas ni à Évry, ni à l'Étang-de-Berre où respectivement les quatre et cinq communes concernées possèdent chacune un siège au conseil d'administration de l'EPA.

La représentation au deuxième degré est normalement assurée par une « assemblée spéciale », qui élit les représentants des communes au conseil d'administration de l'EPA.

L'« assemblée spéciale » est composée de trente membres à Cergy-Pontoise, de vingt membres à Saint-Quentin-en-Yvelines, de trente-neuf membres à L'Isle-d'Abeau, de cinquante-six membres à Marne-la-Vallée.

Cette représentation au deuxième degré est assurée par la communauté urbaine à Lille-est, et par le comité du syndicat mixte au Vaudreuil.

Les membres de l'assemblée spéciale sont désignés par le conseil général et les conseils municipaux intéressés. A défaut de désignation dans un délai de trois mois, les membres sont désignés par arrêté conjoint du ministre de l'Intérieur, du ministre de l'Économie et des finances et du ministre de l'Équipement et du logement (2).

En général, « l'assemblée spéciale » désigne quatre représentants sur les sept représentants des collectivités locales et des établissements publics. Ces derniers représentent le conseil général du département, et en région parisienne le district de la région.

Dans la plupart des cas, l'assemblée spéciale désigne quatre membres sur sept, prévus pour représenter « les collectivités locales et les établissements publics ». Les autres sont désignés par le conseil général du département, et le conseil d'administration du district en région parisienne.

---

(1) A l'exception de l'Étang-de-Berre, où le conseil d'administration est de 11 membres.
(2) Décret du 16 avril 1969 et décret du 21 octobre 1970, art. 6.

On peut objecter à une telle composition, comme le fait M$^{lle}$ Heymann, que

> si l'assimilation des établissements publics territoriaux aux collectivités locales est exacte sur le plan du champ d'application territorial des compétences, elle ne l'est pas sur le plan démocratique : la gestion d'un établissement public territorial est assurée par des représentants élus au suffrage universel au second degré (1).

Le conseil d'administration de l'EPA est présidé par un élu (2). Comme l'article 10 des décrets dispose que « les décisions sont prises à la majorité absolue des membres présents ou représentés... en cas de partage, la voix du président est prépondérante », les représentants des collectivités locales ont la majorité.

Contrairement aux souhaits des élus locaux qui auraient désiré que le directeur soit nommé sur proposition du conseil d'administration, l'article 11 des décrets de création stipule que « le directeur est nommé par arrêté du ministre de l'Aménagement du territoire, de l'équipement, du logement et du tourisme après consultation du préfet de région et du président du conseil d'administration ».

## B. FONCTIONNEMENT

L'article 10 des décrets de création prévoit que « le conseil d'administration se réunit au moins deux fois par an sur convocation de son président. »

En fait, dans les différents établissements publics, les réunions sont beaucoup plus fréquentes.

A Évry, « il est arrivé que le conseil se réunisse à deux reprises dans le même mois. L'importance des problèmes posés par la mise en place définitive de l'établissement public explique, pour partie, cette fréquence de réunions (3) ». Le règlement intérieur de Cergy-Pontoise prévoit que

> le conseil d'administration se réunit sur convocation du président aussi souvent que l'exigent les intérêts de l'établissement public, notamment lorsque la réunion est demandée par la moitié au moins de ses membres, et au minimum une fois par semestre (4).

Les fonctions de directeur sont incompatibles avec celles de membre du conseil d'administration. Cependant, il assiste aux séances du conseil d'administration, dont il prépare et exécute les décisions. Il

(1) A. HEYMANN, op. cit., p. 450.
(2) M. Boscher, député-maire à Évry, M. Chauvin, sénateur-maire à Cergy, M. Schmitz, conseiller général et maire-adjoint de Versailles à Saint-Quentin-en-Yvelines.
(3) C. LAVIOLLE, Mémoire, op. cit., p. 60.
(4) Règlement intérieur du CA de Cergy-Pontoise, art. 1.

gère l'établissement et le représente en justice. Il passe les contrats, les marchés, les actes d'aliénation, d'acquisition ou de location. Il a autorité sur les services et recrute le personnel (1).

Le président du conseil « dirige les travaux et les délibérations du conseil, il maintient l'ordre des séances et fait observer le règlement (2) », et il arrête l'ordre du jour du conseil d'administration (3).

« L'assemblée spéciale » se réunit à Cergy-Pontoise deux fois l'an et quelques jours avant le conseil d'administration, ce qui lui permet de formuler un « avis » en vue de la réunion du conseil d'administration. A Saint-Quentin-en-Yvelines, l'assemblée spéciale a porté à sa présidence M. Hugo, maire communiste de Trappes. Ce dernier fit alors rejeter le projet de règlement intérieur préparé par la préfecture et en fit adopter un autre qui transforme l'assemblée spéciale en organe de contrôle permanent du conseil d'administration. En conséquence,

> une situation conflictuelle risque d'apparaître entre les organes dirigeants de l'établissement aménageur et les collectivités locales. En effet, contrairement aux exemples des villes nouvelles d'Évry et de Cergy-Pontoise, le président du CA n'est pas le représentant de la principale commune intéressée, en l'occurrence Trappes, mais un adjoint au maire de Versailles (4).

## C. RÔLE DU CONSEIL D'ADMINISTRATION

Le rôle du conseil d'administration est défini de manière assez imprécise à l'article 9 :

> Il règle par ses délibérations les affaires de l'établissement. Il choisit le siège de l'établissement. Il vote le budget, autorise les emprunts et approuve les comptes. Il peut déléguer tout ou partie de ses pouvoirs de décision au directeur, à l'exception de ceux définis à l'alinéa précédent (5).

En pratique, le conseil d'administration intervient beaucoup plus dans les domaines financiers et administratifs qu'au niveau des choix d'urbanisme. M. Laviolle signale à cet égard qu'à Évry,

> les études et la préparation d'un concours qui va être incessamment lancé pour la réalisation d'un quartier de 7 000 logements dans le centre de la ville n'ont à ce jour été qu'évoquées devant lui en quelques minutes à la fin d'une réunion (6).

---

(1) Décret du 16 avril 1969 et 21 octobre 1970, art. 12.
(2) Règlement intérieur, *ibid.*, art. 3.
(3) *Ibid.*, art. 4.
(4) Rapport ENA, *op. cit.*, sur Saint-Quentin, p. 15.
(5) Décret du 16 avril 1969 et 21 octobre 1970, part. 9.
(6) C. LAVIOLLE, *Mémoire, op. cit.*, p. 61.

## 3. Compétences de l'EPA

### A. LES COMPÉTENCES

L'établissement public est un organisme industriel et commercial, chargé d'opérations d'aménagement. Le décret institutif dispose que « l'établissement est chargé de procéder à toutes opérations de nature à faciliter l'aménagement d'une agglomération nouvelle (1) ». Ce qui donne une compétence propre, lui permettant d'exproprier, de faire les travaux d'aménagement et de revendre les terrains (2). Mais cette compétence initiale ne lui permet pas d'intervenir pour réaliser des équipements publics locaux ou nationaux. En effet, pour réaliser ces équipements, il lui faut agir de la même manière qu'une société d'économie mixte et conformément à l'article 18 du décret du 19 mai 1959, par le biais de « conventions » passées avec les collectivités locales ou l'État, afin de pouvoir réaliser « en leur nom et pour leur compte » ces équipements qui relèvent de la responsabilité traditionnelle des collectivités locales ou de l'État.

Nous avons déjà insisté sur les difficultés que présente la signature de telles conventions avec une quinzaine de communes différentes. C'est la raison pour laquelle la loi du 10 juillet 1970 prévoit que l'organisme communautaire mis en place doit conclure, dans les quatre mois suivant sa création, une seule convention avec l'organisme aménageur (3).

### B. CHAMP D'APPLICATION DE CES COMPÉTENCES

La « zone opérationnelle », délimitée par un plan annexé au décret de création, peut être différente de la zone d'influence ou « d'études », qui était celle de la MEAVN. Ainsi le périmètre d'étude de la ville nouvelle d'Évry s'étend sur quatorze communes alors que l'établissement public ne recouvre que le territoire de quatre communes. Les compétences de l'établissement s'appliquent évidemment à l'intérieur du périmètre d'établissement public. Mais qu'en est-il à l'extérieur de ce périmètre, c'est-à-dire sur le périmètre d'étude ?

Pour le directeur de l'établissement public de Saint-Quentin,

> l'établissement public sera l'organisme aménageur de la ville nouvelle dans les Yvelines, la mission continuant pour la partie comprise en Essonne, à jouer auprès du directeur départemental de l'Équipement son rôle d'urbaniste afin d'assurer l'unité de conception qu'appelle l'unité géographique (4).

---

(1) Décret du 12 avril 1969, *op. cit.*, art. 2.
(2) Décret du 12 avril 1969, *op. cit.*, art. 3.
(3) Loi du 10 juillet 1970, art. 10.
(4) M. GOLDBERG, *La ville nouvelle de Saint-Quentin*, in *Le moniteur TP et bât.*, 27 mars 1971.

Entre les deux départements, la situation n'est donc pas la même. Dans le département des Yvelines, le décret du 21 octobre 1970 a créé un établissement public qui possède des compétences d'aménageur; mais dans la partie de la ville nouvelle située sur le territoire de l'Essonne, le rôle de la mission est limitée à « l'étude de l'aménagement » et ne se présente que comme un simple fournisseur d'études.

Cependant l'article 2 du décret institutif habilite l'établissement, « même en dehors de la zone » de son périmètre, à procéder à des opérations d'aménagement.

La compétence de l'établissement est certaine lorsque les opérations sont nécessaires à l'aménagement de la ville, comme c'est le cas pour les voies et réseaux reliant la ville nouvelle à l'extérieur. Mais la situation est beaucoup moins claire lorsqu'il s'agit d'opérations simplement liées à l'aménagement de la ville nouvelle. En ce cas, la pratique ne s'oppose pas à une intervention de l'établissement lorsque les relations avec les collectivités locales sont bonnes. Mais, en cas de désaccord avec celles-ci, il ne semble pas possible d'envisager une telle intervention. Il apparaît donc que

l'intervention de l'organisme aménageur hors de son périmètre administratif, non réglementée par le décret organique, dépend en dernière analyse du rôle qui lui est reconnu par l'administration centrale, par la direction départementale de l'Équipement, par les promoteurs et par les communes (1).

## Section II

# LES ROLES RESPECTIFS DE L'ÉTAT ET DES COLLECTIVITÉS LOCALES NE SEMBLENT PAS S'ÊTRE MODIFIÉS, EN PRATIQUE

## 1. L'organisme aménageur se succède à lui-même

L'établissement public prend en charge la mission d'études et d'aménagement, qui devient son personnel, et l'ensemble des terrains et aménagements, par transfert progressif de l'Agence foncière et de l'État (2).

---

(1) C. LAVIOLLE, *mémoire, op. cit.*, p. 74.
(2) J. E. ROULLIER, *Les grands problèmes, op. cit.*, p. 112.

## A. L'ÉTABLISSEMENT PUBLIC SUCCÈDE A LA MEAVN

### a) *Il lui succède dans son personnel*

Comme nous l'avons vu, le directeur de la mission devient le directeur de l'établissement public. Le personnel de la mission devient le personnel de l'établissement.

Cette intégration du personnel pose un problème statutaire en région parisienne. En effet les statuts des deux organismes d'origine du personnel sont différents. Celui de l'IAURP, conçu pour un personnel de recherche et d'études, est souple et se rapproche assez d'un statut du secteur privé. Celui de l'AFTRP est, au contraire, plus proche du statut de la fonction publique.

La plupart des responsables des villes nouvelles considèrent que la mise en place d'un établissement public correspond au départ de la phase opérationnelle proprement dite et à la fin de la période d'études. Ils souhaitent, en conséquence, que la nature de l'organisme aménageur soit modifiée de façon que l'étude cède la place à la réalisation. Le statut, adopté pour le personnel des établissements publics, est assez proche de celui de l'AFTRP. Cette « fonctionnarisation » du personnel des villes nouvelles en région parisienne a fait l'objet de nombreuses critiques de la part des intéressés. On a dit, notamment, que cette volonté paraissait

> assez contradictoire avec la nature industrielle et commerciale de l'établissement public et les directives du ministre de l'Équipement, rappelant que les organismes aménageurs doivent se comporter en « commerçants » dynamiques (1).

### b) *Il lui succède dans ses ressources*

Certes, l'article 16 du décret institutif énumère les ressources que l'établissement peut tirer des emprunts contractés, de la revente des biens acquis et de la gestion de ces biens. Pourtant, dans la phase initiale des opérations, les ressources de l'établissement restent les mêmes que celles de la mission, c'est-à-dire proviennent essentiellement des fonds budgétaires du chapitre 65-01 « d'aide aux villes nouvelles ». Avec les premières réalisations l'EPA touche des honoraires calculés en pourcentage des dépenses d'aménagement et d'équipement. Ce pourcentage, traditionnellement limité à 3,5 % du montant des dépenses dans le cadre des SEM d'aménagement, est plus élevé en ce qui concerne les EPA qui tentent de couvrir ainsi leurs frais réels.

### c) *Il lui succéde dans ses habitudes*

Il semble que, pour un directeur d'EPA et son équipe, le conseil d'administration soit un outil nécessaire, mais parfois gênant. « Le

---

(1) C. LAVIOLLE, *Mémoire, op. cit.*, p. 63.

conseil d'administration ne serait pas, au fond, le lieu où tous les problèmes de l'aménagement de la ville pourraient être débattus largement, avec une grande liberté (1). » Cet état d'esprit s'explique par les habitudes prises pendant la première période où la MEAVN pensait être le seul défenseur des intérêts de la ville nouvelle. Aussi, les représentants des ministères et les élus locaux, membres du conseil d'administration, paraissent-ils toujours comme des partenaires extérieurs à l'organisme aménageur et la politique du secret s'applique-t-elle parfois à leur égard. Ce qui signifie que

> les dossiers soumis au conseil sont soigneusement préparés et ne comprennent que l'indispensable. L'appui de certains administrateurs permet de faire adopter la grande majorité des projets de délibération sans véritable débat (1).

Pourtant le conseil d'administration est utile. Comme le déclarait M. Chauvin :

> Pour le directeur général, l'existence du conseil d'administration est une excellente chose. Vis-à-vis du ministre ou du préfet de région, c'est pour lui une garantie. L'apport des élus de la région, de leur expérience, de leur bon sens, est d'ailleurs indispensable (2).

En définitive, l'établissement public ne paraît pas pour l'instant être le lieu « privilégié de concentration entre l'État et les collectivités locales ». Comme à l'époque de la mission,

> tout se passe comme si la consultation des collectivités locales était regardée par l'administration comme un mal nécessaire, en vertu de quoi il importe avant tout de limiter le plus possible la portée de cette « participation » (3).

## B. L'ÉTABLISSEMENT PUBLIC EST UN OPÉRATEUR FONCIER

En tant qu'aménageur de droit, l'établissement public a pleine compétence pour acquérir les terrains nécessaires à la création de la ville nouvelle. En conséquence, il prend en charge les acquisitions menées avant sa création soit par l'Agence foncière en région parisienne, soit par un établissement foncier ou la direction de l'équipement en province.

En région parisienne, l'Agence foncière s'est engagée par conventions (7 janvier 1971 avec Cergy-Pontoise; 23 septembre 1970 avec Évry) à transférer les terrains acquis sur crédits d'État et leur gestion

---

(1) C. LAVIOLLE, *Mémoire, op. cit.*, p. 63.
(2) A. CHAUVIN, *Les collectivités locales et l'urbanisation*, sup. au n° 289 de février 1972, *RPP*, p. 23.
(3) Rapport ENA, *op. cit.*, p. 13.

aux établissements publics. Ces derniers peuvent choisir l'Agence comme prestataire de services pour continuer les opérations foncières.

En province, le cas du Vaudreuil se rapproche du mécanisme suivi en région parisienne, puisque l'établissement public de la Basse-Seine a un rôle foncier assez peu différent de celui de l'AFTRP en région parisienne. Dans les autres villes nouvelles, les directions de l'Équipement ont permis l'acquisition des terrains en collaboration avec les services domaniaux. Ces terrains acquis sur crédits budgétaires sont mis à la disposition des établissements publics et doivent être affectés aux besoins des villes nouvelles, en principe sous forme de baux à longue durée.

D'autre part, les établissements publics avec la création d'une ZAC ont à leur disposition les crédits FNAFU, avec lesquels ils continuent les acquisitions foncières pour leur propre compte.

## 2. La délégation de maîtrise d'ouvrage des équipements publics

Les équipements concernés sont ceux dont l'organisme regroupant les communes est maître d'ouvrage. Cette maîtrise d'ouvrage porte sur un certain nombre d'équipements d'infrastructure (assainissement, espaces verts...) et sur les équipements de superstructures (établissements scolaires, piscines...),

### A. OPÉRATIONS DÉLÉGUÉES A L'ÉTABLISSEMENT PUBLIC

L'organisme créé en application de la loi du 10 juillet 1970 doit déléguer sa maîtrise d'ouvrage en passant une convention avec l'un des organismes mentionnés à l'article 78-1 du Code de l'urbanisme. L'article 10 de la loi du 10 juillet prévoit que

> la convention ci-dessus mentionnée est soumise à approbation si elle n'est pas conforme à une convention type établie dans les conditions fixées par décret en conseil d'État.

Cette convention type est prévue dans le décret du 27 octobre 1971.

La convention-type comporte quatre « titres » relatifs : aux conditions générales, aux opérations foncières, aux conditions techniques et administratives de la réalisation des équipements, aux conditions financières.

#### a) Les « conditions générales »

La première disposition porte sur la définition des « opérations », c'est-à-dire les catégories d'équipement qui par leur nature relèvent de la compétence du groupement de communes intéressées. (1) En effet il n'apparaît guère possible au moment de la passation de la convention, de préciser, dans chaque cas, la nature, la connaissance et la localisation de chacun des ouvrages à réaliser.

Cette précision devenant pourtant nécessaire au bout d'un certain temps, l'article 2 prévoit :

> Il sera établi par l'établissement public, à la date fixée par le syndicat communautaire et selon ses directives, tous documents utiles faisant ressortir leur localisation et leurs caractéristiques.

### b) Les « opérations foncières »

Pour réaliser les équipements, l'article 3 de la « convention-type » prévoit que l'établissement public est habilité à se procurer les terrains nécessaires à leur emprise, au besoin par voie d'expropriation faite au nom du groupement de communes intéressées.

### c) Les « conditions techniques et administratives de la réalisation des équipements »

L'établissement public est investi pour l'exécution des opérations prévues « de tous les droits que les lois et règlements confèrent aux collectivités publiques en matière de travaux publics » (2). En contre partie l'organisme communautaire conserve un « pouvoir général de direction et de contrôle » sur l'établissement ou sur toute autre personne chargée par convention de se substistuer à lui pour la réalisation d'une partie des opérations (3). L'organisme communautaire donne son accord sur les projets d'exécution des équipements que l'établissement est chargé de réaliser (4). En cas de marché passé par l'établissement public, « le marché ne sera exécutoire qu'après avoir été approuvé par le syndicat communautaire lorsque le ou les représentants du syndicat communautaire siégeant au bureau auront demandé cette approbation » (5). D'autre part, lorsqu'un tiers est chargé par l'établissement public de procéder à des travaux ou à la réalisation d'équipements, l'organisme communautaire détient envers lui les mêmes droits de contrôle « que ceux qui sont reconnus à l'égard de l'établissement public » (6). En effet, dans de nombreux cas, les équipements seront réalisés dans des ZAC ayant fait l'objet préalablement d'une convention entre l'établissement public et une société généralement de caractère privé. dans les conditions prévues par le décret du 5 juin 1970 relatif aux conventions

---

(1) Décret n° 71-898 du 27 octobre 1971, art. 1.
(2) *Ibid.* art. 9.
(3) *Ibid.*, art. 11.
(4) *Ibid.*, art. 6.
(5) *Ibid.*, art. 7, 2e al.
(6) *Ibid.*, art. 11.

de ZAC. Aussi une telle société doit-elle. pour maintenir l'unité des opérations d'aménagement de la ville nouvelle, être habilitée par convention à procéder à la réalisation des équipements relevant de la compétence du groupement de communes.

d) *Les « conditions financières »*

Une des caractéristiques de la « convention », prise en application de l'article 10 de la loi du 10 juillet 1970, est de confier à l'établissement public les ressources nécessaires. A cet effet, les articles 15 et 16 du décret d'octobre 1971 prévoient que certaines ressources pourront être directement recueillies par l'établissement public, de même que le montant des prêts et des subventions, si l'organisme communautaire accepte cette procédure. D'autre part des dispositions garantissent à l'établissement public l'exactitude des versements nécessaires à l'accomplissement de sa mission. Il est prévu à cet effet d'établir chaque année, par accord entre les parties et pour chacun des équipements un « échéancier des versements » et, à défaut d'accord, de laisser la décision au préfet (1). En outre, il convient de mentionner la disposition de la convention selon laquelle l'établissement public reçoit une rémunération pour les tâches qu'il entreprend. En cette matière, la convention-type n'innove pas, par rapport aux mesures prévues à l'égard des concessions d'aménagement, puisqu'elle renvoie expressément à l'article 21 du cahier des charges type, annexé au décret du 16 avril 1969 (2). Enfin il sera établi, après réception des ouvrages et des installations réalisés, un compte définitif qui sera approuvé par le préfet et qui fera ressortir les sommes dont chacune des parties demeurera redevable envers l'autre. D'autre part l'autorité administrative dispose à l'égard de l'organisme communautaire des pouvoirs de tutelle lui permettant de contraindre celui-ci à exécuter ses obligations. Car l'article 14 de la loi du 10 juillet 1970 dispose que l'article 179 du Code de l'administration communale, concernant l'inscription d'office des dépenses obligatoires, est applicable aux dépenses que le syndicat ou la communauté urbaine doit engager en exécution de la convention visée à l'article 10 de la loi.

## B. NATURE JURIDIQUE
## DE LA « CONVENTION VILLE NOUVELLE »

Cette convention est à rapprocher des documents du même genre concernant des opérations d'aménagement (ZUP ou ZAC), soit essentiellement le contrat de concession traditionnel entre une collectivité locale et une SEM (3), et la convention dite « de ZAC privé » entre une collectivité locale et un constructeur.

---

(1) Décret du 27 octobre 1971, art. 17.
(2) *Ibid.*, art. 18.
(3) Décret du 19 mai 1959, art. 11, *J. O.* du 2 juin 1959.

### a) L'utilisation de la « concession »

A l'égard de sociétés d'économie mixte dans lesquelles les collectivités sont majoritaires, cette concession a généralement été acceptée par la doctrine. Aussi, M. de Laubadère l'analyse-t-il comme une concession de travail public (1). Il faut remarquer cependant que les concessions accordées à de telles sociétés présentent un certain nombre de différences avec les concessions classiquement accordées à des entrepreneurs privés. En effet il n'y a pas de risque financier réel pour le concessionnaire, car le capital de la société d'économie mixte est très faible comparé à l'importance des opérations entreprises. Aussi est-ce la collectivité concédante et garante des emprunts qui supporte le risque de l'opération. Il ne peut y avoir recherche de profit, puisque les bénéfices, qui peuvent être distribués, sont étroitement limités et servent en général au financement d'opérations d'intérêt général, D'autre part, il faut remarquer que l'État conserve un pouvoir de contrôle important dans le cadre de cette procédure. Le traité de concession doit être approuvé par arrêté préfectoral ou arrêté ministériel. Le préfet est compétent, lorsque le cahier des charges est conforme à un cahier des charges-type, approuvé par décret en Conseil d'État (2).

Pour F. d'Arcy, il paraît cependant douteux que « les concessions accordées aux sociétés d'économie mixte puissent s'analyser comme des conventions de mandat » (3).

Il fait valoir que les textes en vigueur ont toujours bien distingué ce qui est « concession » et ce qui est « mandat ». Ainsi le décret du 19 mai 1959, pris en application de l'article 78-1 du Code de l'urbanisme, dispose dans son article 11 que les opérations visées par ce texte « peuvent être concédées par les communes... à des sociétés d'économie mixte ». Alors que l'article 18 dispose :

> L'État, les collectivités locales et les établissements publics peuvent, par convention passée avec un des organismes prévus au présent décret, lui confier le soin de procéder, en leur nom et pour leur compte, à l'exécution de travaux et à la construction d'ouvrages ou de bâtiments de toute nature.

Ainsi que le fait remarquer M. Auby dans sa note sous l'arrêt du tribunal des conflits du 8 juillet 1963, « Entreprise Peyrot c/Sté de l'autoroute Estérel-Côte d'azur », le Conseil d'État avait déjà écarté la notion de mandat pour les sociétés d'économie mixte, affirmant dans son arrêt du 20 décembre 1961 que la société de l'autoroute de l'Estérel avait contracté, « en sa qualité de concessionnaire de service public

---

(1) A. DE LAUBADÈRE, Traité élémentaire de droit administratif, t. II, § 535.
(2) Le décret du 16 avril 1969 prévoit trois cahiers des charges types, distinguant les zones industrie lles, les ZUP, les ZH.
(3) F. D'ARCY, L'État et les collectivités locales face à l'expansion urbaine, thèse, Paris, 1967, p. 49.

et non de mandataire de l'État »; et ce serait défigurer la notion de mandat que de vouloir considérer comme des mandataires des sociétés d'économie mixte concessionnaires (1). Cette interprétation est confirmée par le Conseil d'État aussi bien que par la Cour de cassation qui soulignent qu'en passant des marchés de travaux avec les entrepreneurs les sociétés d'équipement urbain n'exercent pas un mandat au nom des collectivités publiques concédantes (2). Ces tribunaux écartent donc le raisonnement du Tribunal des conflits dans la décision « Entreprise Peyrot » : les sociétés d'aménagement n'agissent pas « pour le compte » des collectivités publiques.

En conclusion, entre une commune et une société d'économie mixte, « on se trouve bien devant de véritables actes de concession, mais utilisés à des fins différentes de celles qui sont recherchées, lorsque le concessionnaire est un véritable entrepreneur privé (3) ».

b) *L'utilisation de la convention-type du décret n° 70-513 du 5 juin 1970* (4)

En vertu de l'article 78-1 du CUH, il n'est possible de concéder des opérations d'aménagement qu'à des SEM ou des établissements publics. Il est cependant nécessaire que des constructeurs puissent se voir confier des opérations d'aménagement. C'est la raison pour laquelle l'article 4-3 du décret 68-1107 du 3 décembre 1968 a prévu que l'aménagement et l'équipement d'une ZAC puissent être confiés à une personne privée.

Le décret du 5 juin 1970 a approuvé une convention type qui permet la collaboration entre une commune et un constructeur pour l'aménagement d'une ZAC.

On peut s'interroger sur la nature juridique exacte de cette convention qui se présente pour partie comme un mandat, sans toutefois que la théorie des mandats en matière de travaux publics soit appliquée avec toutes ses conséquences. Aussi, en l'absence de jurisprudence sur l'application de cette convention, préférons-nous nous réserver sur sa qualification exacte.

c) *La convention « ville nouvelle »*

Il en va différemment de la « convention » prévue entre l'organisme communautaire et l'établissement public d'aménagement, qui s'inspire de celle définie par l'article 18 du décret du 19 mai 1959. Cette convention-type prévue pour les villes nouvelles est l'une des rares applications

(1) T. C. Peyrot c. Société de l'autoroute Estérel-Côte d'azur du 8 juillet 1963; *JCP*, 1963, 11, 13375, note Auby; *Dalloz*, 1963, 534, concl. Lasry, note Josse; *AJDA*, 1963, p. 463, com. MM. Gentot et Fourré.

(2) Cass. 1re civ., 2 février 1972 et CE, 10 novembre 1972 « Société des grands travaux alpins », *AJDA*, janvier 1973, p. 47, note de M. F. Moderne, « Nature juridique des marchés passés par les SEM ».

(3) F. D'ARCY, *op. cit.*, p. 49.

(4) Décret n° 70-513 du 5 juin 1970, *J. O.* n° 70-96, juin 1970, et circ. n° 70-117 du 27 octobre 1970, *BOMI*, n° 70-88 *bis*.

de l'article 18. En effet la circulaire du ministère de l'Intérieur du 17 août 1964 n'autorisait la passation d'une telle convention avec une SEM qu'autant qu'elle concernait des opérations complémentaires aux opérations concédées à titre principal ; d'autre part elle soumettait ces conventions aux mêmes formalités d'approbation que les traités de concession.

L'article 1 de la convention du décret du 27 octobre 1971 précise que :

> Le syndicat communautaire charge l'établissement public de réaliser en son nom et pour son compte les travaux, ouvrages et installations ressortissant aux catégories ci-après énumérées.
>
> En première analyse, cette convention serait donc un mandat donné par l'organisme communautaire créé, à l'établissement public, pour réaliser en son nom et pour son compte, les opérations qui incombent aux collectivités communales, à l'intérieur du périmètre des agglomérations nouvelles. L'emploi de la notion de mandat signifie une soumission plus grande aux règles de droit public, que ne le ferait une « concession ». En effet, les actes effectués par le mandataire portent effet en la personne du mandant (1).

Les moyens de financement à mettre en œuvre sont détenus normalement par l'organisme communautaire attributaire des divers avantages financiers que nous avons mentionnés. Or non seulement la convention prévoit que certaines sources de financement pourront être directement recueillies par l'établissement public (2), mais encore, si un accord sur « l'échéancier des versements » ne peut se faire, il sera nécessaire de s'en remettre à la décision d'une tierce autorité, qui en l'espèce sera celle du préfet (3).

D'autre part, comme on a pu le faire remarquer (4), on pousse assez loin la notion de « mandat ». Si nous prenons, par exemple, un appel d'offres ou une adjudication, les représentants du syndicat communautaire ne seront appelés à participer au bureau constitutif que s'ils en font la demande, c'est-à-dire « qu'il faut que le mandant demande au mandataire à participer à la procédure qu'il lui délègue » Cette situation est d'autant plus paradoxale qu'aucune clause de revision n'existe en cas de désaccord entre les deux parties.

## C. PORTÉE DE LA DÉLÉGATION DE MAÎTRISE D'OUVRAGE DONNÉE A L'ÉTABLISSEMENT PUBLIC

La véritable portée de la délégation de maîtrise d'ouvrage donnée à l'établissement public dépasse de beaucoup le problème de savoir

---

(1) FABRE et MORIN, *Quelques aspects actuels du contrôle des SEM*, RDP, 1964, p. 767.
(2) Décret n° 71-898 du 27 octobre 1971, art. 15 et 16.
(3) *Ibid.*, art. 17, 3°.
(4) M. PLANADEVAL, *Les décrets d'application de la loi de juillet 1970.*

à quelle catégorie juridique il faut rattacher la convention « ville nouvelle » qui possède certains aspects du mandat et de la concession à
la fois.

On s'aperçoit que, si l'on a voulu préserver le statut formel de
« maître d'ouvrage » à l'organisme communautaire, créé en application
de la loi Boscher en lui maintenant « un pouvoir général de direction
et de contrôle », il n'en demeure pas moins que le décret du 27 octobre
1971 opère en fait un véritable glissement de cette maîtrise d'ouvrage
au profit de l'établissement public.

> Il est certain que l'établissement public jouera un rôle consi-
> dérable dans les réalisations de la ville nouvelle, car il sera le manda-
> taire permanent du syndicat communautaire d'aménagement qui,
> dans le texte même de la convention, lui demande de mener à bien
> les réalisations qu'il est chargé d'exécuter (1).

L'établissement public, par le fait même, est beaucoup plus qu'un
simple exécutant, car il réalise les opérations d'équipement qui incombent juridiquement aux collectivités locales, « à leur place ».

C'est la raison pour laquelle, à Cergy-Pontoise et à Marne-La Vallée,
la convention-type a été modifiée de manière à assurer la primauté
des élus dans le choix des promoteurs, des architectes et des urbanistes;
et la possibilité de reviser la convention a été introduite.

En définitive, avec l'établissement public, n'est-pas l'État qui entend
se conserver la maîtrise des opérations villes nouvelles, même après
l'apparition des organismes de la loi du 10 juillet 1970 ?

Cependant, l'analyse des rapports entre les organismes communautaires et les établissements publics ne peut être que théorique
à une époque où les conventions villes nouvelles viennent à peine
d'être signées. Il est difficile par une simple analyse de texte, de pré-
juger de l'application qui sera faite de cet instrument juridique ainsi
que des rapports de force ou de collaboration qui s'établiront au bout
d'un certain temps, entre l'organisme regroupant les collectivités locales
et l'EPA. Ces rapports seront sans doute différents d'une ville nouvelle
à l'autre, en fonction du contexte politique local et de la personnalité
des hommes en présence. Cependant, si les faits donnent raison au
vœu exprimé par M. R. Bel, président du syndicat de Saint-Quentin-
en-Yvelines, selon lequel : « l'établissement public doit se borner à
être un ingénieur-conseil pour le syndicat », ce serait un changement
radical du rapport de forces tel qu'il a été voulu par l'État avec la loi
du 10 juillet 1970 et ses décrets d'application.

---

(1) M. PLANADEVAL, *Les décrets d'application de la loi de juillet 1970*, in *Les
collectivités locales et l'urbanisation, op. cit.*, p. 27.

# Conclusion

Complexe par son objet, la décision de réaliser une ville nouvelle se caractérise par la pluralité des acteurs concernés : l'administration, qui est à l'origine de l'initiative, les collectivités locales touchées par l'urbanisation, les promoteurs-constructeurs appelés à réaliser les opérations et la population pour laquelle la ville nouvelle est construite.

Mais cette complexité des centres de décision n'est qu'apparente, puisque seule l'administration possède les moyens nécessaires. Le fondement de son action, elle le trouve dans la compétence de ses experts et son indépendance à l'égard des intérêts particuliers. Sa liberté d'action, elle l'a créée en dépolitisant les problèmes et en agissant de façon empirique.

Dans ses rapports avec les collectivités locales, l'administration a toujours su garder la maîtrise de la décision. Ce souci de rester maîtresse du jeu, présent dès l'origine des villes nouvelles, ne s'est jamais démenti. Il demeure sous-jacent après la création de l'établissement public et avec la mise en place prochaine de l'organisme communautaire créé en application de la loi du 10 juillet 1970.

Si les missions d'étude et d'aménagement ont été créées afin de faciliter les contacts avec les élus locaux, elles ont contribué paradoxalement au dessaisissement des collectivités locales. En effet, face à des collectivités nombreuses et démunies financièrement, ces administrations de mission ont augmenté la cohérence et l'efficacité de l'action administrative. D'autre part elles se sont rapidement éloignées de leur rôle « missionnaire » pour constituer, soit avec l'AFTRP, soit avec les directions de l'équipement en province, de véritables aménageurs des villes nouvelles. Ces organismes, grâce à l'aide financière de l'État, ont pu acquérir, aménager et céder les terrains, en se passant du support communal.

Le souci de l'administration de garder la maîtrise d'ouvrage ne s'est pas démenti non plus, lorsqu'il s'est agi de rechercher le support des collectivités locales pour la prise en charge des villes nouvelles. D'une part, si les collectivités locales sont associées paritairement aux conseils d'administration des établissements publics, successeurs des missions, il ne semble pas, en fait, que cela ait changé grand chose aux rapports de forces entre l'administration et les collectivités locales. D'autre part, si la loi du 10 juillet 1970 et ses décrets d'application prévoient la mise en place d'organismes communautaires maîtres d'ouvrage, ceux-ci devront partager leurs responsabilités avec l'État.

Si l'administration a permis aux villes nouvelles de s'affirmer, c'est grâce à la création et au renforcement d'une administration spécifique aux villes nouvelles.

Cette administration des villes nouvelles existe sous une forme déconcentrée avec les missions et les établissements publics, mais elle s'est organisée petit à petit, aussi, au niveau des administrations centrales. Il faut rechercher la raison de cette organisation dans l'incertitude créée pour les équipements essentiels des villes nouvelles, lorsque les principaux services intéressés sont en concurrence : ministères de l'Équipement, de l'Économie et des finances, de l'Intérieur, Délégation à l'aménagement du territoire et préfecture de région.

Le Groupe central des villes nouvelles, rattaché au Premier ministre, permet de supprimer cet élément d'incertitude. En effet il assure non seulement la coordination et l'arbitrage nécessaires aux villes nouvelles au sein des différents ministères concernés, mais encore la gestion de crédits villes nouvelles « individualisés » dans la loi de finances et affectés en fonction des « programmes finalisés » du plan de développement économique et social.

Très empirique au départ, car selon les vœux du secrétaire général : « la formule des villes nouvelles n'est pas une panacée. Elle cherche à résoudre certains problèmes spécifiques, dans certaines grandes agglomérations modernes (1) », ce nouveau modèle d'urbanisation risque en effet de se voir considérablement étendu, en cas de réussite.

Cependant la réussite des villes nouvelles ne dépend ni de l'effort urbanistique et architectural qui préside à leurs conceptions, ni des mécanismes financiers, administratifs et politiques conçus pour donner le maximum d'efficacité aux aménageurs, elle dépend principalement des choix politiques que l'on entend faire sur l'orientation de l'urbanisme en France. Car, comme l'a dit M. Claudius Petit, « l'urbanisme n'est pas affaire de moyens, c'est affaire de décisions. C'est d'elles que dépend la réussite ou l'échec de cette gigantesque mutation urbaine qui s'annonce (2) ».

En effet le sujet des villes nouvelles ne peut plus être considéré comme une simple opération classique d'urbanisation confiée à des aménageurs quels qu'ils soient. Le stade de l'expérimentation et de la mise en place des structures étant terminé, il importe désormais que le pouvoir politique définisse clairement les objectifs de la politique urbaine que l'on entend appliquer.

Trois objectifs paraissent devoir se poser en des termes politiques et impliquer des choix qu'il n'appartient pas à l'administration de faire.

Le premier concerne les rapports existants entre les villes nouvelles de la région parisienne et l'aménagement du territoire. D'un côté, les réglementations nouvelles concernant les « agréments » et les « redevances » favorables aux villes nouvelles peuvent apparaître comme

(1) J. E. ROULLIER, *Réflexions sur les villes nouvelles*, *Bull. PCM*, *op. cit.*, p. 27.
(2) CLAUDIUS-PETIT, « intervention », Colloque de la Fondation nationale des sciences politiques, in *L'expérience française des villes nouvelles*, *op. cit.*, p. 145.

incompatibles avec une politique de décentralisation industrielle et commerciale en province (1).

Le Livre blanc du bassin parisien ne précise-t-il pas :

> Le jeu de la concurrence (avec les villes de la grande couronne) serait faussé si l'on en venait à faire des villes nouvelles de la région parisienne des pôles d'activités importants, plutôt que les centres de restructuration de la banlieue, qu'elles devraient être avant tout.

Et le rapport du Commissariat général au plan intitulé « Réexamen du VIe Plan en matière d'aménagement du territoire et de développement régional » ajoute :

> La réalisation des villes nouvelles et notamment la possibilité pour les premiers habitants de trouver sur place du travail est un double facteur de réussite sur le plan du rééquilibre interne de la région parisienne et de l'amélioration du mode de vie de ses habitants. Il faut cependant se demander si leur succès ne freine pas certaines décentralisations, ou même certaines créations d'établissements en province.

D'autre part, les villes nouvelles de la région parisienne ne compromettent-elles pas le succès des villes nouvelles de province?

La solution n'aurait-elle pas été de suivre l'exemple de la troisième génération des villes nouvelles britanniques, qui consiste à poser le problème du « grand Londres », dans l'aménagement régional du sud-est de l'Angleterre ? Transposée en France, cette solution consisterait à répartir la croissance de la population parisienne, en augmentant l'importance des villes qui se trouvent à 150 km de Paris et en créant des villes nouvelles comme celle du Vaudreuil. Mais cela demanderait de considérer l'aménagement en termes de bassin parisien et non plus de région parisienne, et de poser le problème des villes nouvelles en termes d'aménagement du territoire.

Le second objectif est de choisir une politique d'aménagement de la région parisienne.

Le schéma directeur a proposé un système d'aménagement cohérent, encore faut-il respecter cette cohérence, sous peine de voir l'expansion radio-concentrique de l'urbanisation reprendre d'autant plus facilement que les « barrières » du PADOG n'existent plus. Or, comme le fait remarquer M. Riboud, à propos de certaines réalisations comme le centre d'affaires du pont de Saint-Cloud, l'aéroport de Roissy, les halles de Rungis :

> Il n'est pas surprenant que faute de doctrine, faute de principes solides à opposer, nos gouvernements prennent des solutions de facilité,

---

(1) *Cf.* loi n° 71-537 du 7 juillet 1971.

suivent le courant, ou cherchent à le devancer, à la poursuite d'un effet de prestige souvent contraire aux intérêts véritables de la population (1).

Dans le même sens, on pourrait citer un projet d'actualité, celui qui prévoit l'interconnection de la ligne de Sceaux-gare du Nord à la ligne du RER. Cette interconnection risque d'une part de favoriser le zèle des entrepreneurs dans la vallée de Chevreuse autour de Roissy, de Creil, c'est-à-dire de zones que le schéma directeur ne développait pas, d'autre part de provoquer une nouvelle vague de construction de bureaux dans le secteur des Halles et du Châtelet. Comment pourrait-on parallèlement envisager de façon réaliste l'implantation d'activités tertiaires dans les villes nouvelles ?

L'absence de volonté politique nette concernant la croissance de la capitale (2) explique les difficultés que connaissent les villes nouvelles pour atteindre leurs objectifs en matière de création d'emplois. En revanche une politique de stabilisation de la région parisienne ne devrait pas remettre en question les villes nouvelles. Au contraire celles-ci

> n'en sont que plus nécessaires, d'une part pour regrouper les emplois excédentaires à Paris, et d'autre part pour empêcher à la fois l'extension en tache d'huile de la banlieue parisienne et la densification du tissu urbain (3).
>
> Si l'on devait mettre en pratique le plan d'extension de Paris à 14 000 000 d'habitants et que les « cœurs de villes » ne puissent être construits, si en un mot les huit nouvelles villes de près d'un demi-million d'habitants, en moyenne, devenaient huit Sarcelles monstrueux, la plus grande catastrophe de l'histoire de France se produirait ! Paris périrait fatalement d'étouffement (4).

Le troisième objectif, dont dépend la réussite même des villes nouvelles, est de créer un nouveau cadre de vie. Si la conception, l'étude et la réalisation matérielle des villes nouvelles représentent les prouesses de l'homme de l'art et des fonctionnaires concernés, il n'en reste pas moins que leur succès est conditionné par les choix politiques qui seront faits pour créer ou non un « essai de civilisation » ! En effet l'habitat, par sa qualité, son prix, son agencement a une influence déterminante sur le visage de la société de demain. On peut, par exemple, essayer par ce biais de favoriser le mélange des classes sociales

---

(1) J. RIBOUD, *L'urbanisation, RPP*, suppl. au n° 827, décembre 1971, p. 4650.
(2) Comm. général au plan : « Réexamen du VI<sup>e</sup> Plan en matière d'aménagement du territoire et du développement régional ».
(3) Rapport du groupe de travail créé à l'instigation de la DATAR, in *MTP bât.*, 26 mai 1973, p. 54.
(4) M. RAGON, *Les erreurs monumentales*, Hachette, 1971, p. 231.

et d'améliorer l'intégration sociale et politique d'une population. Le groupement des usines dans une zone industrielle ou au contraire leur dispersion, l'éclatement des centres scolaires et universitaires ou au contraire leur concentration en un « campus » unique auront des implications politiques souvent difficiles à analyser, mais toujours fondamentales.

Cette recherche, qui tente de « réconcilier l'homme et la ville », est un souci très présent dans la conception urbanistique des villes nouvelles. Aussi M. Olivier Guichard, ministre de l'Aménagement du territoire, épargnait-il les villes nouvelles de la critique faite aux grands ensembles en faisant remarquer à l'Assemblée nationale que « les villes nouvelles sont le contraire des grands ensembles : le grand ensemble échappe au centre, la ville nouvelle recrée un centre ». Cette volonté de créer un cadre de vie plus humain que celui des grands ensembles implique d'associer les premiers habitants à sa définition et son animation. Il faut les associer à la détermination des objectifs de la ville nouvelle. Or il peut apparaître que la mise en place des organismes communautaires de la loi Boscher ne débouche pas nécessairement sur une politique urbaine plus authentiquement démocratique. Ne peut-on craindre, en effet, de la part d'un organe communautaire ne représentant qu'une part décroissante de la population des pressions continuelles pour réduire le coût immédiat d'une telle urbanisation ? Il faut que la collectivité nouvelle s'appuie sur les résidents qui s'installent progressivement. A cet effet, des structures d'information et d'association doivent être créées. Or actuellement les usagers « apparaissent sinon totalement absents, du moins singulièrement effacés dans les textes qui, en droit public français, organisent les procédures d'élaboration et de réalisation des projets d'urbanisme (1) ! L'urbanisme ne saurait rester un despotisme éclairé. « L'intensité des relations est telle que très peu de décisions peuvent être prises à l'intérieur d'un champ de responsabilités bien limité, la plupart nécessitent la recherche de l'adhésion de personnes ou de groupes extérieurs aux responsables de la décision (2). »

L'information suppose la mise en place d'une véritable politique de relations publiques de la ville. Si la discrétion initiale pouvait s'expliquer par le souci de l'administration de ne pas susciter d'hostilité, elle ne se justifie plus, une fois créés, conformément à la loi du 10 juillet 1970, les organes communautaires de la collectivité nouvelle.

La création d'associations de résidents ne devrait plus être considérée comme un mal nécessaire, mais devrait permettre au contraire de

---

(1) Yves PRAT, *Réflexion sur la participation des administrés à l'aménagement urbain*, *AJDA*, 20 février 1973, p. 59.
(2) Rapport des commissions du VI<sup>e</sup> Plan « Villes », *Doc. fr.*, 1971, p. 88.

créer des « commissions consultatives » de résidents auprès des
« conseils » des organismes communautaires créés.

La situation « technocratique », voulue pendant la période de
démarrage des villes nouvelles, doit laisser la place à des formes nouvelles de démocratie locale sans lesquelles les villes nouvelles n'arri-
veront jamais à leur véritable maturité.

# ANNEXES

# ANNEXES

# 1. ABRÉVIATIONS

| | | |
|---|---|---|
| AFTRP | : | Agence foncière et technique de la région parisienne. |
| AP | : | Autorisation de programme. |
| CARP | : | Comité d'aménagement de la région parisienne. |
| CCES | : | Comité consultatif économique et social. |
| CNAT | : | Commission nationale à l'aménagement du territoire. |
| COS | : | Coefficient d'occupation des sols. |
| CP | : | Crédits de paiement. |
| CUH | : | Code de l'urbanisme et de l'habitation. |
| DAFU | : | Direction de l'aménagement foncier et de l'urbanisme. |
| DATAR | : | Délégation à l'aménagement du territoire et à l'action régionale. |
| DDE | : | Direction départementale de l'équipement. |
| DUP | : | Déclaration d'utilité publique. |
| EPA | : | Établissement public d'aménagement. |
| EPAD | : | Établissement public d'aménagement de la Défense. |
| FDES | : | Fonds de développement économique et social. |
| FEC | : | Fonds d'égalisation des charges des communes. |
| GIF | : | Groupe interministériel foncier. |
| GCVN | : | Groupe central des villes nouvelles. |
| IAURP | : | Institut d'aménagement et d'urbanisme de la région parisienne. |
| MAET | : | Mission de l'aménagement, des équipements et des transports de la région parisienne. |
| MEAVN | : | Mission d'étude et d'aménagement des villes nouvelles. |
| MEL | : | Ministère de l'équipement et du logement. |
| PADOG | : | Plan d'aménagement et d'organisation générale de la région parisienne. |
| POS | : | Plan d'occupation des sols. |
| SARP | : | Service d'aménagement de la région parisienne. |
| SCERP | : | Service de coordination des équipements de la région parisienne. |
| SCET | : | Société centrale d'équipement du territoire. |
| SDAU | : | Schéma directeur d'aménagement et d'urbanisme. |
| SDAURP | : | Schéma directeur d'aménagement et d'urbanisme de la région parisienne. |
| SEM | : | Société d'économie mixte. |
| SIVM | : | Syndicat intercommunal à vocation multiple. |
| SRE | : | Service régional de l'équipement. |
| VRTS | : | Versement représentatif de la taxe sur les salaires. |
| ZAC | : | Zone d'aménagement concerté. |
| ZAD | : | Zone d'aménagement différé. |
| ZUP | : | Zone à urbaniser en priorité. |

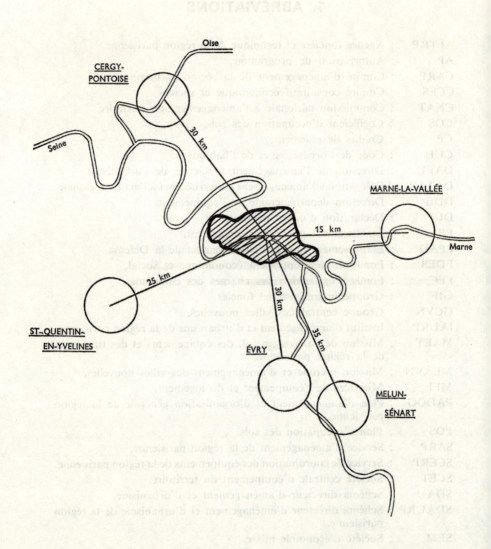

## 2. Les villes nouvelles de la région parisienne

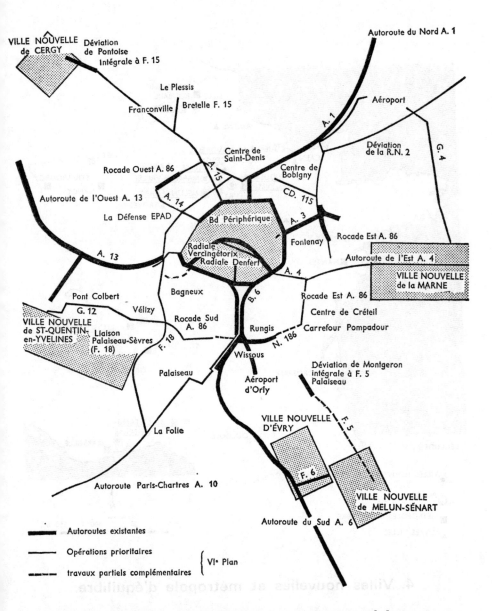

**3. Autoroutes et liaisons en région parisienne**

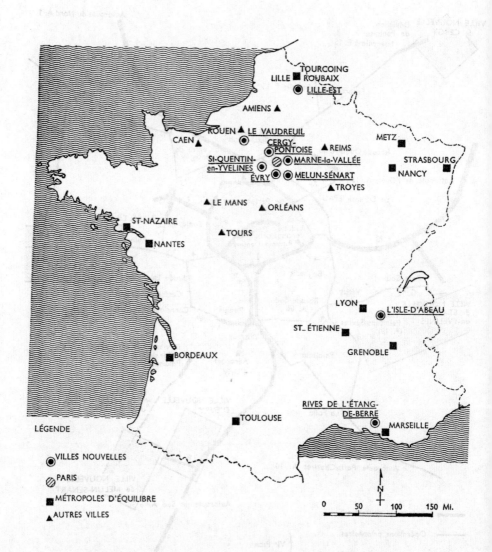

## 4. Villes nouvelles et métropole d'équilibre

## 5. LES OPTIONS OUVERTES AUX COMMUNES

| | Syndicat communautaire d'aménagement | Communauté urbaine | Ensemble urbain |
|---|---|---|---|
| Décision des communes | majorité qualifiée 2/3-1/2 ou 1/2-2/3 (art. de la loi du 10 juillet 1970) | majorité qualifiée 2/3-1/2 ou 1/2-2/3 (art. 2 de la loi du 31 décembre 1966) | soit — unanimité des communes (art. 4, 5 et 7 de la loi du 10 juillet 1970)<br>soit — création décidée par décret (art. 7 de la loi du 10 juillet 1970) |
| Textes institutifs | — statuts décidés à la majorité qualifiée,<br>— arrêté du ministre de l'Intérieur | — décret ou décret en Conseil d'État<br>— statuts | — décret en Conseil d'État |
| Organe délibérant | — Comité — répartition des sièges (art. 9)<br> + décidée à la majorité qualifiée (2/3-1/2 ou 1/2-2/3) dans les statuts<br> + avec 2 critères<br> — intérêt de chaque commune à réalisation agglomération nouvelle<br> — population (avec recensement avant chaque élection pour révision)<br> + minimum 1 délégué par commune et aucune ne pouvant disposer majorité absolue<br> + à défaut accord : 2 délégués par commune | — Conseil<br> + décidée par majorité qualifiée et entérinée par arrêté préfectoral<br> + 50 membres dont 1 minimum par commune<br> + à défaut d'accord : représentation proportionnelle à la population<br> + révision selon recensements | — Conseil formé initialement de :<br> 1re *hypothèse* : ensemble urbain volontaire<br> • 4 désignés par Assemblée spéciale des conseillers municipaux<br> • 5 conseillers généraux (dont ceux des cantons)<br> 2e *hypothèse* : ensemble urbain décidé par décret 9 conseillers généraux (dont ceux des cantons)<br>Évoluant ainsi :<br> • après 2 000 logements, 3 membres élus directement par la population<br> • 2 ans après 3 nouveaux membres,<br> • 2 ans encore après 3 nouveaux membres, |

| | Syndicat communautaire d'aménagement | Communauté urbaine | Ensemble urbain |
|---|---|---|---|
| Compétences | — à l'intérieur de la zone d'agglomération nouvelle<br>  + transfert de droit (art. 4 et 5 de la loi du 31 décembre 1966)<br>  + transferts possibles (art. 6)<br>— à l'extérieur (sur agglomérations actuelles)<br>  + compétences attribuées dans les statuts du syndicat par majorité qualifiés<br>  + extensions possibles au coup par coup par délibération du comité et, si accord, des communes | — à l'intérieur de la ZAN et à l'extérieur (sur agglomérations actuelles)<br>  + transfert de droit (art. 4)<br>  + transfert par décision : (art. 5 du Conseil)<br>  + transfert après accord des communes (art. 6 du 31 décembre 1966) | — Débouchant sur :<br>  + un conseil municipal de droit commun<br>  + 3 ans plus tard après la 3e élection complémentaire ci-dessus (art. 23)<br><br>Compétences communales de droit commun |
| Budget | — divisé en 2 parties (art. 14 de la loi du 10 juillet 1970)<br>  • 1re partie : dépenses et recettes liées à l'agglomération nouvelle<br>  • 2e partie : dépenses et recettes liées aux attributions transférées volontairement | — divisé en 2 parties (art. 14)<br>  • *Idem* SCA mais la 2e partie est plus importante, correspondant aux transferts obligatoires de compétences | Budget communal habituel |

| | | | |
|---|---|---|---|
| **Ressources fiscales**<br>— VRTS | Population fictive ajoutée — logements en chantier multiplié par coefficient 6 et recensement annuel (à l'intérieur de la zone d'agglomération nouvelle) | *Idem* SCA | *Idem* sur le territoire de l'ensemble urbain |
| — Centimes | 1re partie du budget : totalité des centimes levés dans la zone d'agglomération nouvelle et pesant sur habitants et activités nouvelles<br>2e partie du budget : centimes syndicaux votés par le comité | 1re partie du budget : *idem*<br>2e partie du budget : centimes communautaires (loi du 31 décembre 1966) | Centimes de l'ensemble urbain |
| Dispositions financières spécifiques | — à l'intérieur de la zone d'agglomération nouvelle<br>• garantie État<br>• dotation en capital (différé)<br>• subventions d'équipement individualisées | — à l'intérieur de la ZAN<br><br>*idem*<br>*idem*<br>• subventions d'équipement majorées de 33 % pendant 5 ans (loi du 24 décembre 1971) | Pour l'ensemble urbain<br><br>*idem*<br>*idem* |
| Rapports avec l'organisme aménageur | — passation de la convention type (ou convention approuvée par arrêté conjoint Int., Éqt et Finances) | *idem* | *idem* |
| Évolution | — dans délai maximum 25 ans<br>— devient une communauté urbaine<br>— décret pris sur proposition ou avis du comité du syndicat et après avis des conseils municipaux<br>— à moins que les communes ne demandent création nouvelle commune | — dans délai maximum 25 ans<br>— redevient communauté urbaine de droit commun<br>— décret pris sur proposition ou avis du conseil et après avis des conseils municipaux | — 7 ans au plus tard après occupation des 2 000 premiers logements, érigé en commune avec élection du conseil municipal selon règles habituelles |

## 6. LE PÉRIMÈTRE D'URBANISATION —
## LA ZONE D'AGGLOMÉRATION NOUVELLE

*Le périmètre d'urbanisation proposé aux communes et sur lequel est sollicité leur avis.*

Il s'agit du périmètre *d'aménagement* de l'agglomération nouvelle. Conformément à l'esprit de la loi du 10 juillet 1970, il ne couvre en principe que les parties non urbanisées des territoires communaux, conformément au schéma ci-dessous.

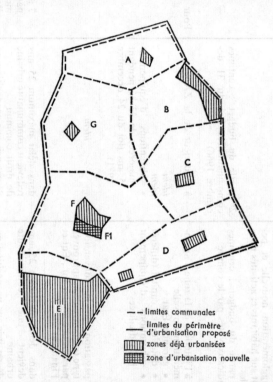

--- limites communales

— limites du périmètre d'urbanisation proposé

zones déjà urbanisées

zone d'urbanisation nouvelle

*Les différents cas types possibles en regard des limites communales*

1. Le périmètre recouvre entièrement les limites communales : cas des communes A, C, D, F, G : les noyaux déjà urbanisés sont exclus du périmètre.

   Dans la commune F, le périmètre F1 correspondant à une urbanisation nouvelle est inclus dans le périmètre d'urbanisation.

2. Le périmètre d'urbanisation couvre entièrement les limites communales
   — pour une grande partie de territoire : cas de la commune B
   — pour une faible partie de territoire : cas de la commune E

# 7. CALENDRIER D'APPLICATION DE LA LOI SUR LES AGGLOMÉRATIONS NOUVELLES

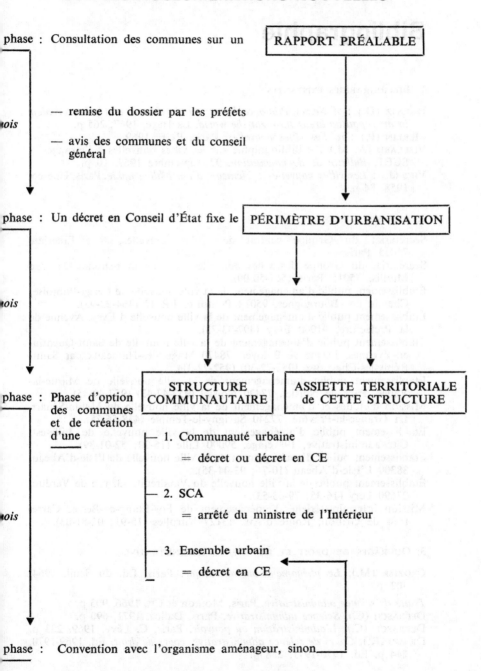

# Bibliographie

## 1. Bibliographies existantes

Halasz (D.) : *A Select Bibliography of Administrative and other problem in metropolitan areas throught the world.* La Haye, 1967, 265 p.

Merlin (P.) : in *Les villes nouvelles.* Paris, PUF, 1969.

Viellard (A. M.) : « Bibliographie sur les villes nouvelles à l'étranger ». SCET, *Bulletin de documentation*, 97, septembre 1967, 10 p.

Viet (J.) : *Les villes nouvelles : Éléments d'une bibliographie.* Paris, Unesco, 1958, 84 p.

## 2. Adresses utiles

Secrétariat du Groupe central des villes nouvelles, Rue Émeriau, 75015 Paris.

Secrétariat du Groupe des villes nouvelles — échelon régional, 21, rue Miollis, 75015 Paris (567-50-00).

Établissement public d'aménagement de la ville nouvelle de Cergy-Pontoise, Chemin des Bourgognes, 95012 Pontoise, BP 47 (464-23-93).

Établissement public d'aménagement de la ville nouvelle d'Évry, Avenue de la Préfecture, 91000 Évry (497-33-73).

Établissement public d'aménagement de la ville nouvelle de Saint-Quentin-en-Yvelines, Ferme de Buloyer, 78470 Magny-les-Hameaux par Saint-Rémy-lès-Chevreuse (952-72-30) (952-72-31).

Établissement public d'aménagement de la ville nouvelle de Marne-la-Vallée, Parc de Noisiel, 77420 Noisiel (957-47-43) (957-49-45).

Mission d'études et d'aménagement de la ville nouvelle de Melun-Sénart, La Grange-la-Prévôté, 77240 Savigny-le-Temple (438-56-78).

Établissement public d'aménagement de la ville nouvelle de Lille-est, Cité administrative, 19e étage, 59000 Lille (16-20; 52-01-89).

Établissement public d'aménagement de la ville nouvelle de l'Isle-d'Abeau, 38300 L'Isle-d'Abeau (10-76; 93-04-35).

Établissement public de la ville nouvelle du Vaudreuil, 43, rue de Verdun, 27690 Léry (16-35; 79-03-53).

Mission interministérielle d'aménagement de Fos-Étang-de-Berre, Carrefour de Griffon, Route d'Aix, 13127 Vitrolles (15-91; 02-81-03).

## 3. Ouvrages de droit et de science administrative

Crozier (M.), *Le phénomène bureaucratique.* Paris, Éd. du Seuil, 1964, 402 p.

*Traité de science administrative.* Paris, Mouton et Cie, 1966, 903 p.

Debbasch (C.), *Science administrative.* Paris, Dalloz, 1971, 690 p.

Debbasch (C.), *L'administration au pouvoir.* Paris, C. Lévy, 1969, 223 p.

Drago (R.), *Cours de science administrative, cours de droit.* Éd. 1969-1970, 244 p. Éd. 1970-1971, 258 p.

GOURNAY (B.), *Science administrative — administration et décision — cours IEP*. Paris, 1969-1970, 338 p.

GOURNAY (B.), *L'administration*. PUF, 1967, 128 p.

GOURNAY (B.), *Introduction à la science administrative*. Paris, A. Colin, 1966, 309 p.

JACQUINAU (L.), *Le droit de l'urbanisme*. 3e éd., Paris, Eyrolles, 1969, 209 p.

LAUBADÈRE (A. DE), *Traité élémentaire de droit administratif*. T. 2, Paris, LGDJ, 1970, 504 p.

MAYER (R.), *Féodalités ou démocratie?* Paris, Arthaud, 1968, 259 p.

4. OUVRAGES, THÈSES, MÉMOIRES, SUR L'URBANISME ET LES VILLES NOUVELLES

D'ARCY (F.), *Structures administratives et urbanisation, la SCET*. Paris, Berger-Levrault, 1968, 302 p.

ARRAGO (R.), *Les problèmes fonciers et leurs solutions. Les leçons d'une expérience, l'aménagement du littoral Languedoc-Roussillon*. Paris, Berger-Levrault, 1969, 206 p.

BASTIÉ (J.), *La croissance de la banlieue parisienne*. Paris, PUF, 1964, 624 p.

BELTRAME (P.), *Les zones à urbaniser en priorité et les zones d'aménagement différé*. Thèse, Aix-en-Provence, 1965.

BESSON (M.), *Les lotissements*. Paris, Berger-Levrault, 1971, 277 p.

BONNET (A.), *La ville nouvelle de l'Isle-d'Abeau*. Mémoire, octobre 1970, Paris, 134 p.

BOSQUET (C.), *Planification urbaine et propriété privée*. Paris, Librairies techniques, 1967, 171 p.

DUPLOUY (J.), *Le crédit aux collectivités locales*. Paris, Berger-Levrault, 1967.

Fondation nationale des sciences politiques — KESSLER (M. C.), BODIGUEL (J. L.), *L'expérience française des villes nouvelles — journée d'étude — 19 avril 1969*. Paris, A. Colin, 1970, 215 p.

FRANC (R.), FRANC (C.), *Le scandale de Paris*. Paris, 1971, 269 p.

GILLES (R.), *Problèmes administratifs de la région et de l'agglomération parisienne : le district de la région de Paris*. Thèse, Paris, 1960, 396 p.

GODCHOT, *Les sociétés d'économie mixte*. Paris, Berger-Levrault.

GOTTMANN (J.), *Essais sur l'aménagement de l'espace habité*. Paris, La Haye, 1966, 349 p.

HEYMANN (A.), *L'extension des villes*. Dossiers Thémis, PUF, 1971, 95 p.

JAMOIS (J.), *Les ZUP — Un élément fondamental de l'aménagement du territoire*. Paris, Berger-Levrault, 1968, 253 p.

LAVIOLLE (C. L.), *La ville nouvelle d'Évry — mémoire*. Paris, octobre-novembre 1970, 160 p.

LOJKINE (J.), *La politique urbaine dans la région parisienne, 1945-1972*. Mouton, 1972, 281 p.

MERLIN (P.), *Les villes nouvelles*. Paris, PUF, 2e trim. 1969, 312 p.

OSBORN (F. J.), WHITTICK (A.), *The new towns, the answer to Megalopolis*. London, Leonard Hill, 1969, 456 p.

PRETECEILLE (Ed.), *La production des grands ensembles*. Mouton, 1973, 170 p.

RAGON (M.), *Les erreurs monumentales*. Hachette, 1971, 251 p.

RIBAULT (M.), *Les mécanismes administratifs de la politique d'urbanisme dans la région parisienne*. Thèse, Paris, 1970, 81 p.

ROULLIER (J. E.), *Une expérience originale de concertation Mission-Promoteurs*. Mémoire IEP, cycle supérieur d'aménagement et d'urbanisme, juin 1971, 77 p.

SFEZ, *La ville nouvelle de Saint-Quentin-en-Yvelines : propositions pour une participation à la décision administrative en matière d'urbanisme. Séminaires affaires administratives.* ENA, 1970, 51 p.

STEINMETZ (P.), *Problèmes fonciers résultant de la création d'une ville nouvelle — exemple de Lille-est.* Décembre 1968, Mémoire de stage ENA.

TOURAINE (A.), LOJKINE (J.), MELENDRES (M.), *La création des villes nouvelles. Rapport introductif.* Paris, EPHE, 1968.

VAUJOUR (J.), *Le plus grand Paris — l'avenir de la région parisienne et ses problèmes complexes.* Paris, PUF, 1970, 203 p.

VIOT (P.), *Aménagement du territoire.* Cours IEP, 1969.

## 5. ARTICLES DE REVUES

### 5.1. *Titres de revues comportant un ou plusieurs articles sur les sujets abordés.*

*Administration :* N° 54 : « La réorganisation de la région parisienne », 1965, 11-69.
N° 59 : « L'organisation départementale et communale à l'épreuve du xxᵉ siècle », 1967.

*Agir :* N° 10 : « Urbanisation et VIᵉ Plan : 9 villes nouvelles. Les décisions sont prises, mais tout reste à inventer », 19 mai 1970, 21 p.
N° 12 : « La région urbaine de Trappes », mai 1970, 23 p.
N° 24 : « Trappes-ouest », juin 1970, 24 p.
N° 55 : « La vallée de la Marne », décembre 1970, 48 p.
N° 61 : « Au sud de Cergy-Pontoise », 1971, 25 p.

*Architecture d'aujourd'hui :* N° 146 : « Villes nouvelles », octobre-novembre 1969, 104 p.

*Bulletin d'information de la région parisienne :* N° 3 : « Les villes nouvelles », juin 1971, 48 p.

*Bulletin du PCM :* N° 3 : « Les villes nouvelles », mars 1971, 21-98.

*Cahiers de l'IAURP :*
Vol.  8 : « Les villes nouvelles en Grande-Bretagne ».
Vol.  9 : « Les villes nouvelles en Scandinavie ».
Vol. 15 : « Évry, centre urbain nouveau et ville nouvelle », 1969.
Vol. 20 : « Villes nouvelles en Hongrie ».
Vol. 21 : « Ville nouvelle de Marne-la-Vallée », 1970.
Vol. 30 : « Le Vaudreuil. Une méthode d'étude et de réalisation », 1973, 108 p.
Vol. 31 : « Évry I, concours d'aménagement urbain », 1973, 116 p.

*Correspondance municipale :*

N° 85 : « La réforme des institutions communales », mars 1968, 12-32.
Nᵒˢ 105, 106, 107 : « La région parisienne, les hommes, les institutions, les problèmes », janvier-mars 1970, 98 p.
Nᵒˢ 121, 122 : « La commune et l'urbanisme », mai-juin 1971, 87 p.

*District — Information :* « Création des villes nouvelles : deux solutions sont possibles », 1ᵉʳ avril 1970, 12 p.

*Les Échos :* « Villes nouvelles — innover pour mieux vivre », suppl. au n° 11101, mars 1972, 89 p.

*Hommes et logements :* N° 65 : « La création des villes nouvelles est-elle la solution souhaitable pour enrayer la croissance anarchique des agglomérations? », décembre 1967, 13-18.

*Information municipale :* N° 256 : « Aménagement et urbanisme », novembre 1969, 31-50.

*Moniteur des Travaux Publics et du Bâtiment :*

N° 17 : « Les villes nouvelles en France », 26 avril 1969, 165-167.
N° 29 : « La création des villes nouvelles », 19 juillet 1969, 31-32.
N° 33 : « Le schéma de structure de Cergy-Pontoise », août 1969, 31-34.
N° 34 : « L'étude technique, économique et financière des villes nouvelles objet d'une directive générale du ministère de l'Équipement », 23 août 1969, 31-32.

*Région parisienne — Bassin parisien :*

N° 2 : « Priorité absolue au développement des villes nouvelles en région parisienne au cours du VIe Plan », février 1971, 31 p.

*Revue francaise de science politique :* avril-juin 1956, voir notamment : Pisani (E.), « Administration de gestion — administration de mission ».

*Revue des PTT :* N° 5 : « Les villes nouvelles », septembre-octobre 1970, 63-72.

*Sociologie du travail* « Politique urbaine » :
N° 4 : Octobre-décembre 1969, 337-462.
N° 4 : Octobre-décembre 1970, 361-514.

*Technique et architecture :* N° 5 : « Villes nouvelles de la région parisienne », novembre 1970, 36-115.

*Urbanisme :*

N° 114 : « Villes nouvelles françaises », 1969, 66 p.
N° 39 : « Politique urbaine et VIe Plan », 1970, 2-6.

5.2. *Articles et notes :*

D'ARCY (F.), « Vers un urbanisme volontaire? ». *Aménagement territorial,* Dévelop. région., 3. 1970, 33-61.

D'ARCY (F.), « Le contrôle de l'urbanisation échappe aux autorités publiques ». *Projet,* 5-4, avril 1971, 393/404.

AUBY (J. M.), Note sous l'arrêt Peyrot c/Société de l'autoroute Estérel-Côte d'Azur (TC, 8 juillet 1963). *Jurisclasseur périodique,* 1963, II, 133, 75.

BARRAUX (J.), « Connaissez-vous les futures villes nouvelles françaises? » *Dossiers de l'entreprise,* 21 juin 1970, 43-49.

BOISMENU (A.), « Un exemple d'adaptation des structures administratives : l'administration de mission ». *Promotions,* 74, 1965.

BORDAZ (R.), « Développement de la région parisienne ». *Rev. des Deux Mondes,* juillet 1971, 120-132.

BONNET, « Les structures administratives des villes nouvelles ». *Gaz-Palais,* n°s 199-200, 19 juillet 1973, pp. 2 à 8.

BOURY (P.), « La création et l'administration des villes nouvelles reçoivent un statut ». *MTP bât.*, 30, 25 juillet 1970, 35-38.

CARLE (P.), « La ville nouvelle de la vallée de la Marne ». *MTP bât.*, 42, 17, octobre 1970, 50-54.

COING (H.), « La planification urbaine existe-t-elle? » *Projet*, 54, avril 1971, 481-490.

CORNIERE (P.), « Le phénomène urbain contemporain. » *R. Écon. Dr. Immob.*, 43, 1971, 10-24.

COTTEN (M.), Les problèmes administratifs et financiers posés par la réalisation de villes nouvelles. *MTP bât.*, 22 février 1969, 35-37.

DELOUVRIER (P.), « L'aménagement de la région de Paris. » Paris, *Les Conférences des Ambassadeurs*, 1966, 48 p.

DELOUVRIER (P.), « La région parisienne face à son avenir ». *Tendances*, 47, 1967, 32 p.

DOUBLET (M.), « Le rôle des villes nouvelles dans la région parisienne. » *R. Polit. Parl.* 816, décembre 1970, 80-85.

DOUBLET (M.), « De Paris aux villes nouvelles ». *Rev. des Deux Mondes*, 1829, 1er décembre 1969, 513-523.

DRAGO (R.), « L'administration de Paris et de sa région. » *AJDA*, juin 1966.

DUFAUR (M.), « Les projets actuels concernant les villes nouvelles », in *Administration*, 20, 1966, 13-100.

FRANÇOIS (P.), « Les villes nouvelles. » *Économie et Humanisme*, 176, juillet-août 1967, 50-71.

GASCHIGNARD (Ch.), ROULLIER (J. E.), « Les structures administratives des villes nouvelles. » *Adm.*, 77, novembre 1972.

GOLDBERG (S.), « La ville nouvelle de Saint-Quentin-en-Yvelines. » *MTP bât.*, 13, mars 1971, 16-20.

GRANET (P.), « Les villes nouvelles. » *La Nef*, n° 22, 1965.

GREMION (P.), « Introduction à une étude du système politiquo-administratif local. » *Laboratoire de sociologie urbaine*, 1970.

HEYMANN (A)., « Les villes nouvelles. » *Actual. Jur.*, 27-20, septembre 1971, doct., 443-462.

HIRSCH (B.), « L'aménagement de la ville nouvelle de Pontoise-Cergy. » *Technique et sc. municipale*, 5 mai 1969, 131-142.

HIRSCH (B.), « Ville nouvelle de Pointoise-Cergy. » *Urbanisme*, 114, 1969, 5-8.

HIRSCH (B.), « La ville nouvelle de Pontoise-Cergy. » *MTP bât.*, 8 mars 1968, 16-23.

HOURTICQ (J.), « Vie départementale et communale — les agglomérations nouvelles. » *Rev. adm.*, 141, mai-juin 1971, 329-333.

LALANDE (A.), « La ville nouvelle d'Évry — des promesses qui demeurent réalité. » *MTP bât.*, 3 janvier 1971, 16-25.

LAMY (B.), « Les nouveaux ensembles d'habitation et leur environnement. » *CSU*, 1971, 211 p.

LEROY (L. P.), « Les villes de demain. » *Promotion*, n° sp., 89, 21-40.

LLEWELYN-DAVIES (L.), « Villes nouvelles : l'expérience britannique. » *Revue politique et parlementaire*, 800, juin 1969, 85-96, fig.

MERLIN (P.), « La région parisienne dans le VIe Plan. » *R. polit. parlementaire*, 821, mai 1971, 63-70.

MORAND (J.), « Le statut des agglomérations nouvelles en France. » *Semaine Jur.*, 45, 13 octobre 1971, doct. 6 p.

MOLLE (Ph.), « Halte à l'urbanisation sauvage. » *Urbanisme*, n° 125, 1971, 40-43.

RIBOUD (J.), « Des villes nouvelles? » *Revue politique et parlementaire*, 791, septembre 1968, 90-98.

RIBOUD (J.), « Réflexions sur la création urbaine. » *R. Écon. Dr. Immob.*, 37, 1969, 46-58.

RIBOUD (J.), « Paul Delouvrier et les villes nouvelles. » *Rev. pol. et parl.*, 71, 798.

RIBOUD (J.), « Pourquoi si rares les villes nouvelles? » *Rev. pol. et parl.*, 806, janvier 1970, 79-86.

RIBOUD (J.), « L'urbanisation. » *Rev. Pol. et parl.*, supl. n° 287, décembre 1971.

RIBOUD (J.), « Les facteurs antagonistes de l'urbanisation. » *Rev. pol. et parl.*, 826, novembre 1971, 71-91.

SAUVAIRE (J.), « Création et réalisation des villes nouvelles. » *AJPI*, n^os 9-10, septembre 1971, 845-853.

TREY (P.), « Opération villes nouvelles dans la région parisienne. » *Le Monde*, 3-4, novembre 1967.

VIOT (P.), « Les villes nouvelles en France, avenir ou fiction? » *Projet*, 37, juillet-août 1969, 807-821.

THURNAVIER (G.), « La création de villes nouvelles. » *Cahiers du Centre économique et social de perfectionnement des cadres*, 1967, 47-57.

6. DOCUMENTS PARLEMENTAIRES ET ADMINISTRATIFS

6.1. *Documents parlementaires*
Loi n° 66-1069 du 31 décembre 1966, sur les « communautés urbaines », Paris, *J. O.*, 1967, 14 p.

Loi n° 67-1253 du 30 décembre 1967, « orientation foncière », Paris, *J. O.*, 1968, 33 p.

Loi n° 70-610 du 10 juillet 1970 « tendant à faciliter la création d'agglomérations nouvelles », *J. O.* du 12 juillet 1970.

Ass. nat., Doc. parl., n° 142, 1er août 1968.
Ass. nat., Doc. parl., n° 961, 17 décembre 1969.
*J. O.*, déb. parl. Ass. nat., 19 décembre 1969.
Sén., Doc. parl., n° 159, 19 décembre 1969.
Sén., Doc. parl., n° 182, 9 avril 1970.
*J. O.*, Déb. parl. Sen., 17 avril 1970.
*J. O.*, Déb. parl. Sen., 15 mai 1970.
*J. O.*, Déb. parl. Sen., 29 mai 1970.
Ass. nat., Doc. parl., n° 1178, 28 mai 1970.
Ass. nat., Doc. parl., n° 1280, 23 juin 1970.
*J. O.*, Déb. parl. Ass. nat., 25 juin 1970.
Sén., Doc. parl., n° 326, 26 juin 1970.
Sén., Doc. parl., n° 343, 27 juin 1970.
*J. O.*, Déb. parl. Sén., 1er juillet 1970.
Ass. nat., Doc. parl., n° 1352, 7 juillet 1970.
Ass. nat., Doc. parl., n° 1353, 30 juin 1970.
*J. O.*, Déb. parl. Ass. nat., 1er juillet 1970.
Avis et rapports du Conseil économique et social
— « Les charges créées par l'implantation des logements » (rapport de M. Langlet), *J. O.*, juillet 1969, 563-603.

— « La maîtrise de la croissance urbaine par la création des villes nouvelles » (rapport de M. Madaule), *J. O.*, 1er août 1967, 576-598.

Cinquième Plan de développement économique et social (1966-1970), *J. O.*, 1965.

Sixième Plan de développement économique et social (1971-1975), *J. O.*, 1971, 340 p.

## 6.2. *Documents administratifs*

Comité national pour l'aménagement du Territoire français « Le financement des villes nouvelles », 5 août-septembre 1967, 1-7.

Commissariat général du plan d'équipement et de la productivité, *Rapport général de la Commission de l'équipement urbain* (5e plan), 1966, 74 p.

Commissariat général au plan, *Rapport général de la Commission des villes* (VIe Plan), Premier ministre, 30 avril 1971, 161 p.

Préfecture de la région parisienne, *Préparation du VIe Plan, rapports généraux des groupes de travail*, septembre 1970, 215 p.

Conseil consultatif économique et social de la région parisienne, *Les grandes options pour les villes nouvelles à prendre dans le cadre du VIe Plan* (rapport Besnard-Dernadac), 8 mai 1970, 51 p.

Directive générale n° 2 de M. Chalandon, in *Moniteur des Travaux publics et du bâtiment*, 34, 23 août 1969, 118-119.

District de la région de Paris : *schéma directeur d'aménagement et d'urbanisme dans la région de Paris*, Paris, 1965, 222 p., 3 vol.

Ministre délégué, chargé du plan et de l'aménagement ou *Instruction* du 26 juin 1970 pour la régionalisation du VIe Plan.

Premier ministre — arrêté du 5 mars 1971, *Création d'un groupe central des villes nouvelles*, *J. O.*, n° 57, 1971, 8-9 mars, p. 2299.

Commissaire général au plan : *Réexamen du VIe Plan* en matière d'aménagement du territoire et du développement régional.

Rapport du groupe de travail créé à l'instigation de la DATAR, *MTP*, 26 mai 1973, p. 54.

# Table des matières

*Première partie*

ORGANISATION D'UNE ADMINISTRATION SPÉCIALISÉE
POUR LA CRÉATION DES VILLES NOUVELLES

*Titre 1*

VERS LA CRÉATION D'UN ORGANISME
AMÉNAGEUR ADMINISTRATIF

Chapitre 1 — *Le statut des missions d'étude et d'aménagement*

*Titre II*

LA CRÉATION D'UNE ADMINISTRATION CENTRALE
DES VILLES NOUVELLES :
LE GROUPE CENTRAL DES VILLES NOUVELLES (GCVN)

*Deuxième partie*

RECHERCHE DU SUPPORT DES COLLECTIVITÉS LOCALES
POUR LA PRISE EN CHARGE DES VILLES NOUVELLES

*Titre I*

LES COLLECTIVITÉS LOCALES
ET LA MAITRISE D'OUVRAGE
DES AGGLOMÉRATIONS NOUVELLES

### *Titre II*

#### LA PARTICIPATION DES COLLECTIVITÉS LOCALES
#### A L'ORGANISME D'AMÉNAGEMENT

BERGER-LEVRAULT, NANCY. — 118799-2-74